本书得到中国青年政治学院出版基金资助

中/青/文/库

集团化管控与企业文化建设

徐 明 著

中国社会科学出版社

图书在版编目(CIP)数据

集团化管控与企业文化建设/徐明著.—北京：中国社会科学出版社，2016.3
ISBN 978-7-5161-8130-0

Ⅰ.①集… Ⅱ.①徐… Ⅲ.①农村经济—集体经济—集体企业—集团化经营—研究—中国②农村经济—集体经济—集体企业—企业文化—研究—中国 Ⅳ.①F279.242

中国版本图书馆 CIP 数据核字(2016)第 099833 号

出 版 人	赵剑英	
责任编辑	李炳青	
责任校对	董晓月	
责任印制	李寡寡	
出 版	中国社会科学出版社	
社 址	北京鼓楼西大街甲 158 号	
邮 编	100720	
网 址	http://www.csspw.cn	
发 行 部	010-84083685	
门 市 部	010-84029450	
经 销	新华书店及其他书店	
印 刷	北京君升印刷有限公司	
装 订	廊坊市广阳区广增装订厂	
版 次	2016 年 3 月第 1 版	
印 次	2016 年 3 月第 1 次印刷	
开 本	710×1000 1/16	
印 张	20.25	
插 页	2	
字 数	356 千字	
定 价	76.00 元	

凡购买中国社会科学出版社图书，如有质量问题请与本社营销中心联系调换
电话：010-84083683
版权所有 侵权必究

《中青文库》编辑说明

《中青文库》，是由中国青年政治学院着力打造的学术著作出版品牌。

中国青年政治学院的前身是1948年9月成立的中国共产主义青年团中央团校（简称"中央团校"）。为加速团干部队伍革命化、年轻化、知识化、专业化建设，提高青少年工作水平，为党培养更多的后备干部和思想政治工作专门人才，在党中央的关怀和支持下，1985年9月，国家批准成立中国青年政治学院，同时继续保留中央团校的校名，承担普通高等教育与共青团干部教育培训的双重职能。学校自成立以来，坚持"实事求是，朝气蓬勃"的优良传统和作风，秉持"质量立校、特色兴校"的办学理念，不断开拓创新，教育质量和办学水平不断提高，为国家经济、社会发展和共青团事业培养了大批高素质人才。目前，学校是由教育部和共青团中央共建的高等学校，也是共青团中央直属的唯一一所普通高等学校。学校还是教育部批准的国家大学生文化素质教育基地、全国高校创业教育实践基地，是中华全国青年联合会和国际劳工组织命名的大学生KAB创业教育基地，是民政部批准的首批社会工作人才培训基地。学校与中央编译局共建青年政治人才培养研究基地，与国家图书馆共建国家图书馆团中央分馆，与北京市共建社会工作人才发展研究院和青少年生命教育基地。2006年接受教育部本科教学工作水平评估，评估结论为"优秀"。2012年获批为首批卓越法律人才教育培养基地。学校已建立起包括本科教育、研究生教育、留学生教育、继续教育和团干部培训在内的多形式、多层次的教育格局。设有中国马克思主义学院、青少年工作系、社会工作学院、法学院、经济管理学院、新闻传播学院、公共管理系、中国语言文学系、外国语言文学系9个教学院系，文化基础部、外语教学研究中心、计算机教学与应用中心、体育教学中心4个教学中心（部），中央团校教育培训学院、继续教育学院、国际教育交流学院3个教育培训机构。

学校现有专业以人文社会科学为主，涵盖哲学、经济学、法学、文学、管理学、教育学6个学科门类，拥有哲学、马克思主义理论、法学、社会学、新闻传播学和应用经济学6个一级学科硕士授权点、1个二级学科授权点和3个类别的专业型硕士授权点。设有马克思主义哲学、马克思主义基本原理、外国哲学、思想政治教育、青年与国际政治、少年儿童与思想意识教育、刑法学、经济法学、诉讼法学、民商法学、国际法学、社会学、世界经济、金融学、数量经济学、新闻学、传播学、文化哲学、社会管理19个学术型硕士学位专业，法律（法学）、法律（非法学）、教育管理、学科教学（思政）、社会工作5个专业型硕士学位专业。设有思想政治教育、法学、社会工作、劳动与社会保障、社会学、经济学、财务管理、国际经济与贸易、新闻学、广播电视学、政治学与行政学、汉语言文学和英语13个学士学位专业，同时设有中国马克思主义研究中心、青少年研究院、共青团工作理论研究院、新农村发展研究院、中国志愿服务信息资料研究中心、青少年研究信息资料中心等科研机构。

在学校的跨越式发展中，科研工作一直作为体现学校质量和特色的重要内容而被予以高度重视。2002年，学校制定了教师学术著作出版基金资助条例，旨在鼓励教师的个性化研究与著述，更期之以兼具人文精神与思想智慧的精品的涌现。出版基金创设之初，有学术丛书和学术译丛两个系列，意在开掘本校资源与迻译域外精华。随着年轻教师的增加和学校科研支持力度的加大，2007年又增设了博士论文文库系列，用以鼓励新人，成就学术。三个系列共同构成了对教师学术研究成果的多层次支持体系。

十几年来，学校共资助教师出版学术著作百余部，内容涉及哲学、政治学、法学、社会学、经济学、文学艺术、历史学、管理学、新闻与传播等学科。学校资助出版的初具规模，激励了教师的科研热情，活跃了校内的学术气氛，也获得了很好的社会影响。在特色化办学愈益成为当下各高校发展之路的共识中，2010年，校学术委员会将遴选出的一批学术著作，辑为《中青文库》，予以资助出版。《中青文库》第一批（15本）、第二批（6本）、第三批（6本）、第四批（10本）陆续出版后，有效展示了学校的科研水平和实力，在学术界和社会上产生了很好的反响。本辑作为第五批共推出13本著作，并希冀通过这项工作的陆续展开而更加突出学校特色，形成自身的学术风格与学术品牌。

在《中青文库》的编辑、审校过程中，中国社会科学出版社的编辑人员认真负责，用力颇勤，在此一并予以感谢！

目 录

序 …………………………………………………………………… (1)

前言 ………………………………………………………………… (1)

第一篇 变革前奏与管理诊断

第一章 为什么要变革? ………………………………………… (3)
  第一节 农村集体经济组织的历史变迁与发展回顾………… (3)
  第二节 内外部环境分析 ………………………………… (16)
第二章 管理诊断 ……………………………………………… (30)
  第一节 解开农村集体经济的"裹脚布" ………………… (30)
  第二节 阵痛下的理性思考 ……………………………… (39)

第二篇 集团化管控与企业文化建设

第三章 组织管控体系建设 …………………………………… (47)
  第一节 组织管控概述 …………………………………… (47)
  第二节 锦鹏投资公司组织管控体系建设 ……………… (64)
第四章 绩效管理体系建设 …………………………………… (73)
  第一节 绩效管理概述 …………………………………… (74)
  第二节 锦鹏投资公司绩效管理体系建设 ……………… (86)
第五章 薪酬管理体系建设 …………………………………… (90)
  第一节 薪酬管理概述 …………………………………… (90)

第二节　锦鹏投资公司薪酬管理体系建设……………（107）
第六章　财务管理体系建设……………………………………（129）
　　第一节　财务管理概述…………………………………（129）
　　第二节　房地产企业财务管理…………………………（136）
　　第三节　锦鹏投资公司财务管理体系建设……………（149）
第七章　流程梳理优化…………………………………………（153）
　　第一节　流程管理体系建立……………………………（153）
　　第二节　锦鹏投资公司制度管理体系建设……………（157）
第八章　企业文化建设…………………………………………（165）
　　第一节　企业文化的概述………………………………（165）
　　第二节　锦鹏投资公司企业文化建设…………………（178）

第三篇　落地实施与有形成果

第九章　不拘一格用人才………………………………………（189）
　　第一节　人才培养体系概述……………………………（189）
　　第二节　徐氏十字管理法理论模型……………………（192）
　　第三节　徐氏十字管理法实践…………………………（201）
第十章　打造学习型组织………………………………………（206）
　　第一节　学习型组织概述………………………………（206）
　　第二节　学习型组织构建实务…………………………（216）

附录1　部门职责说明书示例…………………………………（222）
附录2　岗位职责说明书示例…………………………………（226）
附录3　锦鹏社区、投资公司绩效考核管理办法……………（230）
附录4　锦鹏投资公司分子公司绩效管理办法………………（244）
附录5　《锦鹏投资公司管理体系手册》摘录………………（252）
附录6　《锦鹏房地产开发公司管理体系手册》摘录………（262）
附录7　《企业责任问责制度》………………………………（264）
附录8　锦鹏投资公司企业文化手册…………………………（267）
附录9　《锦鹏投资公司校园招聘笔试题》摘录……………（279）

附录 10　《锦鹏投资公司公文筐测试试卷》摘录 ……………（283）

附录 11　《锦鹏投资公司岗位资格认证考试试卷》摘录 ………（288）

附录 12　《技能大赛秩序手册》（部分摘录）…………………（292）

后记与致谢 ………………………………………………………（298）

序

目前在我国，村级作为最基层的一级组织，承载着巨大的社会功能和经济功能，履行着"一级政府"的大量职能，如农村各项基础设施建设、社会养老保障、教科文卫事业发展、村庄环境整治以及村级组织正常运转等，这些都离不开村级集体经济的有力支撑。

随着市场经济体制改革的不断推进，城乡统筹发展和社会主义新农村建设步伐的加快，我们不得不重新思考：如何发展壮大村级集体经济来为农村的和谐稳定、繁荣发展，为新农村建设提供坚实的经济保障？如何通过村级集体经济的最佳资源配置推动集体经济的发展？如何通过建立现代企业管理制度和企业文化来提升村级集体经济的管理水平？这些问题已经成为当前许多"三农"问题专家和实际工作者关注的热点和难点。

撤村建居是推进城市化进程的必由之路，而撤村建居后的农村集体经济组织现代化管理又是新农村建设的必由之路。这两条路所面临的困难可想而知，靠村集体经济组织自己"摸着石头过河"只能使企业呈现一条腿已迈进现代管理的彼岸、另一条腿则还陷在传统的淤泥里的不利局面，而这种现状对于村级集体企业在市场经济发展中抢抓历史机遇必然带来诸多障碍和弊端。

令人感到欣喜的是，案例中的北京丰台区凤凰村[①]的村级集体经济组织在遇到同样问题时，却能够独辟蹊径，开放思想、转变观念，通过借助管理咨询的外脑来帮助村级集体经济走向现代管理之路，这对于农村集体经济组织来说不仅是在丰台区甚至在北京市乃至全国都是首例，也着实取得了一些成功经验。

---

① 为保护案例社区，企业的相关权利，书中涉及社区、公司名称等均为化名。

撤村建居是一个复杂的系统工程，涉及管理体制的变革，涉及深层次矛盾的调整，有些问题需要在实践中探索解决，如需要理顺各类组织关系，进一步明确社区党委、居委会与集体经济组织各自的功能定位和管理职责；需要提高社区统筹建设水平，进一步强化社会保障能力，着力解决与村民切身利益相关的就业问题、社会保障问题、同城同待遇等问题；需要完善集体经济的经营管理手段，进一步促进农村社区融入城市后的可持续发展；需要进行素质教育，进一步提升居民的整体素质，对撤村建居后的身份发生转变的农民从思想观念、生活方式、行为方式、就业理念上不断调整，使农民真正融入城市而不只是城市里的"农村"。以上种种前所未有的棘手问题，有些是需要政府来协调解决，更多的则需要靠农村集体经济组织自行解决，才能使其更具有生命力。

而这些解决方案一定不在教科书里，也不在学者们的理论研究里，而是要亲自走进企业、走进社区、走进村委会这片热土与村支书、村委主任、村民们面对面地深入交流，是在走街串户尝尝农村的百家饭、认真分析调研和总结实践中才能找到的，正因为本书作者是深入案例中的村集体经济组织的实际中去，才能有如此系统、全面、深刻的认识，才让人觉得真实、有启发、散发乡土气息。本书透过三点来澄清整个农村集体经济现代管理改革的脉络：

1. 尊重历史。案例咨询过程中所有的解决方案都遵循该村历史，将村集体经济组织发展历程中沉淀下来的宝贵精神财富融入现代企业文化的血脉中，用该村"永不言败"的拼搏精神和文化传承贯穿始终。

2. 立足现实。充分把握和考量发展壮大新型集体经济的难度、障碍和关键，因地制宜创建该村特色，将引进新型的管理体系与改制同步进行，走出一条适合该村自身特色的道路。

3. 正视未来。在现有制度和体制的基础上深化改革，使改革的成本尽量减少，分阶段、分步骤、分模块依次推进现代管理改革的发展进程，并在发展中解决问题，化解矛盾，减少改革的动荡性。

本书作者深深扎根于农村广袤而坚实的土地上，精耕细作，注重以现代管理理论为指导，结合农村集体经济的实际，掌握并运用大量鲜活的第一手资料，以全新的理念、独特的视角阐述农村集体经济组织的现代管理之路，力求探讨出新农村建设背景下的村级集体经济发展的共性问题，能够给予不同地区的村级集体经济规范提升管理继而发展壮大提供一些有借鉴价值的经验做法，虽然只是中国千万农村集体经济发展中的一个亮点，但这星星之火必将点亮和引领中国新农村建设的征途！

目前讲述企业管理咨询案例的书很多，但是以农村集体经济组织为研究对象，并开展集团化管控与企业文化建设的还是首例。本书的许多观点和案例在本土化、可操作性和中国新农村建设、撤村建居后的村集体经济管理提升等方面都做了大量有价值的探索，提供了许多现实的可供同类企业对标学习的案例，也是可落地操作的东西，可供相关人员参考借鉴。而且本书在篇章构架、主次搭配、详略安排上既有系统性，又有实用操作性，非常难得，值得村级集体经济组织学习推广。

李家华
2015 年 3 月

前　言

一　管理咨询的实践

管理咨询（Management Consulting），是专业咨询人员在组织提出要求的基础上深入组织，并和组织管理人员密切结合，应用科学的方法，找出组织存在的主要问题，进行定量和确有论据的定性分析，找出存在问题的原因，提出切实可行的改善方案，进而指导实施方案，使组织的运行机制得到改善，提高组织的管理水平和经济效益。通过对组织现存问题的分析进行诊断，找到问题所在，再结合相关的管理工具提出解决问题和改变现状的方案。

（一）管理咨询的对象和方式

管理咨询的对象通常就是被咨询的组织，我们也可以称其为"病人"，也就是由于组织的某种制度、体系、规则等方面出现了自身难以解决的问题，而需要借助外部专家团队通过输送智慧对这些问题加以解决。咨询本身就是一种服务，它不同于以往的那些检查、验收、考核等工作组。对于这些工作组来说，组织是处于被动"挨查"的地位，怕查出问题而影响组织的"形象"，组织具有"讳疾忌医"的心态；而咨询服务则是组织自我感到"身体不适"，包括竞争乏力、产供销不畅、利润率不高、组织内人员涣散、效率低下等问题，但领导又苦于理不出头绪，于是主动聘请咨询专家来进行咨询服务，组织管理人员愿意积极与咨询人员密切配合，要求咨询人员给组织诊断，具有及时对其"对症下药"的心态。只有这样，咨询工作才能获得成功。

一般而言，管理咨询分为四大阶段，即问题诊断、高端把脉、设计方案和辅导实施。

(二) 管理咨询的性质和价值

管理咨询是有组织的智力服务活动，咨询人员以自己的知识和经验为被咨询的客户提供管理咨询服务。

首先，管理咨询更容易影响组织的价值导向。很多组织的组织口号、组织文化都是由咨询组织制定的。组织从以往的单纯以赚钱为目的，改变为担负社会责任，体现出社会责任的重要性。而做咨询的人社会责任感更要强。这方面东西方也存在差异，古人云"吃小亏占大便宜"，西方人就不能理解，在他们看来盈利是第一位的。而深受东方文化影响的乔布斯则说"活着就是为了改变世界"，他看不上很多营销组织的方案，因为太功利，他所追求的价值就是让人们用着更方便。

其次，金融危机以后，世界经济的主要运行方式由"制造全球化"进入"创新全球化"。制造全球化的特点是"梯度转移"——制造业基于生产要素成本的比较优势进行转移。因为制造业的"梯度转移"，中国等新兴发展中国家迅速崛起，而美国等发达国家则丧失了大量的制造业就业机会。因此，为解决金融危机带来的经济退缩问题，欧美等国家相继提出要"再制造"。但制造业全球化趋势的逐渐"停止"并不是因为"再制造"，而是制造要素成本优势带来的流动已经趋于饱和，制造业在经济体系中的比重在"缩小"。农业社会末期，工业社会迅速发展，农业占GDP比重逐渐降低到5%。现在，全球制造业占GDP比重是23%，据预测，不出五年，该比例会缩小到20%。这就是制造在"缩小"的逻辑。现在全球范围内只有很少的人在从事制造业，70%的人在从事服务业，而且这个人数还会越来越多。管理咨询恰恰属于现代服务业，其不仅是一种职业，更是一种生活方式。在人类未来的发展过程中，肯定会探索出更多的就业方式和生存方式，如自我雇用、兼职、第二职业、提前退休等。而在这些变化中，从事管理咨询会更加自由、更有弹性，给从业人员提供更和谐的发展空间。

最后，创新创造可以改变世界。创新创业者通过自身的努力不断影响和改变着世界，无论是电商的兴起，还是工业互联网和物联网的发展，催生了大批的创新创业者。而对于个体来说，想要影响和改变世界有两条路：一是创业；二是做咨询。咨询的优势在于能帮助创业者实现改变世界的梦想。

（三）管理咨询人员的职业素养

管理咨询人员必须具备的基本条件：

1. 有管理的理论知识。应具备较丰富的经济学、管理学、社会学、法学、心理学等学科的理论知识，能够对所面临的复杂问题，快速在自身的知识库中找到对应的理论支撑，并能够将这些理论知识综合运用。

2. 有管理的实践经验。实践出真知，再高深的理论如果没有实践，也是无本之末，所以咨询管理人员应该有一定的管理经验，并经历过组织的某种成功或失败，尤其是对曾经的经验进行过系统的总结，并将这些经验上升为公共知识，并最终指导管理咨询的实践工作。

3. 掌握咨询的技法，并经过咨询的专门训练。管理咨询人员除了以上的理论知识和实践技能，还应熟悉掌握管理咨询的具体技术，包括问题诊断的准确性、高端把脉的战略性、设计方案的严密性和阶段性以及辅导实施的计划性等。当然也应包括沟通能力、谈判能力、预测能力、组织能力、协调能力等管理咨询必备能力等。

（四）管理咨询的实践

1954年，伟大的管理学大师彼得·德鲁克出版了他的管理巨著《管理的实践》，为企业的管理提供了新的观念、原则和工具。这本书出版后，不仅在美国，而且在全球各地引起轰动，尤其是日本人，他们认为这本书的观念奠定了他们经济成功与工业发展的基石。

《管理的实践》一书，除了其精辟独到的见解，更重要的是将实践作为检验真理的唯一标准进行诠释，书中融入了德鲁克先生半生所经历的管理案例。从"管理企业、管理管理者、管理员工和工作"三项管理的任务入手，全面诠释了管理的真谛就是实践！管理咨询是将管理的理论和知识体系进一步加以提炼并将其运用到咨询企业的管理实践的行为。

如果管理咨询的理论没有实践的检验，也就不可能发挥其威力，没有实践这个舞台，管理咨询也将是无本之末，无根之水。管理咨询的实践恰恰是管理的理论与实践的完美结合。

<<< 前 言

二 集团化管控与企业文化

集团化管理的核心是确立集团组织管理总部与下属组织的责权分工，通过对管理总部的功能定位和职能共享来推动集团业务战略的实施，集团管理控制模式的选择是集团化管理的首要问题。从管理的本质上讲，集团组织是指以资本为主要联结纽带，以集团章程、契约或协议为共同行为规范的母组织、子组织、参股组织及其他成员组织或机构共同组成的具有一定规模的组织法人联合体。从管理的一般逻辑来说，集团总部与分支机构的经济关系决定了集团组织的管控模式。

（一）集团化管控的关键

集团化管控模式的确定关键在于总部的功能定位。由于集团化管理在国内组织出现的时间很短，集团组织总部的功能定位就成为一个新的问题。集团组织总部的基本职能是什么？集团组织总部应该如何定位？是集团组织实现有效管控的关键问题。

通常集团总部实现的职能主要集中在战略管理、运营协调、风险控制、职能保障四个方面。战略管理主要是解决集团整体的发展问题和核心竞争力的培育问题；运营协调主要解决整个集团各业务的协同性问题，通过创造集团独特的综合优势，来实现集团业务的价值最大化；风险控制主要是解决一个集团的可持续性问题，提高集团的生存质量；职能保障主要是通过集团总部的职能共享和业务共享来实现集团运作效率的提高，这些职能保障包括人力、信息、财务、行政、党群、纪检、计划等。

在不同管控模式下集团总部扮演的角色是不同的。如采用财务管控型的集团组织，其总部集权程度低；而采用操作管控型的集团组织，其总部的集权程度高。但不论总部集权程度如何，其目标都应该是为集团整体创造合理的附加价值，为集团整体目标的实现发挥积极作用。因此，总部职能定位是应为集团整体提供附加价值。如果总部定位不合理，不仅不会带来附加价值，而且会导致负价值。比如，集团组织结构不合理，总部各部门之间以及与下属组织之间相互扯皮；管理层次多，经营决策官僚化，贻误商机；总部不能对下属业务单位提供必要的技术支持及内行指导；绩效考核指标片面，误导业务单位经营活动等，都是很常见的问题。

明确了总部的功能定位之后，集团组织的具体管控模式的选择、组织形式的确定、组织内各部门职能的定位和职责划分等工作就都有了明确的依据。与此同时，相应的支持体系的建立和完善也就顺理成章了。比如，在人力资源管理体系中，最基础的工作——岗位设置及其职责描述、价值评估等工作也就有了依据，从而又能够在此基础上搭建起薪酬绩效、胜任能力、招聘培训、人力资源战略等一系列的管理体系。因此，总部的功能定位实际就是确定集团组织管控模式的一个"纲"，它在管控模式的确定中能起到纲举目张的关键作用。

（二）企业文化建设

企业文化是在企业长期的经营活动中，不断总结成功经验和失败教训后逐渐形成和发展起来的，其核心内容是企业精神和企业价值观。

因此，企业文化就是企业作为一个社会群体特殊存在的样式，是企业的生存和发展方式。企业文化具体表现为企业整体的思想、心理和行为方式，通过企业的生产、经营、组织和生活的运营而表现出来。由企业内部全体成员共同认可和遵守的价值观念、道德标准、企业哲学、行为规范、经营理念、管理方式、规章制度等的总和，以人的全面发展为最终目标。

企业文化建设是一项复杂的系统工程，也是一个循环往复和不断发展的动态过程。企业文化建设的基本程序，主要有调研、设计、实施、完善。

1. 调研。企业文化调研，是以企业发展、企业生产经营为中心，对企业的文化因素以及企业文化生成与发展的内外环境进行考察，为以后对既有文化的梳理和新文化要素的产生提供依据。企业的内部环境是企业文化的"土壤"，任何企业文化的生成和发展，都与自身的文化历史、经济状况、行业特点、企业素质等内在因素密切相关。企业外部环境是企业文化生长的"气候"。要设计和实施新的企业文化，必须全面深入地了解企业文化的内外环境，把握企业员工对本企业文化的认识和态度。企业文化的调研，应当坚持目标性原则、全员参与性原则、系统性原则和动态性原则，保证调研工作的科学合理。企业文化调研的方法，有文案调查法、观察法、专题研讨法、访谈法、问卷调查法等，根据调研工作的实际可以综合采用多种调研方法。调研工作完成后，应作出基本结论，为企业文化建设的下一步工作打下基础。

2. 设计。企业文化的设计，是企业文化的规划者在企业文化调研的基础上，对将要建设的新文化的有关内容作出设想、描述、选择、筹划，为未来的企业文化绘制蓝图。企业文化的设计，对企业的变革和发展有重大影响，涉及大量复杂细致的工作，它不仅是企业文化建设者的工作重点，也是企业决策层的关注焦点。

3. 实施。企业文化设计后，就要创造条件付诸实践。即把企业文化所确定的内容全面地体现在企业经济活动、员工行为和一定的物质形态上，同时采取必要的手段，强化新理念，使新型的企业文化要素逐步得到普遍认同。企业文化的实施要做好以下工作：一是积极创造适应新的企业文化运行的条件，如推进企业改革、开展员工培训等。二是加强精神灌输和舆论宣传，使企业形成浓厚的舆论氛围，让员工潜移默化地接受新的价值观，并用以指导自身的行为。三是发挥企业领导者的带头作用，为员工作出示范表率。四是利用制度、规范、礼仪、活动等进行强化，使员工在实践中感受到企业文化的引导和控制作用。五是对正确的行为进行激励，对不正确的行为进行纠正或作出处罚，使员工在持续的影响中逐步形成新的行为习惯。

4. 完善。企业文化需要在实践中不断得到巩固，并且随着企业经营管理实践的发展、内外环境的改变，企业文化还需要不断充实、完善和发展。企业文化的完善提高，既是企业文化建设一个过程的结束，又是下一个过程的开始。

（三）建立大集成管控体系

所谓大集成管控体系，是不仅基于企业或组织本身的实际情况设计管控模式，而且还综合考虑与管控模式相关的包括企业文化建设、业务战略目标、人力资源管理、工作流程体系以及管理信息系统等一些重要因素进行系统思考、顶层设计，从而建设集成的管控体系。

企业文化是企业中不可缺少的一部分，优秀的企业文化能够营造良好的企业环境，提高员工的文化素养和道德水准，对内能形成凝聚力、向心力和约束力，形成企业发展不可或缺的精神力量和道德规范，能使企业产生积极的作用，使企业资源得到合理的配置，从而提高企业的竞争力。现代企业越来越重视人在企业发展中的重要作用，所以打造独具特色的企业文化，牢牢把握企业文化建设的着力点，对增强企业的综合实力、建立完善而牢固的集团化管控体系具有极其重要的实践意义。

管控体系的建立是为实现集团的业务战略目标服务的。所以，集团组织管控体系建立的基准是集团的业务战略。要实现集团组织的有效管控，需要把集团的业务发展战略理清楚，给整个集团提供发展的方向和目标。让所有的员工都知道路向何处走，劲往何处使。同时，管控模式的问题不是管控模式本身能解决的，它需要有具体的途径帮它落实。因此，集团组织管控模式的落实，还应有人力资源管理体系的完善和配合。工作流程也是能使集团组织管控体系有效运作的重要支持体系。工作流程即做事的过程，是一组将输入转化为输出的相互关联或相互作用的、与组织工作相关的活动。这些活动一是能增加工作的价值、提高工作的效率；二是能减少错误、降低风险。管理信息系统也是支持集团组织管控模式实施的一个重要方面。在整个集团管控体系明晰、合理的基础上构建科学高效的管理信息系统，可以帮助组织进一步提高工作效率、防范经营风险，提高决策的科学性。

如果说管控模式是大集成集团管控的硬件，那么企业文化的建设就是大集成集团管控的软件。要建立有效的管控模式，需要从整个集团的企业文化、业务特点、综合优势、治理结构、组织结构、人力资源、流程、信息系统等各方面进行系统思考和设计。

三　新农村发展建设的变革之路

（一）新农村发展建设

新农村发展建设是在我国总体上进入以工促农、以城带乡的发展新阶段后面临的崭新课题，是时代发展和构建和谐社会的必然要求。当前我国全面建设小康社会的重点难点在农村，农业丰则基础强，农民富则国家盛，农村稳则社会安。没有农村的小康，就没有全社会的小康。没有农业的现代化，就没有国家的现代化。世界上许多国家在工业化有了一定发展基础之后都采取了工业支持农业、城市支持农村的发展战略。我国国民经济的主导产业已由农业转变为非农产业，经济增长的动力主要来自非农产业，根据国际经验，我国现在已经跨入工业反哺农业的阶段。因此，对我国新农村发展建设中的重大问题展开研究有着深刻的理论和现实意义。

（二）集体经济组织

农村集体经济组织是我国农村经济体制改革后，法律法规和政策文件中经常出现的一个概念，广义上，农村集体经济组织，是指生产性的集体经济组织（农业合作）、流通性和指导性相结合的集体经济组织和近年来新发展起来的金融性集体经济组织。狭义上，农村集体经济组织，主要是指以土地为依托、以土地的集体所有为纽带、以农民为成员的"村组织"，该村组织既区别于村民委员会，也区别于农村中的生产、供销、信用、消费等各种形式的合作经济组织。

简言之，在我国，集体经济组织就是除了全民所有制经济以外公有制的另外一种表现形式，主要表现为：土地属于集体所有。我国农村有66万个行政村，有66万个村级集体经济组织。自1987年天津大邱庄诞生中国第一个"亿元村"至今，中国目前国内生产总值（GDP）超过亿元人民币的行政村已超过8000个，其中超过百亿元人民币的村庄有11个，这些亿元村，创造了约1.6万亿元人民币的国内生产总值，为我国的国民经济作出了巨大的贡献。

（三）新农村发展建设变革之路

正是新农村发展建设以及集体经济组织在我国发展中的重要性，本书确定了以集体经济组织作为研究的主题，同时，从集体经济组织改制的典范、集体经济发展的典范、三位一体的典范三个方面最终确定本书的研究对象。

1. 产权制度改革的典范。北京市丰台区卢沟桥乡凤凰村地处平原，位于京城西二环南路与西三环南路之间的丽泽路中段。隶属于丰台区卢沟桥乡，是北京西南地区的咽喉，自古以来就有举足轻重的地位。

实施产权制度改革之前，凤凰村的产业以房屋、土地租赁业为主，集体资产经营形式单一，资产管理方式粗放。2005年，凤凰村实施农村社区股份合作制改革，成立了北京锦鹏置业投资管理公司（以下简称"锦鹏投资公司"）。公司股权结构为集体股占30%，持股人为凤凰村集体资产管理委员会；个人股占70%，个人股东1844人。2010年底，凤凰村又启动深化改制工作，将30%的集体股全部平均到个人股。通过产权制度改革，投资管理公司有效盘活利用资金资产，形成了以房地产为主，现代商业、现代服务业、金融服务业为辅的多元化产业格局，实现了集体资产保值增值。以上产权改革的成功，使凤凰村锦鹏投资公司成为当地集体经济组织改制的典范。

2. 集体经济发展的典范。凤凰村这几年发展很快。2005—2012年间，凤凰村总收入由4697万元增加到9905万元，年平均增长11.2%，总资产由9902万元增加到128745万元，年平均增长44.3%；村民人均收入由8286元增加到15476元，年平均增长9.3%。这些成绩在当地同区域的集体经济组织中属于当然的典范。而好成绩的取得，离不开村集体经济的发展壮大。通过集体经济产权制度改革，农村集体资产得到了更高效的运转和经营，村民实现了足不出村拿工资、拿分红，村民的基本生活不仅得到了保障，而且随着集体企业的进一步发展壮大，村民们也有了收入持续增长的长效机制。再加上该村处于北京丽泽金融商务区的核心地带，因此企业的发展搭上了区域发展的顺风车，走上了高速发展的快车道。

3. 三位一体协调发展的典范。从北京农村实行改革的经验来看，村级集体经济组织结构一般是村党支部、村委会和村经济合作社（或村农工商联合公司）三个部分。按照组织职能划分，村经济合作社（或村农工商联合公司）负责村级经济事务，负责人一般由村支委或村委会成员兼任，实际村级经济事务是由村党支部、村委会和村经济合作社（或村农工商联合公司）共同管理的，村党支部起主要作用，村党支部书记起决定性作用。随着城镇化进程的加速，村级集体经济组织结构正逐渐向以社区居委会为核心的新型集体经济组织转变。凤凰村也正是在此种背景下完成了一步步的改革升级。

（1）按照北京市"资产变股权、农民当股东"的改革方向，积极推进凤凰村集体经济产权制度改革，逐步实现了集体经济产权人格化，构造了产权清晰、权责明确、政企分开、管理民主的集体经济有效实现形式，由锦鹏投资公司承担着村集体经济组织发展的重任。

（2）原凤凰村党支部于2012年10月经中共卢沟桥地区工作委员会批准成立为锦鹏社区党委。

<<< 前言

（3）原凤凰村村委会于 2012 年 12 月经锦鹏投资公司社区居民代表大会选举产生了锦鹏投资公司社区居民委员会，村民变为带着股东身份的城市居民。

凤凰村成立社区型新型集体经济组织，标志着凤凰村由农村正式迈进城市化管理。在新的市场经济环境下，锦鹏社区存在经济、社会与生态功能，而社区党委、居委会与锦鹏投资公司共同实现这三大功能，这是目前其他任何经济组织无法取代的，因此，在组织机构设置及制度创新层面必须正视这个现实。换言之，村集体经济组织的机构和制度在这三部分基础上的创新，其变革成本最低。最终既要克服社区党委直接支配人、财、物的领导方式，使集体资产支配权转移到变为股东的居民手里，同时又要保证基层党组织的领导核心地位。要解决的问题是：如何将社区党委、居委会应有的职能与锦鹏投资公司自然地联系在一起，既能够实现专业化部门之间的有效协作，降低内部行政协调的成本，又能够清晰履行各自的职责，发挥管理上的规模效应，使管理的边际成本递减，从而实现生产经营上的规模经济，使社区党委、居委会、锦鹏投资公司三位一体协调发展，最终实现整体的经济、社会与生态三大功能。

新农村发展建设是我国当前以致以后很长阶段的主题，而集体经济组织形式的发展是新农村发展建设中的重中之重，这是城市化进程的必然要求。集体经济组织面临的问题，比一般的企业组织要复杂许多，除了管理的无序性、不规范以外，还涉及集体股权的改革处置、村转居的身份管理、社会保障、党委建设、社会动员等多方面的问题，要想帮助企业解决这些问题，必须深入企业一线，基于企业本身的实际，思考和诊断这些问题，只有这样，才能给出有效的解决方案，也只有这样，才能帮助企业走上高速发展的快车道。

集团化管控与企业文化建设是解决问题的根本办法和药方，通过集团化管控这一硬件的建设，对管理制度、体系、管控模式等进行提升，通过企业文化建设这一软件的建设，凝聚人心、宣传引导、树立正气，使居民和员工心气一致，最终达到建设和谐企业、和谐社区的目的。当然，也就实现了本书的研究目的：管理咨询的实践。

徐明
2015 年 3 月于中国青年政治学院

# 第一篇
变革前奏与管理诊断

第一章 为什么要变革?

第一节 农村集体经济组织的历史变迁与发展回顾

新中国成立初期,为了最大限度地利用社会资源,提高生产力,国家实行集中经营、集中劳动和集中分配的集体所有制。

20世纪80年代初,"政社合一"的人民公社解体,农村集体经济所有制进行了变革,国家实行以集体的统一领导和家庭联产承包责任制分散经营相结合的经营管理体制,土地的集体所有权法律上归村落范围内的村民集体,既保证了土地的集体所有制性质,同时赋予了个体对土地的使用权,并明确了利益分配的关系,与过去相比,这种变革凸显了个人利益,一定程度上调动了农民的生产积极性。

20世纪90年代,国家做出了在原定的耕地承包期到期后再延长30年不变的决定。这一决定进一步起到了弱化所有权的作用,农民较以前有了更充分的经营自主权,在一定程度上为以土地入股、转让、转租奠定了产权制度基础,也为农业的发展和市场化经营奠定了一定的制度基础。

然而,农村经济制度还存有明显的缺陷。在"统分结合"中,"统"与"分"的权力设置与主体行为规范不明确,容易发生"统"对"分"的侵权,侵犯农民承包者的利益。随着市场化经济的发展,传统的村级集体经济制度逐渐走向消亡,合作制经济逐渐发展起来。合作制经济即市场经济体制下的集体经济,与股份制经济、合伙制经济、个体私营经济、国有经济等经济制度相并列。

一 农村集体经济组织概述

(一)农村集体经济组织内涵与特点

1. 农村集体经济组织的内涵

农村集体经济组织产生于20世纪。为了满足社会主义公有制改造的需要，在农业合作化运动的背景下产生这种经济形态。

农村集体经济组织最初的基本含义是在一个自然村内，由该自然村的村民根据自愿原则，将自己所拥有的土地、牲畜、农具等生产资料归入集体所有，在集体的支配下，农户共同劳动，共同分配劳动成果的农业经济组织。随着农村经济体制改革进程的加快，农村集体经济组织的含义也得到了外延和修正。

农村集体经济组织是我国农村经济体制改革后，法律法规和政策文件中经常出现的一个概念，但缺少明确的定义，在学术上各位学者都有自己的见解。广义上，农村集体经济组织，如"我国的集体经济组织包括生产性的集体经济组织（农业合作）、流通性和指导性相结合的集体经济组织和近年来新发展起来的金融性集体经济组织"[①]。其中，2003年《北京市乡村集体经济组织登记办法》第2条规定：本办法适用于本市行政区域内乡镇集体经济组织、村集体经济组织、农民专业合作经济组织、乡村集体经济组织下属的独立核算的事业单位，这也是从广义上来规范农村集体经济组织的。狭义上，农村集体经济组织，如"法律所说的农村集体经济组织，主要是指以土地为依托、以土地的集体所有为纽带、以农民为成员的'村组织'，该村组织既区别于村民委员会，也区别于农村中的生产、供销、信用、消费等各种形式的合作经济组织"[②]。

学术界对于我国农村集体经济组织的产生与发展也有不同的看法。有学者认为，"改革前的农村集体经济组织叫做农村人民公社，是由人民公社、生产大队、生产队三级组织组成的农村管理体制，由建国后的农村互助组、初级社、高级社发展演变而来"[③]。也有学者认为，"农村集体经济组织，是指自实行家庭联产承包责任制和双层经营体制改革之后，形成的包括乡、村、村民小组和部分农民共同所有的农村劳动群众集体所有制性质的经济组织"[④]。本书采纳了第一种观点，认为农村集

---

① 黄灿明：《关于加快农村集体经济组织立法的思考》，《理论研究》2007年第3期。
② 姬志创：《对完善农村集体经济组织制度的法律思考》，《科技信息》2007年第11期。
③ 魏宪朝、焦东红：《我国农村集体经济组织的法律地位探析》，《理论前沿》2007年第15期。
④ 罗猛：《村民委员会与集体经济组织的性质定位与职能重构》，《学术交流》2005年第5期。

体经济组织的变革自始至终是伴随着经济体制的改革发展变化的,是由不同形式的农村经济组织演变而来的,与不同历史阶段的社会背景息息相关。

2. 农村集体经济组织的特点

(1) 农村集体经济组织伴随着经济体制改革而变革

农村集体经济组织是社会主义初级阶段的产物,属于社会主义经济组织,我国的《宪法》《农村土地承包法》等明确规定:农村集体经济组织以公有制为基础,以土地等重要的生产资料归组织所有为特征;同时,农村集体经济组织伴随着社会经济环境的变化而变化。为适应农村的生产力和满足农民群众利益,改革开放以来,农村集体经济组织也发生了变化。

(2) 农村集体经济组织具有政治和经济双重属性

在农村,大多数的农村集体经济组织是与村民委员会或者村民小组一致的,在职能上相互重叠。集体经济组织的主要职能是管理本经济组织的资产,主要是管理土地和履行社会职能,比如进行农业生产所需的基础设施建设、农村道路建设、提供饮用水源、电力建设等。

(3) 农村集体经济组织是不同于法人的其他形式的组织

根据我国《民法通则》的规定,农村集体经济组织满足法人成立的四个要件,但因为农村集体经济组织在生产经营、设立程序、财产处分等方面不同于法人,所以,按照目前的法律规定,农村集体经济组织是其他组织而不是法人。但在随着社会变迁和经济发展,尤其是经济发达的地区,农村集体经济组织已经演变成法人或者公司形式,就如贯穿于本书的凤凰村变迁。

(二) 农村集体经济组织的变迁与发展

1. 农村集体经济组织的发展历程

新中国成立后,农村经济主要以合作社的形式开展,经历了农业生产互助组、初级农业合作社、高级农业生产合作社和人民公社的发展。

人民公社是在高级农业生产合作社的基础上组成的集体所有制的经济组织。农户带着自己家的土地、耕畜、林木、果树、水利设施和工具等生产资料加入的生产合作社逐步形成,同时,基层政权机构乡人民委员会和集体经济组织的领导机构公社管理委员会合为一体,人民公社同时行使基层政权机构和集体经济组织领导机构的职权,即政社合一，在农村人民公社内部实行"三级所有，队为基础"的经营管理模式。

1978年以后，我国农村普遍推行以家庭联产承包为主的农业生产责任制，打破了"三级所有，队为基础"的统一经营模式；同时实行政社分开，乡政府作为我国政权的基层单位，在村一级建立农民群众自治组织，即村民委员会，村民委员会下设村民小组，负责管理本村的各种社会事务；人民公社成为单纯的集体经济组织。

1985年，政社分开工作基本完成，相应的政权机构乡政府、村民委员会、村民小组逐渐建立起来，但是相应的集体经济组织并没有建立，人民公社没有得到相应的发展，实际上，政企合一的性质并没有发生根本变化，政府功能和集体经济组织的经济管理功能仍然没有分开，乡政府、村民委员会、村民小组由原来的农村人民公社、生产大队、生产队转变而来，人员和机构基本没有变化，农村集体经济组织由相应的行政机构代管，内部缺乏相关制度和规范。乡村政府能够利用政府角色去做一些普通经营者无法做到的事情，也能利用经营者的角色去做一些一般政府无法做到的事情。

目前，我国农村集体经济组织有乡（镇）级、行政村（原生产大队）级和村民小组（原生产队）级。这些集体经济组织分别由相应的行政机构代管。但上一级行政机构可以通过行政干预的方式控制下一级集体经济组织的事务。

2. 以村为单位集体经济形式的完善

改革开放以来，在各行业高速发展的同时，我国农业也取得了很大的发展。到20世纪90年代后期，我国农业已开始进入现代化发展阶段，规模化、专业化、产业化和以提高质量与收入为特征的农业发展模式成为行业领跑者；随着城市化进程的加快，以吸收外资和出口导向为特征的模仿学习或外需拉动型的工业产业吸引了大批农民进城务工，导致农村老龄化、空巢化现象加剧，农村社会经济发展严重落后，"三农"问题更加突出，我国东中西部之间、工农业之间、城市和乡村之间的发展差距不断扩大，造成了严重的社会问题。在此基础上，政府更加注重内需拉动的发展，出台相关政策，全面推进新农村建设，支持农村发展，缩小城乡差距。

随着新农村建设的开展，农业现代化进程的加快，内需拉动政策的实施，城市资源向农村的回流以及家庭个体经营的增收空间的不断缩小，整合经济资源共同发展将成为广大农民的共识，现有的各种以村为单位的集体经济形式也随之调整和改进，继续保持活力，发挥重要作用。

一般来说，农村集体经济发展中有活力和发展前景的具体形式主要有：

（1）集体投资开发+资产承包、租赁模式

单纯的集体资产承包、租赁经营存在很大的问题，不能获得持续性的发展。这些问题包括，经营者无力进行投资改造、经营者不能进行特色开发、被承包资产的价值低等。经营者由于受客观条件的限制和对自身利益的考虑，当集体资产的利用价值不高时，经营者事实上不可能进行大量投资，在这种情况下，大规模、集约化的生产是不能实现的。

随着农村集体经济的发展，一些地区对传统的承包、租赁模式进行了改进。由村集体先对荒山、河滩等集体资产进行投资开发，并确定经营方向，发展蔬菜林果种植和水产养殖业，然后再承包、租赁给合适的经营者。这种改进性的资产承包、租赁模式更符合长远发展的需要，成功运作的概率比较大。

（2）村专业合作社模式

在经济发达地区，一些村集体依托有关部门（或企业）发展特色农业。这种模式由政府部门支持或与相关公司建立合作关系，以村为单位建立专业合作社，由村"两委"（村党委和村委会）直接组织村民由一般粮食生产转向现代科技农业和特色农业经营，也具有良好的发展前景。

（3）招商引资模式

造成村办企业发展不畅的原因有很多，一般是来自政府的行政干预，缺乏资金和技术，经营者管理不善等。行政干预问题的解决必须通过相关体制的变革来完成，而资金、技术以及管理的问题可以借鉴村外现代化企业的发展和管理，即招商引资，利用本地的资源优势吸引外地有实力的企业前来投资开发，引进先进的经验和模式，村集体可以就此建立相关的加工企业和配套生产企业，或者直接进行联合投资与开发。

（4）交易和旅游观光等服务业模式

近年来，一些位于集镇边、公路边、行政区域周边地带的村集体以及那些具有特定历史文化古迹和自然景观资源的村集体，利用其区位和环境优势，建设交易市场和发展旅游观光等服务业，积极开发其创造就业和增加服务收入的潜力，取得了明显的成效。

3. 新型集体经济形式的发展

在扩大内需、反哺农业和农村、全面推进农业现代化和农村社会经济发展的新形势下，农村集体经济形式的变化发展将围绕整合农业和城乡资源，推进农业现代化，注重发展农村工业和服务业，促进农村产业合理调整。

（1）基于农村专业合作社的发展

①"专业大户+专业合作社"模式

随着农民生活水平的提高，农业的收入已经不能满足家庭消费支出，同时，社会产品的物价上涨加速，农业生产成本提升，而农产品的价格没有相应上涨，在农村家庭联产承包责任制下，土地的小规模经营出现了问题，农户人均只有一亩粮田时，除自己消费外，不足半亩地的粮食可出售，只能维持简单再生产。在这种情况下，随着工业化进程加快，交通发展的便捷，农民大量外出打工，此时，各地有部分农民在国家政策的号召下，承包大规模的土地资源，发展规模化和专业化农业，出现了高科技农业、生态农业、观光农业和粮食生产区、棉花种植带、蔬菜和水果生产区，出现了数以万计的专业大户。土地集中、大农户专业化和规模经营需要专业合作社的支持和帮助，而这种集约化农业的发展可以克服阻碍专业合作社发展的资金困难和服务能力不足两大问题，在适合推进农业现代化发展的地区，"专业大户+专业合作社"这种集体经济形式得到进一步发展。农民专业合作社具有广泛集聚、整合资源的优势，是将各种农产品的生产经营者组织起来开展专业化和规模化生产的重要形式。

②"农户+公司"模式

以专业合作社形式发展的集约化农业形成了自己的品牌以后，随着专业合作社的成员增多，资产增加和规模扩大，为加强管理，保证质量和声誉，一些专业合作社将会进一步发展、转变为公司的形式，如农业股份合作公司，实行企业化经营；还有一些专业合作社将会扩展服务领域和提高服务质量，成为综合性全功能的合作社，将合作社的收益更多地转化为成员集体的生活福利。

在经济发展水平较高的地区，尤其是那些经营非粮食产品、收入丰裕的农民专业合作社，农业股份合作公司更具有良好的发展前景。因为这些非粮食产品拥有更广阔的市场和更多的发展形式，需求弹性大、价值高、利润高、质量和品质要求对于销售和收入增长更为重要。在这种经济形势下，从事这类农产品生产的专业合作社必须有正确的发展战略，有规范灵活的经营机制，这在客观上要求这些专业合作社实行完全的现代企业化管理。

农户+公司主要是一种订单+服务（信息、良种、技术）的契约型集体经营形式，这种模式经营连续性和稳定性差，农户的增收幅度不大，不能从根本上解决农业现代化发展过程中出现的问题。在农业生产领域，对农户+公司联合体形式进行改进，出现了一种"返租倒包"模式，即在农户+公司模式的基础上，由农产品经营公司（龙头企业）租赁农户的土地、统一规划和成片投资改良形成生产基地，然后再包给农户按要求进行经营（公司支付工资或费用）。这一改进模式使农户与公司的关联更紧密和稳定，既可以保证以公司为主导的专业化和规模化经营；又可以提高农户的生产技术和收入水平。

③复合模式

"专业大户+专业合作社"和"农户+公司"这两种模式在吸收和整合农业资源、推进农业现代化发展上具有不同的特点和优势，但二者又各有缺陷和劣势。"专业大户+专业合作社"模式的服务面广，但企业化经营的程度不高，经营加工能力弱；"农户+公司"模式的企业化经营程度高，经营加工能力强，但集体性弱，服务面窄。因此，从农业专业化、规模化发展的趋势看，"专业大户+专业合作社"和"农户+公司"这两种模式相结合、实现互补发展具有必然性。在这两种模式的经营都不是很发达、尚未建立优势品牌的情况下，它们都不大可能向农业股份公司形式发展和转变。因此，这类复合型模式无疑具有重要现实意义和普遍发展的前景。

（2）基于本地资源与外部要素相结合的发展

①社区股份合作社模式

随着社会主义新农村建设，农村生活条件、各种设施改善，农民生活质量提高，农村各产业发展，农民就业和收入增长，农村，特别是在城市郊区的农村地区，逐步向城镇发展，城乡一体化加快，包括城区企业的转移迁入和农村社区的城市化改造，具体反映为村民变市民、生产就业转型、土地统一规划使用的进程。

农村居民通过提供承包的土地这种生产资料，参与新农村建设或城乡一体化发展，以此来改善自身生活条件，其中包括住房环境、生活园区、道路设施等，如各地的"拆迁热"。为了实现土地集中、统筹使用和乡村城市化改造，为了保证村民的收入和支持他们顺利完成身份转变与经营转型，土地和综合性的农村社区股份合作社将在未来、在更多城郊地区得到推广和运用，帮助村民在第二、第三产业就业，联合其他经济组织投资创办集体型企业和事业实体的社区股份合作社最有发展前景。

②乡镇股份企业模式

村办企业由于其自身发展的局限，缺乏吸纳外部资金、技术和人才的机制与条件，为了吸纳资源进行产业调整和发展，近几年，村办集体企业持续减少，改制后的乡镇股份合作企业、股份公司获得了长足的发展。

随着农业现代化的发展和农业就业人数持续减少，随着新农村建设在各地全面展开、农村基础设施和农民生活条件不断改善，包括具有居住、经济、社会、文化发展等多功能新型村庄的建设和崛起，以及城市工商企业逐步增加对乡村的投资，目前以深化农业分工、兼顾工业发展的农村产业发展格局将会发生重大转变，农村工业与服务业将主要依托乡镇股份合作企业和股份公司等集体经济形式加速发展，逐步走出局限于本地发展的阶段，从而根本改变乡镇集体企业规模小、技术水平低、产品质量差、经营管理落后的状况。

总之，改革开放之后各行业的融合发展是社会经济发展的基本规律。在我国，虽然各地环境和条件差异大，农村集体经济的发展路径和实现形式不尽相同，但基本方法仍然是在利用本村的优势和条件的基础上整合外部资源。那些超越了村级范围并具有较大包容性与开放合作性的集体经济模式，最可能成为农村集体经济的主要模式。

二 丰台区凤凰村的改革与发展

（一）凤凰村的历史发展

北京市丰台区卢沟桥乡凤凰村地处平原，位于京城西二环南路与西三环南路之间的丽泽路中段。凤凰村隶属于丰台区卢沟桥乡，是北京西南重要的咽喉要地，自古以来就具有举足轻重的政治、经济和军事地位。村域辖区面积约1.7平方公里，下辖4个自然村。村委会下辖6个村民小组，辖区内共有常住人口2790人，原有农业人口1862人。

该行政村域面积1610亩，其中国有划拨地约80亩，集体性质土地约1530亩。

追溯其历史渊源，远在清代，凤凰村以茶社成村，三方道路会合于斯，过往客旅多在此歇脚打尖，后住户增多，聚落成村。自此，凤凰村人口不断增多，地域不断扩大，凤凰村人在这片土地上先后从事着粮食生产、畜牧养殖、工业制造及综合贸易等产业。几经变迁，直至现代从事房地产开发、物业管理、金融服务及园林绿化等新兴城市产业，为凤凰村的财富积累与发展建设带来了深远的影响。

1954年，凤凰村鸭场成立，并经过屡次的扩大生产规模，到1987年，鸭场全年出售商品鸭达到81700只，带来全年总收入95.2万元。

1956年，凤凰村成立综合厂，包括卫生所、电机维修、机加工、打磨房、理发等十几个人的村办小型企业。

改革开放以后，首都副食品基地建设和第二、第三产业的大发展，集体耕地逐年减少，凤凰村开始开拓新的产业范围。

1978年，原凤凰村综合厂改造为凤凰村铸造厂，企业由1978年的年产量近百吨，产值21.4万元，发展到1989年的年加工量1100吨，创产值500万元，生产以每年50%的速度递增。

1982年，凤凰村兴建了规模有10万只的半机械化笼养蛋鸡场。从1982年至1990年的近10年间，凤凰村鸡场累计向市场提供了650多万公斤商品蛋，累计上缴集体200多万元纯利润。

1983年，凤凰村乡成立凤凰村农工商联合公司，全村经济产业实现统一化管理。

1984年，凤凰村千头规模养猪场成立，生产规模显著扩大。

1990年，受北京市"退一（产业）、优二、进三"政策影响，凤凰村种植、养殖业陆续取消。

1994年，全村经济收入达到了11575.2万元，实现了亿元村的梦想。

1998年，凤凰村成立综合市场，占地面积18000平方米，建筑面积8000平方米，2004年扩大面积，占地面积达到20000平方米，建筑面积13000平方米，年收入达到480万元。

2005年，凤凰村农工商联合公司经过改制，成立锦鹏投资公司，改制为股份合作制企业。到2012年，公司下属8家分公司，7家直属企业，形成以房地产开发为龙头，同时发展物业管理、园林绿化、小额贷款、市政环卫、物资储存等多元化的产业格局。

（二）凤凰村整建制撤村建居

凤凰村自1993年正式并入东区改造以来，先后完成了丽泽路、顺驰、东管头变电站、戏曲学院路、B6B7地块的征地、拆迁、安置工作。

2008年5月，北京市委、市政府正式下发《关于促进首都金融业发展的意见》，决定在菜户营桥至丽泽桥之间规划建设占地面积5.25平方公里的丽泽金融商务区。凤凰村域被规划中的商务区核心地带覆盖。

新兴金融功能区的规划建设，使凤凰村的土地面临全部拆迁的命运，但同时也孕育着新的发展机遇与成长空间。2010年，凤凰村整建制撤村建居正式启动，并且将在整建制撤村建居和深化产权制度改革工作中，采取业务重组、整合资源、优化股权结构、资产重新配置等方式调整经济结构，从而打开围绕房地产开发、投资、经营等多位一体的综合运营模式，构建新的发展方向。

凤凰村整建制撤村建居的具体措施包括以下几项：

1. 成立组织机构

为了保障撤村建居工作在有序的工作环境中顺利开展，在法律政策的框架下规范地操作和实施，村党总支根据撤村建居工作的特点和需要，于2010年12月21日研究决定成立"凤凰村整建制撤村建居工作领导小组"，书记任组长，负责整建制撤村建居的全面工作。

2. 召开整建制撤村建居动员大会

2010年12月14日，凤凰村召开了村民代表大会和股东代表大会，会议上强调了撤村建居工作的必要性、重要性和紧迫性，宣读了区乡

《关于改革城乡二元管理体制推进城乡协调发展的意见》《丰台区整建制撤村建居工作方案》和《中共卢沟桥乡委员会关于深化产权制度改革推动撤村建居工作的意见》，经与会人员讨论研究一致同意并表决通过启动凤凰村整建制撤村建居工作，这一决议标志着凤凰村整建制撤村建居工作正式拉开序幕。

3. 做好人口、土地、经济、社保费测算等基础性工作

基础信息和数据是制定各项政策、办法和方案的核心资料，同时，也是一项繁重、复杂、细致、全面、专业、科学的具体工作。按照人口、劳动力、超转人员、土地、财务资料和数据的要求，用时六个月完成了全村所有农业户口和股东的登记造册、核实及确认工作，完成了所有企业财务审计和资产评估工作，完成了土地测量、核实工作，完成了劳动力社保费趸交测算和超转人员[①]超转费趸交测算工作，此项工作的落实为撤村方案制订、企业的合并重组提供了真实的、科学的基础信息和数据资料。

4. 研讨制定撤村建居工作方案及村民安置办法

首先，撤村建居工作小组根据人口、土地、经济、社保费测算等基础信息和数据，依据财务审计和资产评估结果以及法律法规和政策的规定，展开了撤村建居工作方案和村民安置办法的研讨制定工作，先后六次邀请区、乡有关职能部门的领导来凤凰村指导撤村建居工作，为撤村建居工作方案和村民安置办法的制定提供了强有力的法律法规及政策的保障。其次，在撤村建居工作方案和村民安置办法制定过程中，组织召开了撤村建居领导小组、工作小组、协作小组、村委会委员、村民小组书记经理、全村企事业单位副职以上干部等不同层面参加的专题会议和意见征求会议50余次，在讨论中参会人员对方案的制订提出了多方面的宝贵意见，通过民主的讨论和交流，使得方案更具可行性，更加民主化、科学化。最后，经过民主决策制定出符合集体利益和村民意愿的、惠民的、切实可行的撤村建居工作方案、村民安置办法、超转人员管理办法、待业人员管理办法等。

---

① 超转人员是指国家建设征地农民户转为居民户的原农村劳动力中年龄超过转工安置年限（男满60周岁，女满50周岁及其以上）人员，含无人赡养的孤寡老人以及法定劳动年龄范围内经有关部门鉴定完全丧失劳动能力且不能进入社会保险体系的病残人员等。

5. 入户征求意见，同意撤村户签字率达98.54%

撤村工作小组根据代表会议决议和撤村工作民主程序的要求，开展了入户签字工作，撤村工作小组、政策解释小组的全体成员，总支委员、村委委员、公司班子成员充分发挥带头作用，积极投入到工作中为村民耐心细致地讲解撤村方案和村民安置办法等相关政策，对有些存在特殊问题或对政策理解不清的村民，领导干部和工作人员还是本着对集体负责、对村民负责的态度，坚守着自己的岗位，履行自己的职责，多次到困难户不厌其烦地做政策解释工作，通过各级领导干部和具体工作人员的共同努力与协作，撤村建居工作小组共完成947户（98.54%）同意撤村的签字结果。

6. 取得撤村建居批复

凤凰村整建制撤村建居的工作请示和工作方案上报卢沟桥乡党委、乡政府后，于2011年12月12日取得乡党委、乡政府的批复；于2012年2月9日取得区政府"关于撤销凤凰村村民委员会的请示"的批复；于2012年4月18日取得市政府《关于卢沟桥乡凤凰村整建制农转居安置有关事宜的请示》的批复；于2012年8月9日取得区民政局《关于卢沟桥地区办事处设立社区居民委员会》的批复；于2012年10月11日取得中共卢沟桥地区工委《关于同意成立锦鹏社区党委》的批复。

7. 户籍变更工作

2012年5月根据市政府批复的要求，凤凰村开始办理农转非户籍变更前期准备工作，向全体村民收取户口簿核对信息，填写各类登记表格。在区乡政府及丰台区公安分局、六里桥派出所的大力支持下，仅仅历时两个月的时间完成了全村953户（不包括8户未转），1847人的户籍性质变更工作，新户口簿于2012年7月发到村民手中。

8. 劳动力社保费的趸缴、补缴工作

2012年5月开始，在丰台区社保相关部门领导及工作人员的指导和帮助下，凤凰村仅用一个月时间完成了人员信息核对、录入及各类材料准备工作，共有833人进入社保系统，其中养老保险趸交693人次，医疗保险趸交866人次，一次性趸交费用9200万元。同时，依据相关规定为劳动力补缴了4月、5月两个月的社会保险180万元。使全体劳动力享受城镇职工社保政策。

9. 超转人员医保卡办理工作

2012年9月，根据"一老一小"医疗保险政策①规定，按照社保建档要求，及时收集了超转人员基础信息资料，并将个人信息录入社保系统，历时一个月的时间为全村529名超转人员办理了"一老医保卡"，共缴纳保费317400元。社保卡已于2012年12月发放到老人手中，现已正式使用一老卡就医，享受北京市一老就医和报销政策。

10. 劳动力档案建立工作

全村共有980人需要新建档案，至2013年1月建档所需材料已基本准备完毕，由于建档人数多，经与区建档部门协商，分批为职工办理建档事宜。截至2013年1月，已为36名职工建立了个人档案，其中28名职工已达到法定退休年龄，其退休手续已办理完毕，从2013年2月起可以在社保部门领取退休金并享受城镇退休职工医疗保险政策。

11. 成立社区居委会

根据社区选举法的要求，在区乡民政部门的指导、帮助下，锦鹏社区选举领导小组、工作小组按照选举的工作步骤和程序，组织开展社区选举的动员工作、入户宣传工作、入户签字工作、社区代表推选、选举工作、社区委员会推选、选举工作，于2012年12月31日正式选举产生锦鹏社区第一届"社区居民委员会"。

（三）大规模企业制度改革

面对丽泽金融商务区开发建设和凤凰村所处的形势，为了能够更好更快地发展，把企业做大做强。达到现代企业的管理水平。

2012年5月，经过村党总支、董事会研究，引进管理咨询专家团队开展集团管控体系与企业文化项目建设工作，利用专家团队丰富的改革经验和先进管理理念，完善各项管理制度，梳理各部门岗位职责与流程，实现企业集团化的高效管理。同时，通过运用专业化的人才招聘与

---

① 这项医疗保险的原则为"保大病"，主要解决城镇老年人、学生及婴幼儿住院治疗的医疗费用。符合条件的老人及学生、儿童享受人均每人每年1200元（2015年）的北京市城镇居民基本医疗保险筹资标准。学生儿童大病医疗保险筹资标准是每人每年（按学年）100元，个人或家庭缴纳50元，财政补助50元。超出650元起付标准的医疗费用，可按70%的比例报销，一个医疗保险年度内累计最高可报销17万元；城镇老年人大病医疗保险筹资标准是每人每年1400元，城镇老年人个人缴纳300元，财政补助1100元。超出1300元起付标准的医疗费用，可按60%的比例报销，一个医疗保险年度内累计最高可报销7万元。已得大病的老人和孩子，符合条件仍可参保。

培养机制，广纳高水平、高素质的人才充实到企业当中，帮助企业实现产业升级，提升人员素质，实现跨越式增长，实现由村级集体企业向现代企业管理转变。

第二节 内外部环境分析

一 "村改居"内涵与实践

（一）"村改居"内涵

"村改居"工作关系到基层广大人民群众的切身利益，关系到城市和农村的发展，是一项极其复杂的系统工程。近年来，随着城市化进程的发展和城乡二元体制改革的加快，我国许多地区，特别是经济发达地区，出现了越来越多的"城中村"，这些"城中村"都面临着整合改革的问题。

"村改居"就是在原有传统自然村村委会的基础上，通过改革基层组织、改变村民身份、股份化运作原有村集体资产等一系列工作，将村委会转变为社区委员会或居民委员会，从而实现"村改居"后的服务公共化、资产股份化、就业非农化、居住城市化、福利社保化。对"村改居"比较直观的理解是"农转非"，即居民由原来的农村户口改为城市户口，村委会改为居委会或社区委员会。具体来说，"村改居"的具体标准有四个：农村不再以纯农业生产为主，农民不再完全从事原有耕作性质的体力劳动，有至少2/3的农民不再从事生产劳动，不再以农产品收入作为主要的经济来源。

"村改居"工作对于城乡社会经济发展和社会稳定具有广泛性的深远影响，在开展"村改居"工作时，要着重结合地域差异、居民认同感等社区构成要素，合理科学地划分社区，建立健全基层党组织和自治组织，加强和改进民主法治建设，鼓励广大居民积极参与社区建设，保证居民充分就业，获得与城市居民同样待遇的社会保障；同时要因地制宜，一切从实际出发，在充分调研的基础上制订符合实际、科学合理的改革方案，绝对不能直接套用其他地区的改革模式。

（二）"村改居"的历史沿革

新中国成立以后，"村改居"工作体现为"农转非"或者其他形式，由于当时的社会背景和政策环境以及各地实际情况的差异，不同时期、不同地域的"村改居"工作采取了不同的形式。

总体来说，在我国的"村改居"进程中，主要存在以下两种模式：

1. 管控型"农转非"模式

管控型"农转非"模式发生在新中国成立初期到改革开放前这段时期。新中国成立初期，国家为了发展工业，迅速提高国民生产力，集中力量和资源发展第二产业，农业的发展是工业发展的后盾，农业的发展从很大程度上是为工业发展服务的，农民要缴纳大量的"提留"，农民除了维持日常生活之外很难拥有积蓄，部分农民失去了务农的积极性，他们希望通过各种途径进入城市，以改变自己祖祖辈辈"面朝黄土背朝天"的命运。

但是当时实行严格的二元户籍制度，加之经济发展状况不理想，城市化进程缓慢，城镇化率比较低，无法容纳过量的农民进城谋生，国家严格控制农民进入城市的途径和数量。对于征用其土地的农民，国家结合城市发展的速度，给予其以地带人"农转非"政策优惠，然后再通过各种方法将农民安置到国营企业工作，这样既控制了城市人口的过快增长，也使得部分农民身份得到转变。

2. 市场型"农转非"模式

1978年改革开放之后，我国迎来了国民经济的市场化发展，商品经济日渐活跃，一些国有企业人浮于事、效率低下、效益下滑问题凸显，职工工资不能维持自身生活消费的需要，国有企业难以再为"农转非"农民提供合适的岗位，因此部分农民抓住改革开放的政策优势下海经商，不再热衷于进入国有单位。

在这种背景下，国家适时出台了一系列政策，贯彻以前的"农转非"模式时不再安置工作，让农民自己在市场经济中依靠自身能力发展，村集体会根据补偿款的数额和其应得的比例给予其一次性现金补偿。

（三）我国"村改居"的模式

改革开放以后，随着城市化进程加快和市场经济的发展，"村改居"在我国多地实行，对"村改居"工作进行了卓有成效的探索和实践，同时积累了一些成功的经验，主要有以下五种改造模式：

1. 上海松江"社保补偿"模式

上海松江地区的"村改居"形成了"社保补偿"模式，这种模式是值得其他地区学习的。"社保补偿"模式聚焦于城市社保，以"社保补偿"为出发点。在这一模式中,松江区政府对于45岁以上且同意加入社会保险体系的村民,为其办理城镇社保,每月给予一定的生活补助,使其享受与城市居民一样的社会保障;对于那些不愿意加入社保体系的村民,松江区政府给予一次性经济补偿,为其免除后顾之忧。

2. 广东广州"预留地"模式

改革开放以后,广州因其特殊的地理位置和资源社会经济获得飞速发展,制造业迅速崛起,从全国各地吸引了大批劳动力。大量外来务工人员的租房需求使得广州农村地区的农民通过租赁土地和房屋取得了很大的经济利益。因此,这一部分农民希望保持现状,不愿意进行"村改居",他们希望继续通过租赁房屋和土地获益。然而,广州城市化进程需要大量的建设用地,这与农民不愿转让土地的意愿产生了矛盾。

为了解决这一难题,广州市政府通过不断探索创新,实施了"预留地"制度。这一制度要求当地政府在征用村民土地进行工业生产时,必须增加一定比例的土地转交给村集体使用,用于村集体发展非农产业,这部分土地的使用权归村集体所有,所得收益由村集体共同管理,共同分配。

3. 山东济南"股份制"模式

济南"股份制"模式也值得借鉴。山东省济南市槐荫区从2000年开始对其辖区部分村庄进行"集体资产股份制"改造。区政府采取的主要方法是将村集体资产全部进行量化,整体改制为股份有限公司。村民以土地这种生产资料入股获得改制后股份有限公司的股份,而这部分股份一般占到资产的15%,不能抽回,只有分红权,当村民达到退休年龄后由公司买断;有35%的资产可由村民自主决定是否购买,购买的村民可以将这部分资产转让或买卖;40%的资产用于村民养老、医疗、教育等公共资源的构建和维护;余下的10%的资产被当作奖励资产。

4. 广东江门"集体资产鼓励制"模式

广东江门市同样对村集体资产进行股份制改造,与济南市槐荫区不同的是,江门市在分配集体资产股份时,按比例从集体净资产留出集体股之后,其余一律分配给个人。具体做法包括:(1)部分居委会的股份分配比例按1:1,还有的居委会按1:2的比例投入风险股,体现了利益与风险共担;(2)体现多劳多得的原则,对全部参与改革的普通人员按工龄长短也就是贡献大小分配额度不等的股份;(3)对暂时购买风险股有困难的人员进行特殊照顾,根据其实际情况,把其应享有的股份在集体股中保留1—3年，其间投入风险股可以再配送；（4）残疾人如没有能力购买风险股可根据个人意愿不购买，只享受公益股，但该股权只有收益权，没有所有权和继承权；（5）从原村征地补偿金、村级集体经济组织公积金以及其他收益中提取社会保险资金，为"农转非"的居民提供多种渠道的社会保障服务；（6）对于原有村落中人均收入低于当地最低生活保障标准的村民家庭，统一纳入城市最低生活保障范围，由社区统一建设福利院，将原"五保"人员进行集中供养，资金由区、镇（办）、社区按一定比例提供；（7）对期满退伍的现役义务兵按城镇退役士兵安置政策予以安置。

5. 山东青岛"内外推动型"模式

在推动新型城镇化建设过程中，山东青岛黄岛区主要有两种实现方式：一是在进行农村"实验区"建设时进行整体的设计与推进，达到"农村社区建设实验全覆盖示范区"的标准，再通过"村改居"政策的推进实现农村社区到城市社区的转化；二是通过推动大项目发展城镇化，这种进程很快。如胶州湾海底隧道建设挤占土地导致4个村村民的集中安置，直接由农村村落整建制转为城市社区。三是"确保'村改居'的社区居民委员会组织体系依据《中华人民共和国城市居民委员会组织法》进行组建。在村庄城市化完成前，确保'村改居'后原村民享有的农村优惠政策不变，原村集体经济所有权转变为社区集体经济所有权，原村民委员会辖区范围转变为社区居民委员会辖区范围，原村土地集体所有权转变为社区土地集体所有权。采取切实措施，实现工作重心向发展社区服务、社区文化、社区卫生、社区治安、社区环境等社区建设工作的转移。"

总之，以上是我国"村改居"的五种典型的模式。由于各地实际情况不同、经济和社会发展水平不同、生活环境不同、群众的思想观念和生活方式也不相同，因此，政府开展"村改居"工作时所考虑的因素、采取的方法也不尽相同，目前对于以上五种模式的优劣并没有统一的、客观的评价标准。总的来说，这几种"村改居"模式都是在具体实际、具体环境下创造性地提出的，符合各自的发展状况和实际环境，具有一定的可行性。

（四）"村改居"面临的问题

"村改居"工作各地情况不同，各地区根据自身发展的需要和客观条件的变化探索进行"村改居"是最可行的方式。

1. 与现代企业管理相比,农村集体经济组织的发展面临挑战

(1) 对外开放程度低

农村集体经济组织基本上是在原行政村和村民小组的基础上发展起来的,地域范围狭小,对外开放程度低,村集体多考虑本社区的利益,外面的资源、技术以及先进的管理模式难以进入,如股份合作经济组织的股本中较少有募集股,即使有也不会超过总股本的10%;一般只针对本集体组织中新出生或婚嫁新增人口募股,不考虑无直接关系的外来人员;基本上是由原村干部和村民担任农村集体经济组织的经营管理人员,极少外聘管理人员,即使在某些转制后新组建的股份制公司内,法人治理结构也形同虚设。

(2) "政社不分"现象仍然存在

由于特殊的发展背景,农村集体经济组织具有政治和经济双重属性,许多农村集体经济组织仍承担着原村委会的一些职能,如治安、卫生、计划生育等行政性职能,大多残留着行政色彩。而很多原村民有困难时,首先想到的不是社区居委会,而是农村集体经济组织,也习惯找它们解决自己的困难。

(3) 政府监督力度不够

一些地区进行"村改居"之后,原来乡镇对农村集体经济组织经营管理的监督职能并未很好地移交到新成立的街道办事处,造成对农村集体经济组织监督的"真空"状态,不利于其可持续发展。

2. 法律缺位造成农村集体经济组织经营困境

目前,我国缺乏全国层面的专门的农村集体经济组织法,现行法律仅仅明确了农村集体经济组织是农村基本经营制度的组织基础和实施前提,但是并没有明确指出农村集体经济组织的法人身份。

"村改居"之后,社会的发展需要国家出台相应的法律条文对农村集体经济组织的相关问题进行明确界定,如"村改居"之后的农村集体经济组织属于"农村"集体经济组织还是已经属于"城市"集体经济组织?"村改居"之后原农村集体经济组织与社区居委会是什么关系?是街道办还是区农业行政主管部门来负责监管农村集体经济组织经营?市场经济是法制经济,没有法律身份的集体经济组织在日常经营管理中必然会遇到一系列法律障碍。据调查,采用"股份经济合作社"

的农村集体经济组织都没有工商税务登记,亦不符合工商登记的条件。而用"合作社"的印章又无法与其他经济主体签订经济合同,只好以已不存在的村委会的名义和印章参与经济活动。

3."自费改革"导致农村集体经济组织负担重

城市化不仅是破解"三农"问题,促进城乡统筹发展的重要进程,同时也是一个复杂的利益协调和资源整合配置过程,需要付出巨大的改革成本。

某些地区在财力上、政策上未做好准备的情况下,盲目推进"村改居"工作,无足够财力或者干脆不愿意承担"村改居"的改革成本,无法承接由原来农村集体经济组织支付的公共卫生、基础教育、道路维护、治安等社区公共开支等,更无法确保"村改居"后的居民在社保、低保、养老、医疗、就业等方面享受与城市居民同等的待遇造成农村集体经济组织沉重的负担。

在某些地区,在"村改居"后农村集体经济组织要按照企业法人纳税,需要缴纳营业税、城建税、教育费附加、房产税、租金所得税、堤围建设费以及土地使用税等多种税费,综合税费一般高达18%—21%;同时还要承担改制后应由政府纳入城市化管理承担的公共卫生、道路建设、治安等社区管理支出以及社区公益事业建设、低保和就业等各种费用支出,少则数百万元,多则以千万元计,严重制约了农村集体经济组织的可持续发展。

4. 社区管理行政干预强

"村改居"之前的村委会行政化、官僚化色彩浓厚,基本上是全盘负责和协调处理本村具体事务,涉及人群也只限于本村村民;而在城市中,社区居委会的职能与村委会有很大的差别,其不再是村里管理者,而是居民的服务者,专业性或者管理方面的工作则由上级行政部门或者专业部门负责。同时,随着人口流动的加快,社区居委会不仅要和辖区本地居民沟通联系,还要为大量的外来务工人员和流动人口提供服务,这对社区管理提出了严峻的挑战。"村改居"后,社区居委会的工作能否有效开展,很大程度上取决于管理层的管理能力、动员能力、协调能力以及班子内部职能的划分是否清晰。

大部分地区"村改居"后的社区居委会仍然偏向于原来村委会的行政管理模式,重管理轻服务,管理方式单一,层次不清晰,无法按照城市社区的规范对社区进行有效管理，城市社区中一些人性化的服务方式在小区中得不到运用，这使得居民对社区管理者的信任度降低，影响了社区工作的进一步开展。

5. 借"村改居"之名将集体土地转为国有土地

对照《宪法》《物权法》《土地管理法》等有关集体土地所有权的立法规定，通过"村改居"即将农民集体土地收归国有的做法，完全违背了"国家为公共利益的需要，可以依法对集体所有的土地实行征用"的法律规定，但是一些地方政府出台的"村改居"转制文件规定，"农民集体所有的土地转为国有土地""因城镇建设需要收回转制土地的使用权，按有关规定办理相应手续后给予合理补偿"。

现实中，政府给予转制土地原所有权人农民集体的补偿基本上只限于地上建筑物或附着物，无须支付征地补偿费。土地是农民集体最重要的资产，集体土地非农收益在农村集体经济中的地位越来越重要，为数不多的存量土地及厂房、商铺等成了农村集体经济组织的主要收入来源。尽管转制后的农村集体经济组织仍然保留部分非农建设用地的使用权，但要受到城市规划建设的制约，并需要承担各种土地税费。

二　内外部环境分析

（一）政治环境

"三农"问题始终是关系国计民生的重大问题。多年以来北京市高度重视"三农"体制机制创新，走出了一条符合北京特色的城乡一体化发展道路。当前，随着北京经济的迅速发展，以城带乡的条件更加成熟，城乡融合的趋势更加明显，北京"三农"发展已经进入了提升都市型现代农业发展水平、加快转变农村经济发展方式、缩小城乡差距、推进城乡一体化的关键阶段。面对这一新的战略机遇期，全面破除城乡二元结构，加快农业结构调整步伐，走新型城镇化道路，推动农民收入不断增长并加快融入城市进程，是当前和今后一个时期"三农"工作的战略选择。

为提高农村土地产出率、资产收益率、劳动生产率，全面提升农村发展水平，在总结基层创新实践的基础上，北京市委、市政府提出了"新三起来"的改革思路。坚持以改革创新推动"三农"工作。

(1) 土地流转起来

将农村丰富的静态资源，变为农民可以支配的流动资本，促进集体土地节约和集约利用和适度规模经营，盘活农民的土地财产，不断增加农民的财产性收入。

一是为农村土地确权登记颁证。2010年，北京市开始进行农村集体土地所有权确权发证工作，至2012年底，完成集体土地所有权登记发证23252宗，调查率100%，确权登记率95%。

二是引导农村土地承包经营权有序流转。在坚持农村基本经营制度和依法自愿有偿原则的基础上，积极引导农村土地承包经营权、集体林地使用权向专业大户、家庭农场（林场）、农民合作组织、龙头企业、集体林场流转，发展多种形式的适度规模经营，鼓励和支持有条件的乡镇积极培育家庭农场（林场）。

三是提高集体建设用地利用率。在总结海淀区东升镇、大兴区西红门镇等加强乡镇统筹、整合资源经验的基础上，提出充分保障原有农村核算单位各项核算权益，进一步深化农村集体产权制度改革，通过经济的手段实现集体资源的区域性整合利用。

(2) 资产经营起来

建立健全新型集体经济组织的法人治理结构，创新多元化的农村集体资产经营方式和机制，实现农村集体资产保值增值，规范集体经济收益分配机制，切实保障农民的集体收益分配权。

一是加强农村集体经济产权制度改革。在村级改革任务基本完成的基础上，积极探索推进乡镇级的集体经济产权制度改革，探索将农村土地、林地、林木、水等资源纳入集体经济产权制度改革的途径和办法，建立健全权属清晰、权能完整、流转顺畅、保护严格的农村集体经济产权制度。积极引导农村集体经济由福利分配方式为主向按股分红为主的分配方式转变。

二是创新农村集体资产经营机制。鼓励和支持新型集体经济组织利用资金、资产和资源，以入股、合作、租赁、专业承包等形式，开展多形式、多途径的经营。探索引进职业经理人、产权交易经营、信托化经营等新机制，实现农村集体"三资"的专业化经营和市场化运作。

三是强化集体"三资"管理。进一步健全农村集体收入管理、开支审批、资产台账和资源登记等制度，严格农村集体资产承包、租赁、处置和资源开发利用的民主程序，全面推进农村集体"三资"管理制度化、规范化、信息化建设。

（3）农民组织起来

提升基层组织引领发展能力，鼓励镇、村集体经济组织开展社会化服务。积极发展农村社区股份合作社、土地股份合作社，加大农民专业合作社示范社的培育力度，鼓励合作社承担各级政府投资的农业综合开发、绿化造林、农业产业化、农业科技等建设项目，为示范合作社配备大学生村官担任理事长助理。促进农民向第二、第三产业转移就业，提高农民在企业层面、社会层面的组织化程度。

（二）经济环境

北京丽泽金融商务区是北京市和丰台区重点发展的新兴金融功能区，在北京市委、市政府的关心指导下，在区委、区政府的正确领导下，建设发展成为金融要素聚集、生态环境和谐、配套设施完善、文化氛围浓郁的国内一流、国际知名的高端商务区和金融首善之区，成为扩大内需和拉动首都经济发展的新引擎，成为落实科学发展观，建设人文北京、科技北京、绿色北京的示范区，成为北京未来十年的新名片。锦鹏投资公司处于丽泽金融商务区的核心地带，该商务区的建设与发展无疑会给锦鹏投资公司带来巨大的发展契机。

1. 北京市城乡经济持续稳定增长，整体实力不断增强，产业结构趋向优化。

2. 北京经济发展的重心由城区渐次向郊区转移，郊区县地区生产总值占全市的份额实现了较快增长。

3. 区域产业布局和经济结构调整加快，城乡经济日益协调。

4. 主要产业功能区发展迅速，对区域经济发展的带动作用明显。

（三）社会环境

锦鹏社区居民（原凤凰村村民）在近几年充分享受到公司发展所带来的成果，住房从原先农村的平房、瓦房变成了现在生活设施完善的楼房，人均收入、生活水平都有了很大的提高。

1. 土地变资产，农民变股东

随着北京郊区城市化的发展，大量农民失去了土地，以往的小平房变成了大楼房，而农民的土地产权却是模糊不清的，这在很大程度上影响了农民的收益，而解决这一矛盾的办法就是对集体资产进行股份制改革，建立保证农民收入持续增长的长效机制。

"离土不离乡，转居不转工。土地变资产，农民变股东。"北京丰台区委书记李超钢用简单的四句话概括了丰台区农村集体经济产权制度改革的内容。以往征地拆迁以后，农民大多被就近安置到企业里去上班，但由于缺乏技术优势，不少农民就业后又面临再次下岗的可能。为解决这一问题，丰台区按照"资产变股权，农民当股东"的思路，把征地拆迁与农村集体产权制度改革结合在一起。

实施产权制度改革之前，凤凰村的产业以房屋、土地租赁业为主，集体资产经营形式单一，资产管理方式粗放。2005年，凤凰村实施农村社区股份合作制改革，成立了锦鹏投资公司。公司股权结构为集体股占30%，持股人为凤凰村集体资产管理委员会；个人股占70%，个人股东1844人。2010年底，凤凰村又启动深化改制工作，将30%的集体股全部平均到个人股。通过产权制度改革，锦鹏投资公司有效盘活利用资金资产，形成了以房地产为主，现代商业、现代服务业、金融服务业为辅的多元化产业格局，实现了集体资产保值增值。

征地拆迁补偿款可以给农民提供暂时性的经济保障，但输血更要造血，农村城市化的长远立足点必须是农民的城市化，必须解决农民生活上的后顾之忧。村级集体经济组织的产权制度改革极大地促进了农村生产关系调整和生产力发展，保护了城市化进程中农民的利益。[1]

2. 村民市民化，生活大变化

在撤村建居工作顺利完成的基础上，凤凰村村民在生活方式、行为方式、工作方式、思维方式等方面逐步市民化。

首先，生活方式的市民化解决了农民在城市化过程中人际关系网络同质化倾向的困境。凤凰村村民的居住方式由原先平面式向立体式转变，改变了之前亲戚、邻里的交往方式，村落社会人际关系特有的"差序格局"被打破，取而代之的是一种新的人际交往模式，人与人的交往不再是简单地以血缘、地缘为基础，开始逐步建立在业缘基础之上。

其次，行为方式的市民化解决了农民在城市化过程中合作意识缺乏、自治能力弱化的问题。凤凰村村民通过常年的法制宣传，积极通过

---

[1] 北京丰台农村集体产权改革探出新路，中国广播网，http://china.cnr.cn/news/201312/t20131204_514317247.shtml。

村民代表大会和股东代表大会表达自己的权益诉求，村民间的合作意识加强，并且有主动服务社会的意愿，参加社区内的志愿服务活动，主人翁意识加强。

再次，凤凰村村民职业、工作方式的市民化。凤凰村房地产及其他产业的兴起与壮大，吸纳了大部分村民就业，此外凤凰村还鼓励外出就业，村民彻底告别了过去的种养业，收入构成也由单一的农业收入转变为薪金、股金、福利等多元收入。

最后，凤凰村村民思维方式的市民化改变了狭隘的小农意识。在撤村建居工作及村集体企业发展的过程中，凤凰村通过聘请管理咨询专家团队帮助相关工作顺利完成，表现出对外来人员、团队的信任。在村集体企业的高层领导中，有一部分也并非本村村民，但股东也都表示出对外来人员的信任。这表明凤凰村村民的思维方式已经冲破了传统农民的思维定式和信任模式，逐步向海纳百川的思维方式转变。

3. 村民居住环境改善，从平房搬上楼房

"征地"是指国家为了公共利益或实施国家经济政策之需要，基于国家对土地的最高所有权，依据法律规定程序和批准权限，强制性地将集体所有土地转变为国家所有，并给予相应补偿安置的行政行为。① 近年来的实践表明，征地不仅为城郊工业化、城市化扩展提供了空间资源，而且提供了其发展的资本支持，臃肿旧城的消散、片区开发的迅捷、基础设施的完善、房地产行业的兴盛，无一不是以廉价农用地的充分供给为前提的。在现有"城市化"运动模式及中国土地制度背景下，行政征地对于农民而言具有强制性的特点。如何使村民甘愿拿出赖以生存的土地，这就必须充分考虑村民的利益，制定让他们满意的征地补偿政策。凤凰村撤村建居工作小组在工作过程中深入调查摸底，了解群众意愿，因村制宜制订撤村建居工作方案。启动撤村建居申请充分征求村民代表意见，撤村建居工作方案征得村民同意，撤村决议经村民会议通过，充分尊重群众意愿，保障和维护村民利益，发挥了农民的主体作用。

征地之前，凤凰村最常见的住宅是平房。这些平房并不是由专业的建筑公司建造而成，而是请本村、邻村的青壮劳力或亲朋好友利用农闲

---

① 陈映芳：《征地与郊区农村的城市化——上海市的调查》，文汇出版社2003年版。

时间，供应他们吃喝，大伙一起凭经验铺石块、挖地基、砌砖盖瓦，很快就把房子盖好了。这种房子大多简单实用，但略显粗糙。由于平房大多独户独院，缺乏整体规划与管理，村容村貌以及相关的生活休闲设施的建设情况很不理想。

2005年8月，由锦鹏投资公司开发建设的锦都苑小区竣工。随后，凤凰村民陆续入住。小区内供电、供暖、供水、供热、通信等设施齐全，统一规划有绿地、停车场、休闲娱乐区、活动室等，配套项目有健身房、洗衣店、便利店、影印店等。不仅村容看起来更加整洁有序，村民的生活也更加便利，生活质量也提升很多。

4. 集体经济做后盾，社会保险有保障

随着凤凰村城市化的发展，集体经济的进一步壮大，凤凰村民享有了更多的集体保障。凤凰村党总支通过撤村建居继续加大收入分配，改善百姓生活条件，提高福利待遇。全村收入分配额度（即工资、退休金、福利、保险、医疗报销等），由撤村建居前3200万元每年增加到撤村建居后6200万元每年，提高幅度近一倍。具体体现在：

（1）超转人员

养老金发放水平比撤村建居前大幅度提高，养老金由原来的1000—1300元/月，提高至1300—1600元/月，提高幅度23%—30%；医疗费用报销比例比撤村建居前大幅度提高，由撤村建居前报销比例40%，提高到撤村建居后80%；撤村建居后继续享受福利待遇，五一劳动节500元/人，中秋节和国庆节共800元/人，春节1000元/人，每年两次的旅游等福利。

（2）劳动力

①在职劳动力

薪酬结构比撤村建居前更加合理，在基本工资不低于市场平均水平的基础上，增加绩效奖金部分，能者多得。社会保险比撤村建居前更加完善，由撤村建居前的新农村合作医疗保险和新农村养老保险，改善为撤村建居后的社会保险，即养老、医疗、工伤、失业、生育保险。

②待业劳动力

基本生活费比撤村建居前大幅度提高，由撤村建居前的0元或300元每月提高至每月500元或1100元。社会保险比撤村建居前更加完善，由撤村建居前的新农村合作医疗保险和新农村养老保险，改善为撤村建居后的社会保险,即养老、医疗、工伤、失业、生育保险。就业空间增大,择业更加自由,可以通过第二份工作带来个人和家庭收入的增加。鼓励外出就业,外出就业的同时,还可以继续享受相应的基本生活费。

5. 社会事业进一步发展,精神生活不断丰富

要让原先的村民真正体会到作为城市市民的好,还需要营造一个良好的外部环境,为农村城市化营造良好的文化背景。城市化建设中不仅要注重物质生活水平的提高,还要发展社会事业,建设精神文明。如今生活在锦都苑的凤凰村民有楼住、有存款、有活干,物质生活水平相较之前大大提高,还能享受各类社区服务,精神生活也得到了极大改善。社区内设有卫生所、幼儿园、图书馆、篮球场、乒乓球台、健身器械,每天有许多居民活动健身,人们的休闲生活比以前更为丰富了。

此外,凤凰村还会定期举办各种形式的全民活动,如歌咏比赛、专题文艺表演、太极拳、运动会以及各种参观游览活动。除了这些主题活动之外,凤凰村还建立了许多由社区居民自发形成的文化团体,如广场舞团、合唱团、书画兴趣组等,使各类文化活动更加长久化、专业化。社区里的这些文体活动不仅丰富了居民的日常生活,也将社区的精神文明建设工作落到了实处,更为重要的是,通过各类活动,人与人之间的距离进一步拉近,居民之间有了更多的交流与分享的机会。精神文明建设在金鹏天润社区不是简单的生搬硬套,而是自然而然地融入了每一个凤凰村人的日常生活中,形成了一种自觉行为。凤凰村已因此连续获得北京市、丰台区精神文明创建工作先进单位荣誉。

三 未来发展方向

专业的外部管理咨询专家团队结合锦鹏投资公司实际,为公司未来发展设计了方向。

实现由村级集体企业向现代企业管理转变。用3年时间,建立规范的现代企业制度,达到现代企业管理水平,集团化管控发生质的飞跃,向上市公司的标准进军。

(一)规范企业制度,打造未来高效组织

解决集团管控问题,包括人力资源、财务管理和基本管理制度。随着公司业务的发展,将分子公司实施资源整合,同时发展投资孵化新项目的职能,规范实业与投资业,防范系统性风险,建立统一标准的未来

集团管控模式。

（二）夯实管控体系，构建法人治理结构

三套班子的责权利分工，明晰锦鹏投资公司与分子公司的职责权限；明确法人治理机构，规范制度、标准和流程；人力资源、财务的管控体系；搭建平台，筑巢引才，用才创富引资。

打造一支素质一流、管理科学的员工队伍，吸引更多德才兼备的年轻人加入我们的企业。通过科学的人才评价机制，留住才，用好才，发挥聪明才智，为公司创造和吸引更大的资金和财富。

所需人才：高端领军—经营管理人才、核心技术—专业化人才、地产开发、销售、金融办公、酒店餐饮服务、娱乐休闲、文化创意产业人才；高端服务—技能人才；物业、环卫、园林绿化、先进技术—创新型人才；复合型、一体化人才。

（三）系统思考，建设金融后台服务支持体系

丽泽金融商务区将建设成为一个有特色的金融地产聚集区。在物业建设上采取定制的形式，招商方面针对金融企业后台服务，以形成相关产业聚集效应。统一标识，打造有凤凰村特色的优秀企业文化。在保证物质生活水平提高的同时，加强精神文明建设，沉淀积累并提炼企业的精神、愿景和使命，塑造企业自己的文化。统一集团和分子公司的标识形象，塑造锦鹏投资公司的整体形象，并不断宣传造势，扩大正面影响力。

第二章　管理诊断

对于锦鹏投资公司存在的问题和面临的机遇，也许身在其中的每个管理者或员工都能说出，但对于刚刚介入的管理咨询专家团队来讲却是个"黑匣子"，因此海量的资料研读、访谈、问卷调查、行业调研是必不可少的工作。能否清晰、准确、全面、系统地诊断问题之所在，其实就已经解决了问题的一半。作为撤村建居后新的集体经济组织，锦鹏投资公司面临着诸多复杂的问题：锦鹏投资公司下属的十几家分子公司该如何进行有效的管理整合？转居后的社区党委、社区居委会与锦鹏投资公司三者之间应在制度、机制方面如何相互融合，以更好地承接转居后的社区（村）级经济集体组织的经济、社会、生态的三大功能？三者之间有着不可分割的、千丝万缕的关系，绝不能孤立地看待其中任何一个组织。这些都成为摆在管理咨询专家团队面前复杂、棘手的问题，带着这些困惑，管理咨询专家团队开始抽丝剥茧、按图索骥，一层层寻找问题的实质，并逐步探索和寻求解决问题的方法。

第一节　解开农村集体经济的"裹脚布"

管理咨询专家团队于2012年4月在锦鹏投资公司及分子公司展开前期调研工作，运用包括问卷调查、深度访谈、文献研究等方式，走访大部分管理者及员工，进行了深入的访谈和调研，并对相关文献资料进行了大量的研究工作。

一　调研方法
（一）问卷调查

问卷调查作为一种专业工具，可以收集到很多访谈中无法获得的信息。根据锦鹏投资公司的特点，本次问卷调查针对人力资源管理问题以及与其相关的管理领域进行了深入细致的调查。问卷采用了无记名方式，保证了调查内容的客观性。

2012年4月22日至5月24日，管理咨询专家团队在锦鹏投资公司内部开展问卷调查，调查对象涉及公司高层管理者中层管理者、基层管理者以及基层员工。

（二）深度访谈

访谈以人力资源管理为主线，同时对人力资源相关的发展战略、组织结构和部门工作流程、公司制度、企业文化等领域也进行了不同程度的了解。访谈以面谈为主，所有的访谈都采用了"背对背"的沟通方式，以保证访谈信息的客观性和真实性。

2012年4月23日至5月4日管理咨询专家团队对部分总经理、副总经理、各部门经理和基层员工进行了深度访谈，共计18人次。

（三）文献研究

项目启动后，管理咨询专家团队较为详细地研究了近年来房地产行业的发展报告，对锦鹏投资公司发展状况资料进行了系统梳理和研究。同时，也对锦鹏投资公司提供的有关企业基本情况、业务运作、组织流程与结构、人力资源、财务制度等方面的材料和文件进行了分类整理和分析，收集了《锦鹏投资公司部门职责说明书》《锦鹏投资公司岗位职责说明书》《制度汇编》《员工考核管理办法》等，在此基础上进行系统研究分析。

二 诊断问题

通过访谈、调查和分析，总体上看，锦鹏投资公司的管理问题集中在人力资源管控和财务管控，人力资源管控问题集中在组织结构、人才专业度与后备人才队伍、战略落地与绩效管理，财务管控问题集中在执行财务制度、预算管理、费用审批和税收政策等方面。

（一）锦鹏投资公司存在的问题

企业是为实现一定目标而存在的系统，组织结构就是为了更好地通过配置资源实现这个目标而将企业系统有机地细分为相互支持的子系统的集合。因此，不论是从企业流程来看，还是从功能来看，组织结构设置的基本要求都是以企业目标为导向，并且各子系统之间相互连接、相互支持。

任何一个组织结构都存在着四个互相联系的问题：管理层次的划分、部门的划分、职权的划分、各个组织子系统之间的流程如何配套。合理的组织设计就是要解决这四个问题。国内大多数企业是以直线职能制作为基础的组织结构形式，这种组织结构如果有这样一个前提：即由职能部门之间和职能部门与直线部门之间具有事先规定的合理的工作程序（包括完整的职责划分以及体系化的工作程序等），那么这种结构就能在保证指挥系统权力、系统运作效率的基础上，发挥其专业管理能力强的作用。

1. 组织管控问题

从前期调研结果看，公司在组织结构设计方面存在以下几方面问题：

（1）部门间职责划分不明确，容易存在责任推诿或扯皮现象

从调查问卷中提取相关数据，中高层管理者对于"第7题，您认为公司组织结构精简、高效、符合发展的实际需求"，结果有近四成受访者不认同，表明公司的部门或岗位组织结构有部分中高层管理者认为有需要改进的地方，基层员工有近五成受访者不认同，表明公司的部门或岗位组织结构有半数基层员工认为存在不足。

通过深度访谈和对原有部门职责说明书分析可以看出，各部门业务职责笼统，未系统化和逻辑化，随着业务庞杂，易造成业务重叠，导致部门职责界限和权限不清。主要的问题有以下四点：

①部门职责描述较模糊，工作汇总分类欠妥，原部门职责说明书工作层级描述界限不清，部门工作内容与岗位工作内容混淆在一起，没有突出部门级别工作的重点。

②缺少部门基本信息、部门定位概述、各部门所对应的工作任务分配率、工作成果等客观信息。

③缺少配套制度、流程及表单等，使部门职责缺乏落地执行的标准和可控依据。

④无各项工作的时间分配比例，使绩效考核指标权重分配缺少量化依据。

（2）岗位职责不清晰，无法反映现实工作

锦鹏投资公司各部门工作完成的质量和效率有较大差异，各岗位日

常工作量饱和度不均衡。究其原因，第一是责任心的问题，第二是部门职责和岗位职责捋得不清楚的问题。

造成这种结果的主要原因有以下几点：

①描述岗位工作内容时，岗位未进行系统化梳理，岗位工作所依据的关键指标未列入岗位说明书。

②岗位职责与制度流程间无相互对应关系，是导致流程虚设和制度难以落实的直接原因。

③每项工作内容缺少成果文件，逐项工作没有可量化的产出文件或表单成果，不利于绩效考核。

④每项工作缺乏时间分配，不能做到时效性和区分工作重要程度，不利于领导对下属的实时督促。

（3）工作流程不清晰

通过调研，发现67%的高层管理者认为存在越级指令和汇报的现象，66%的中层管理者也认同存在越级指令和汇报的现象，由此可见，越级指令和汇报普遍存在，管理咨询专家团队认为部门工作流程不清晰和岗位职责描述不具体是导致该问题的直接原因。

在访谈过程中，管理咨询专家团队了解到多数部门反映工作流程不清，工作效率低，经过资料调研，锦鹏投资公司已经有一套工作流程，但该流程不能反映工作的实际情况，没有与公司制度对接，且每个流程的节点没有时间要求。造成流程时点缺乏控制，时间延误但无依据进行考核。

（4）制度执行不力

通过访谈发现，锦鹏投资公司现在已有一套比较健全的公司各项制度流程的汇编，但是由于缺乏宣贯和培训，导致了目前制度执行力较差，有制度无落实。制度作为落实管理的基础，与制度设计相比，制度落实这条腿迈出的步子更为重要。只有通过严格的制度落实管理，实行以"制度管人"的管理方式，健全和完善现有制度，形成周全缜密的制度体系。强调工作中的"四办事"原则：按标准办事、按制度办事、按流程办事、按表单办事。

以上原因容易造成各岗位职责不清、授权不足等情况，岗位职责范围内的权限不够健全，责权利没有合理配套，从而在一定程度上影响了岗位职能的发挥。

2. 人力资源管控存在问题

（1）员工的专业素质有待提高

部门职能作用发挥好坏与员工专业素质高低有着直接的关系。随着 X 项目启动，公司员工专业素质与能力已不能适应发展的要求。锦鹏投资公司对专业技术类人才和工程类人才的需求较大，尤其对建筑学和城市规划设计专业的人才需求紧缺。

（2）缺乏完整适用的培训计划

调查问卷反映公司上下普遍对于培训工作不满意，项目通过深度访谈可以看出，目前公司还没有规范的专业技能培训和企业文化培训，没有对地产行业的通用最基础的操作技能的业务培训，也还没有对新入职员工的完善的针对基本技能的入职培训。

（3）缺乏职业生涯规划和管理

建立员工职业发展制度的直接目的是为了实现公司人力资源发展目标和帮助员工实现个人的职业发展目标。职业规划通过为员工提供发展空间及职业发展相关的信息，引导员工发展与企业发展结合起来，有效保证企业未来发展的人才需要。

公司目前没有开展员工的职业生涯规划和辅导工作，对员工而言没有职业发展的目标和通道，缺乏有效的晋升机制，从而很难形成真正的凝聚力和吸引力。

（4）后备人才梯队建设问题

锦鹏投资公司地产板块的开发公司董事长在访谈中提出："目前公司急需建筑学、城市规划设计、园林工程师和结构工程师，按照人员配比，X 项目至少需要 8—10 名工程人员，目前缺口一半以上。"可见人才瓶颈对于公司承担 X 项目任务至关重要。适应目前公司薪酬水平，引入应届优秀大学毕业生，搭建合理的工程部、研发部和预算部的专业技术人才梯队，为员工设计科学的职业发展通道，落实人才培养计划，才能有效解决房地产开发公司人才供给瓶颈难题。

3. 战略落地与绩效管理问题

（1）战略目标与规划贯彻不到位，影响绩效管理的实施

战略目标是企业的导航灯，对于企业发展的作用不言而喻。但是，战略目标的制定是一个系统性、专业性很强的工作，只有建立在企业经营环境分析基础之上，结合企业的资源和能力特征，才能制定出适合企

业发展需要的战略目标。企业在确定出战略目标之后，要对总体战略目标按业务单元、组织结构进行层层分解，并且要将总体战略目标分解为年度经营计划，也就是要制定具体的战略规划。战略规划的最终目的是为了实施，实施的过程要比分析和制定战略复杂得多。它是一个动态、权变的过程，也是联系新旧战略制定的中间环节，并且伴随着评价、控制和反馈，通过不断吸收外界环境的信息，充实和调整战略目标，使战略的实施具有现实的可靠性。

中层管理者对公司战略问题的理解与高层管理者的理解差异较大，高层管理者认为战略目标非常清晰准确，但中层管理者则有超过60%的受访者认为战略目标不清晰、不准确。这反映出房地产开发公司高层领导者和中层领导者对于战略的理解、沟通、贯彻不到位。C9[①]项目作为当前公司最大的战略目标，战略规划的统一和宣传也是战略目标得到实施的基本保证。

（2）高层管理者团队缺乏考核

通过调查问卷分析，公司目前高层管理者团队还没有开展绩效考核，这样容易造成战略落地困难，难以反映高层管理者个人完成工作任务的情况，更重要也是造成上一个问题"战略目标与规划贯彻不到位，影响绩效管理的实施"，导致中层管理者和高层管理者对于战略规划理解差异较大的一个重要原因。"公司对您的工作绩效有没有进行考核"一题，中高层管理者100%认为对自己的工作没有进行考核。

（3）绩效指标的准确性影响考核结果的公平性

通过调查问卷分析，员工集中反映在绩效评价结果运用到工资收入的合理性、公平性，说明大家能够认同考核结果决定工资奖金总额的观点，认同绩效评价结果运用在收入分配中，所以更需要有说服力的绩效评价体系。"您认为目前公司的工资奖金制度是否合理"一题，高层管理者大多数认为工资奖金制度不合理。

（4）现有绩效评估方式简单

以《季度工作计划总结表》为例，考核任务绩效和管理绩效两个维度，其中任务绩效以客观考核为主，管理绩效以主管评分考核为主，存

---

① C9项目是丽泽金融商务区的公建项目，锦鹏投资公司于2012年在C9项目中标，因此是公司未来发展的重要房地产项目。

在指标设计片面、量化指标少、指标不能突出战略重点等问题，不同类型部门考核内容差别不大，针对性不强，这很大程度地影响了考核结果的客观性、真实性和准确性，在一定程度上使考核流于形式。"您认为对您考核的绩效指标是否明确？"一题，45%的中层管理者认为指标不明确，如图2—1所示。

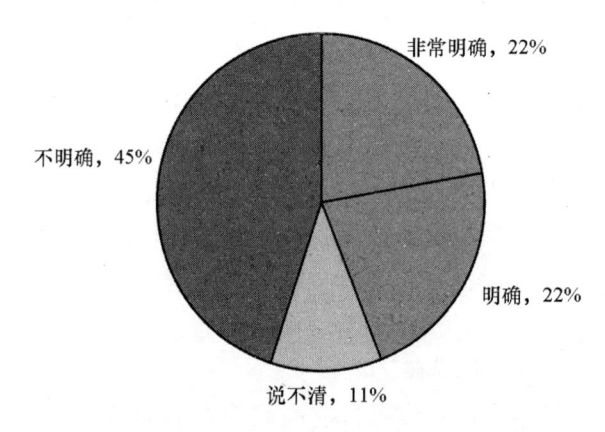

图2—1 "您认为对您考核的绩效指标是否明确？"中层管理者调查结果

通过对资料研究，绩效管理具体存在以下问题：

①所有部门绩效考核比重固定，均为绩占80%，能、勤占20%，没有针对各部门业务性质和对房地产开发公司运营结果影响的程度不同，设计相互区别的考核比重，例如，房地产开发公司的人事行政部、财务部、运营部等部门职责更偏重于管理过程实施，业绩绩效相对可量化较少，未从全局角度调整任务绩效与管理绩效的所占比重。

②绩效考核中的"能"（素质能力、专业技能）包括动手操作能力、认识能力、思维能力、表达能力、研究能力、组织指挥能力、协调能力、沟通能力、决策能力、专业技能、经验运用能力等，考察范围过大，不能针对不同部门、不同阶段的特点分别考核，不能真实客观地反映部门的中长期工作重点，忽略战略性工作任务，只简单突出阶段性的任务绩效。

③任务绩效客观可量化指标少

"绩"（计划总计）分为五档：圆满完成、高质量完成、合格完成、基本完成、未完成，既无考核标准，又无时间质量要求，无法做到量化指标，结果也就没有说服力（见表2—1）。

"态度能力"分为五档：高质量达到要求、达到合格要求、没有但接近要求、远不能达到要求和无法评价。缺乏标准、量化的考核标准，无法让被考核者清晰、准确地知道考核依据。

表2—1　　　　　　　　　　**任务绩效客观可量化指标**

计划总结表中　总分80					
关键词	圆满完成	高质量	合格	基本	未完成
分数	5	4	3	2	0
态度能力部分　总分20					
关键词	高质量达到要求	达到合格要求	没有但接近要求	远不能达到要求	无法评价
分数	8	6.4	4.8	3.2	0

（二）锦鹏投资公司财务管控存在的问题

管理咨询专家团队对锦鹏投资公司财务副总经理、房地产开发公司财务经理进行了访谈。随后按照锦鹏投资公司的要求重点对财务情况进行进一步了解，并与财务工作联系紧密的预算部、前期部主要负责人进行了访谈了解。管理咨询专家团队通过访谈和对资料的归集整理，以及对公司财务报表的符合性测试和分析性复核，评估了公司现行财务制度、人员结构是否合理，确定建立财务管理制度及体系的基本原则。现将公司财务现状、存在的问题如下：

（1）财务部是两套班子一套人马，财务受双重管理

公司财务体制与财务组织结构定位不准，结构不明确，导致集团对公司的财务活动缺乏有力的监督。

（2）财务制度执行力度不够，没有达到预期的效果

公司制定了财务方面的相关制度，日常做到记账、算账，日常收支，费用报销，工作基本能够顺利开展。财务制度执行力度不够，没有达到预期的效果。

(3) 预算的编制依据不充分,编报缺乏合理性

公司目前虽对各项费用的支出均有预算管理,但预算制度存在无法量化和审核的状况,预算的编制依据不充分,编报缺乏合理性,没有真正达到控制成本的目的。

(4) 对某些款项支出的审核限于形式复核

公司目前大额工程支出有相关合同或复印件,财务部也设专门人员对合同进行归集整理,但对工程款项支出的审核仅限于形式复核,部分工程款存在提前支付的情况,未做到真正有效的控制。两套班子对日常费用的审批周期较长,部分业务费用分类不够准确。

(5) 公司税收政策较为复杂,财务管理较弱,存在潜在风险

公司税收政策较为复杂,而各种潜在风险在企业起始阶段并不明显,待企业规模化、资本化经营后由风险演变成的危害会逐渐扩散,影响企业的可持续发展。

(三) 分子公司管控存在的问题

锦鹏投资公司的业务主要有五大板块:地产项目、置业经营项目、金融业务、物业管理和综合服务项目。这五大业务由 14 个分子公司承担。管理咨询专家团队走访了这些分子公司,通过运用深度访谈及文献研究等调研方法,管理咨询专家团队对这些分子公司的基本情况有了具体的了解。各分子公司存在的问题主要有以下几点。

1. 现有员工薪酬满意度较低。部门员工的离职率较高,也暴露出了这个问题。员工的薪酬满意度越高,薪酬的激励功能就越明显,员工就会更努力地工作,往往得到企业领导的肯定和赞赏,从而得到更高的薪酬,从而形成一个良性循环,企业可能留住更多优秀的员工。相反,则会形成恶性循环,造成人才流失。员工的工作态度直接影响着生产经营的成效,而员工的薪酬满意度又直接影响着他们的工作态度。

2. 部分公司领导团队专业性差,基层人员素质不高,服务态度差,并且专业水平低,不具备胜任工作岗位的能力。人是企业生产经营管理的最重要因素,人才是企业发展的第一资源,员工技术和文化素质的提高以及积极性和创造性的充分发挥,是企业发展的动力之源。企业要实现效益最大化,不但要有资金、设备的投入,更需要员工的知识、技术和智力因素创造经济效益,要通过高素质的员工进行创造。市场的竞争,是人在竞争,人的竞争,最终是人的素质的竞争。公司员工专业性

的缺乏会直接影响到公司的发展壮大。

3. 个别分公司由于资金缺乏等困难严重影响了公司团队建设、技术水平提高以及相关设备更新，致使公司难以聘请专业的人才进行项目研发设计，公司资质难以提升。

第二节　阵痛下的理性思考

一　锦鹏投资公司问题的解决思路

针对锦鹏投资公司管理问题，管理咨询专家团队通过深入分析若干问题的关联度，找出因果关系和主次顺序，统筹规划，分阶段、按步骤地进行，坚持"任务明确、内容全面、方法具体、标准统一"的原则，从最基础的岗位工作分析入手，夯实后续管理工作的基础，再逐渐解决更高层次的问题。

（一）人力资源管控解决思路

1. 运用组织、岗位管理工具，有效解决组织结构问题

岗位工作分析是指对某工作进行完整的描述或说明，以便为人力资源管理活动提供有关岗位方面的信息，从而进行一系列岗位信息的收集、分析和综合的人力资源管理的基础性活动。岗位工作分析为企业员工提供了一个工作行为的标杆，体现了以"事"为中心的岗位管理，是绩效管理、培训体系、选拔聘用及指导员工的基本文件，也是岗位评价的重要依据。进行岗位工作分析通常使用的方法有：问卷调查、总结分析、员工记录、直接面谈、观察法等方法。有了岗位工作分析的结果以后，我们就可以有的放矢地分析其他人力资源管理模块。

（1）梳理各部门工作职责，编制有效的部门职责说明书

主要涉及由两条支撑体系构成的基础管理框架，一个是承接战略目标和模式要素的、层层分解的目标体系，另一个是按照战略管理流程、业务实施流程的要求，对各级部门应当承担的责任的协同要求划分部门职责。

在原有部门职责说明书的基础上，加入内外部客户、占用时间/工作量分配、部门制度流程、对应表单等，完善部门职责说明书的内容，从而达到科学测定、合理使用、客观反馈目的。

(2) 编制岗位职责说明书，确定岗位工作特征

岗位职责说明书是表明企业期望员工做些什么、员工应该做些什么、应该怎么做和在什么样的情况下履行职责的总汇。在原有岗位职责说明书的基础上，通过工作日志写实法，动态测定工作内容，细化任职资格，加入工作依据、占用时间和工作成果等可量化因素，突出体现工作岗位价值，确定各个岗位的具体工作特征。

2. 梳理工作流程，明确工作节点时限

针对前期访谈部门集中反馈审批手续冗长，影响工作效率的问题，从行政部入手，了解锦鹏投资公司审批程序，绘制合同类审批、非合同类审批、付款申请、费用报销四大类工作流程和审批范围。梳理公司所有部门工作流程，通过与部门反复沟通交流，绘制流程示意图，明确每个工作节点时限，进一步分析审批流程时间节点，找出时间规律，优化各部门工作流程。

3. 规范招聘体系，引入校园招聘，建立人才梯队

为了充实专业技术和管理干部队伍，培养年轻力量，为锦鹏投资公司未来发展储备人才基础，正式启动"星火计划"，编写校园招聘计划，制定校园招聘标准化流程。设置运营文案专员、结构工程师、预算员、储备干部、设计师等岗位。

同时，管理咨询专家团队建立了校园招聘笔试题库，并针对不同岗位的需要，编制了校园招聘笔试通用试卷（锦鹏投资公司/房地产开发卷）及校园招聘文员专用试卷。带领锦鹏投资公司人力资源部进入校园，指导并实施校园宣讲计划，并对通过简历筛选后进入复试的学生进行集中笔试，笔试由笔迹测评、填写标准问卷两部分组成，应聘文员和储备干部岗位加试上机测试。

4. 竞聘机制，选拔合格员工，创建积极氛围

在公司不断壮大发展的同时，与公司共同成长的员工之中也沉淀积累下一批有经验、认同公司文化、熟悉公司业务流程的优秀人才。为了更好地进行企业文化宣传和加强企业的后备人才培养，同时达到激励员工积极上进的工作精神，特对中层部门经理和基层员工列入内部竞聘岗位。

满足企业内部管理岗位的人力资源需求，通过内部竞聘活动发现有潜力的员工，定向培养，建立公司人才梯队，给有积极向上意愿的员工

提供一个锻炼自我、表现自我的良好机会。

通过中基层员工参加笔试、竞聘演讲与结构化面试，对每位参加竞聘的中层干部和基层员工科学、客观评价，依据从高到低的排名择优聘用部门经理，再由部门经理按照部门和岗位的需要，组建本部门。

（二）财务管控解决对策

通过对锦鹏投资公司目前财务现状的汇总分析，公司总体财务运行情况较为顺畅，但是公司在资本结构、流动资产管理、税收筹划、财务分析等方面需要加强，针对上述问题我们提出以下解决对策：

1. 公司要树立财务管理为核心的企业管理理念

财务部门要在每个项目的起始阶段开展分析、策划工作，具体包括对新项目的可行性进行风险预测，论证成本与收益，并相应提出有效的方案措施，为公司领导提供决策依据。

2. 公司管理层应强化财务管理意识，提高财务管理人员的执行力

加强员工自身的法律意识，要求财务部门做好真实性、完整性的会计工作，用真实完整的会计信息，来指导公司决策及未来发展。

3. 设独立内审机构，加强预算审核机制，加快财务信息系统建设

定期进行内部审计，加强预算编制的审核机制，强化审计监督工作，以约束经营者行为，维护公司及合作者的利益，使公司高效发展。运用网络资源使公司管理层掌握市场信息，将财务管理下渗至各组织管理部门，乃至每个经营环节，保障财务信息的真实性、完整性、准确性。公司应强化应收账款、存货的日常管理，在工作开始之初应严格按照规定操作，为今后的规范工作打下良好基础，强化控制成本，明确产出与投入的关系，更要控制好存货余额。目前公司存货较高，郭庄子项目账面存货有 4 个亿，而存货占用资金是有成本的，占用过多会使利息支出增加并导致利润的损失；各项开支的增加更直接使成本上升。加强存货管理，就要尽量在各种存货成本与存货效益之间作出权衡，达到两者的最佳结合，保障企业的销售活力。

4. 优化资金结构，加强款项审核，财务报表显示公司营运资金结构单一

正在进行的 X 项目是个规模大周期长对资金需求不断增加的综合类房地产项目，随着公司工程进度的展开，资金投入增加，自有资金将不能满足项目资金的需求，而借入资金的进入可以改善现有资金结构单一

的状况。借入资金的正确使用可以给公司带来一定的收益，按相关规定条件借入资金的利息可以在税前列入成本费用，能够有效提高自有资金的使用效果。借入资金比例恰当（当资金成本最小化）可以使资金结构趋于合理，因此平衡自有资金与借入资金的比例至关重要，控制好因借入资金过高而增加的财务风险，或因没有充分利用借入资金经营而影响自有资金的收益水平。

5. 合理运用税收筹划手段，有效节约公司资金

目前房地产企业所得税的征收方式为开发项目未完工前按预计计税毛利率计算预征企业所得税，待完工结算后按实际毛利率计算企业所得税。由于计税毛利率比实际平均毛利率低，因此，需根据开发项目完工的确认条件，选择最佳的完工时间点，据此计算企业所得税。因此合理推迟竣工结算时间，将延迟缴纳的税款转化为企业无息贷款，获取资金使用的时间价值，减轻资金紧张压力。在土地增值税核算中房地产开发费用有两种扣除办法，利息支出如果能够按转让房地产项目计算分摊并提供金融机构证明的，准予按税收有关规定据实扣除，其他开发费用按土地成本和开发成本之和5%以内计算扣除；如果不能提供金融机构证明，房地产开发费用按土地成本和开发成本两项之和的10%以内计算扣除。因此，应比较两种办法的扣除金额情况，选择对企业有利的扣除方式。

二 分子公司管控问题的解决思路

（一）夯实管理基础，使公司结构设置标准化。管理咨询专家团队为各分子公司量身定做了部门职责说明书、岗位职责说明书以及工作流程。明确划分了各公司的部门及岗位，清楚定位了各公司的部门及岗位，精确体现了各工作流程。明确和落实各个部门和各个岗位的职责。编制部门职责和岗位职责手册，要求全体员工严格按照岗位职责来操作，做到人岗匹配，人尽其责。在发生问题时，能够很快找出问题的原因和责任人所在。

（二）加强员工培训。对于基础员工素质缺乏的问题，管理咨询专家团队会对员工进行专业的培训，提升员工的能力，以适应公司发展的要求。

（三）理顺、优化确定组织结构，定岗、定员、定编、定责，使各

公司一开始就走上正规化、标准化、精细化的道路。管理咨询专家团队为各公司分别编制了组织结构，并进行了优化，希望使各公司一开始就走上正规化、标准化、精细化的道路。

（四）落实绩效考核，使员工素质、技能、专业化水平随公司的发展一起发展。绩效考核将有助于鉴别员工，提高对员工胜任力的鉴别。管理咨询专家团队将帮助各分子公司后期进行绩效考核，同时为分子公司制作细化的管理文件，有标准、统一的员工鉴别系统，协助分子公司区别员工，提高对员工胜任力的鉴别。

（五）对于相关制度进行拾遗补缺，细化某些规章制度。

第二篇
集团化管控与企业文化建设

第三章 组织管控体系建设

第一节 组织管控概述

一 组织概述

（一）企业组织

组织是指由具有共同目标，通过结构关系相互联系、互相协作达成目标，并与外界保持联系的人群所构成的集合体。组织的这三个构成要素缺一不可，它们对于理解组织这一社会形态至关重要。

从不同的标准和维度可以对组织进行划分。从盈利与否的角度可以把组织分为盈利性的和非营利性的。企业一般是指以盈利为目的，运用各种生产要素（土地、劳动力、资本、技术和企业家才能等），向市场提供商品或服务，实行自主经营、自负盈亏、独立核算的法人或其他社会经济组织，其属于盈利性的组织。

企业通过交换为社会或其他组织提供相对有用的价值，而企业的目的和宗旨是企业组织结构设计的出发点，直接影响着企业的组织结构和组织行为，影响着企业未来的发展。

（二）组织建立的原则

1. 战略导向原则

组织的建立要以公司战略为导向，要有利于提升公司的管控能力与组织协调能力；有利于增强核心竞争力，增强各部门工作的效率；有利于提升公司内部的凝聚力和归属感；有利于科学合理的分解任务和落实责任，防止任务遗漏和责任悬空，确保公司战略目标的实现。

2. 责权匹配原则

岗位定编体现的是合适的人员与合理的岗位职责之间的匹配关系，组织的建立需要从流程、结构以及行业的角度，规范岗位名称、岗位编制以及岗位分工，明晰岗位职责，合理分配各岗位的工作。

3. 符合公司性质、成长阶段的原则

组织的建立与公司性质和成长阶段相适应，有利于减少组织变革的内外部阻力；有利于减轻地域跨度大而带来的管理困难；有利于发挥职能部门作用促进由人治向法制化管理转型。

4. 以解决现阶段问题为导向的原则

基于现阶段问题建立组织机构，有利于整合各种技术和资源，发挥协同作用，促进问题的解决；有利于简化流程和提高效率，快速响应客户的需求和市场的变化；有利于信息交流和共享，促进协同和创新。

（三）组织结构类型

组织是实现企业战略、成功运营的关键因素，是协调全体员工与公司的任务、目标的机构，组织的协调作用可以使企业最大限度地发挥全体员工的积极性，增强其员工的凝聚力和组织的工作效率。离开一个强有力的组织体系，企业的各阶段战略以及企业各阶段目标的实现都无从谈起，因而，组织建设是公司战略实施和目标实现的基本保障。同时，公司在追求目标实现的过程中，必须培育组织的综合管控能力。

企业组织结构是企业资源和权力分配的载体，对于企业具有战略意义，要使企业组织内部的人、职权、职能等各个有机构成要素相互结合，形成一个连续、稳定的构成方式，有效、合理地把企业成员组织起来，以期达成企业经营战略目标。人是组织结构中重要的因素，是组织结构的各个节点，将人合理、有序、有效地配置在组织结构的各个框架和环节中，使人在实现组织目标的过程中发挥协同作用，产生 $1+1>2$ 的价值力量。在企业中，管理者面对战略变革、组织绩效等问题都应从组织结构开始进行审视，并在此基础上进一步分析组织的其他管理职能上组织管控体系可能存在的问题与不足。

合理的组织结构是企业成功的基础，有利于实现组织目标，促使资源、权力在各个部门和层级上的分配，有效降低部门与部门之间、岗位与岗位之间的沟通成本，降低组织内外部和内部各部门之间的交易成本，并集中资源、精力培养核心竞争力，实现企业整体业绩目标，促使企业的可持续、长远发展。企业要想在激烈的市场竞争中占有优势地位，组织结构的合理性对于形成公司整体竞争力、打造项目运营能力至关重要。

组织都是为了满足一定的企业目标而建立起来的,所以组织应该符合企业的发展、企业的文化、企业的经营模式、企业所在行业等,同时还应适应企业不同阶段的发展要求。结合上述条件,按照美国著名的经济学家威廉姆森的分析,把企业内部组织结构划分为以下三种类型:

1. U 型组织结构

U 型是一元结构,U 型组织结构产生于现代企业发展的早期阶段,是最基本的组织结构,特点是管理层级的集中控制。U 型组织结构是一种职能部门型组织结构,即公司内部划分生产、销售、开发、财会等职能部门,公司总部从事业务的策划和运筹,直接领导和指挥各部门的经营管理和业务活动。U 型组织结构主要有三种具体的结构形式:直线制、职能制以及直线职能制。

2. H 型组织结构

H 型组织结构即控股公司结构,严格地说,它并不是企业的组织结构形式,而是企业集团的组织形式。控股公司持有各子公司的全部或部分股份,各子公司具有独立的法人资格,是相对独立的利润中心。

3. M 型组织结构

M 型组织结构是当今大企业中最常见的组织结构,也是复杂程度最高的组织结构,通常分为事业部制组织结构和矩阵式组织结构两种模式。在事业部制组织结构下,企业按照产品或地区分别成立若干个事业部,各事业部全面承担该产品或地区的全部业务,各事业部实行独立经营,单独核算。企业高层只保留财务控制、人事决策及监督等方面的权力,集中精力制定公司的总体目标、方针和各项政策,利用利润等经营指标对事业部进行控制。

二 组织管控体系概述

(一)组织管控体系

1. 管控

按照控制论的解释,"控制"是指一个有组织的系统根据内外部各种变化进行调整,不断克服系统的不确定性,使系统保持某种特点的状态,是施控主体对受控主体的一种能动作用,这种作用能够使受控主体根据施控主体的目标而动作,并最终实现目标。从这一意义上来讲,企业中"管控"即控制论对"控制"内涵的阐述,管控是企业管理的重要方面。

企业管控是一个多层级相互制约和影响的调控体系，包括以下五个层面的内容。

（1）管控基础。管控基础是公司治理体系，它是指一系列调节股东和经理、控股股东和非控股股东、股东和利益相关者之间的关系的规则及相关机构，以保证公司在履行其财务的和其他法律、合同义务之后实现公司价值的最大化。

（2）管控体系。管控体系包括企业战略、组织结构和管控模式。

（3）职能与业务管控。职能与业务管控是从企业各项职能、业务的角度所提出的具体管控内容。企业管控的内容包括：①战略管控；②财务管控；③人力资源管控。

（4）管控机制。管控机制是落实管控职能和业务，保证企业战略目标实现的手段，主要包括战略规划、经营计划、预算评价、业务评价、管理报告系统、绩效管理、审计监察、业务管理和横向管理。

（5）管控环境。管控环境是影响、制约企业管控设计和运行的环境条件。

2. 组织管控体系

组织管控体系是指"大型企业的总部或者高层管理者，为了实现集团的战略目标，在集团发展壮大的过程中，通过对下属公司或部门采用层级的管理控制、资源协调分配、经营风险控制等策略和方式，使得集团组织架构和业务流程达到最佳运作效率的管理体系"①。"组织管控体系"与"企业战略"、"流程管理体系"、"人力资源与绩效驱动体系"共同组成组织管理体系，形成一个以战略体系为指导、以各体系为支撑的"管理金字塔"。"组织管控体系"是企业各业务部门、子分公司间相互协同、配合的基础，在"管理金字塔"中，"组织管控体系"起着承上启下的桥梁作用，其向上承接"企业战略"，向下指导"流程管理体系"与"人力资源与绩效驱动体系"。一个企业只有建立起"有责"、"有序"的管理金字塔，才能实现内部运营的"有效"，支持企业快速发展，从而保障战略目标的顺利达成。

以企业发展战略为出发点构建企业组织管控体系，通过针对企业不

---

① 刘文斌：《中国企业集团管控探讨》，http：//www.kingdee.com，2008。

同的母子公司关系,即子分公司在企业战略中所处的不同地位选择相宜的管控模式,设计适合企业当前发展需要的组织架构,并依据架构及管控模式梳理形成母子公司的责权体系。构建企业组织管控体系是一项复杂且庞大的系统工程,需要各个部门的紧密配合。企业组织管控体系的不完善会造成企业"管控失效"、"组织臃肿"、"责权不清"三大组织问题,这会严重制约企业的快速健康发展。在企业中,建立起适宜的管控模式、组织架构、责权体系并匹配以合理的人员编制,完善企业的组织管控体系是企业长远发展的重中之重。

(二) 组织管控体系建设的理论基础

1. 组织管理理论

19世纪80年代,"组织"这个词语被人们引入社会科学,英国斯宾塞提出"社会有机体"的概念,并将"组织"当作是构成社会系统的经过重新组合的单位。随后,关于组织的各种理论频繁见诸学术界和日常生活,各种组织内部的管理问题是其一个重要方面,组织管理理论兴起,迄今为止,其发展经历了古典、新古典和现代三个阶段。

(1) 古典组织理论

19世纪末期,古典组织理论兴起,"以亚当·斯密的劳动分工理论为基础,以静态组织结构为视角,研究组织结构与组织效率之间的关系,其主要的观点是:组织是一个体系,这个体系是分工的、权责分明的、层级管理的、由规章制度构成的、协调的并且是有目标的"。[①] 古典组织理论包括科学管理理论、行政管理理论和官僚模型理论。

弗雷德里克·温斯洛·泰罗是美国古典管理学家,科学管理的创始人,被管理界誉为"科学管理之父"。泰罗的研究主要是在车间、工厂等地方中进行的,他提出了"标准化原理"、"计件工资制"、"工作定额原理"等理论。泰罗的管理理论启发了管理专业化、组织机构中职能部门的建立、组织效率的提高、高层管理者的职能分工等的发展。

亨利·法约尔不同于泰罗,他更注重于对高层管理问题进行讨论,在此基础上提出了管理的5种职能和管理的14条原则。其中,法约尔对管理理论做出了突出贡献。不仅从理论上对管理的原理、要素进行了概括,将管理科学进一步提升,使其受到工商业界的高度重视,也对其

---

① 尹隆森:《组织结构与职位设计实务》,人民邮电出版社2004年版,第65页。

他领域以及后来产生的组织结构及模式均有着很大的影响。

马克斯·韦伯提出了官僚制理论,主要关注的是官僚制组织的活动、活动的原因和其可能对社会产生的影响,其研究包括组织内部结构、运行过程、工作程序等重要问题。组织效率仍是关注的焦点问题。韦伯提出组织应是一个职权与规章程序的层次结构,以便建设最有效的组织系统,特征为明确的规章制度和等级制度;劳动分工与专业化;严格明确的规章制度;根据制度规定的奖励惩罚制度;依据技术能力的选拔提升制度。

(2) 新古典组织结构理论

20 世纪 30 年代以来,行政组织理论的研究逐渐引进行为科学的方法,形成了新古典组织理论。新古典组织理论又称"行为科学组织理论",是在对早期组织理论进行分析比较的基础上提出来的。作为一种协作系统,研究了非正式组织的存在及其影响,提出了与马克斯·韦伯及传统管理学家的合法职位权威论有本质区别的"接受"的权威论。主要有以埃尔顿·梅奥(E. Mayo)为代表的人际关系组织理论,以切斯特·巴纳德(C. I. Barnard)为代表的组织平衡理论和以赫伯特·西蒙(H. A. Simon)为代表的决策过程组织理论。新古典组织理论中具有代表性的理论成果包括:马斯洛的需求层次理论、赫茨伯格的双因素理论、麦克莱兰的激励需求理论、麦格雷戈的"X 理论—Y 理论"、波特和劳勒合作提出的波特—劳勒模式。

新古典组织结构理论,是以"人际关系组织理论"作为理论支持,"以组织中的人为视角,研究组织中的人际关系,它认为组织是一个平衡系统,是组织成员性格综合而成的系统,是人机配合的系统,是一个沟通系统,正式组织中还存在着一种非正式组织或力量"。[①]

(3) 现代组织结构理论

20 世纪 60 年代以来,现代组织理论逐步发展起来。其代表人物有巴纳德、西蒙、钱德勒、劳伦斯、洛希、维克和马奇等。现代组织理论认为:①领导人的首要作用在于塑造和管理好组织的有共同价值观的人,强调不拘一格的个人创造精神,强调组织的战略;②人们需要生活

---

① [美] 罗伯特·卡普兰、大卫·诺顿:《战略地图》,刘俊勇、孙薇译,广东经济出版社 2005 年版,第 73 页。

得有意义；人们需要对自己有一定节制；人们在一定意义上把自己看作胜利者；在相当程度上行动和行为塑造了态度和信念；③把组织中人的行为作为分析对象；④对领导提出了新的要求，主张领导不应当建筑在权力的基础上，好的领导不要求人们为他个人服务，而是为共同目标服务，主张组织的事业内容是科学加服务；⑤注重组织内外的信息沟通。

现代组织结构理论将"组织作为一个系统进行研究"，其特点是将许多其他不同的学科融入组织管理学的研究，并重视经验数据的分析，其中系统管理学派、经验主义学派、新组织结构学派和权变理论学派是现代组织结构理论领域具有影响的主要学派。

（4）组织变革理论

20世纪80年代中期以后，由于经济全球化特征日益显现，信息技术不断发展，企业内外部环境有了前所未有的改变，为了适应这些变化，组织通常在运行一段时间之后，结合当时的社会环境，采用一些新的观点、技巧和方法，对组织结构进行调整，或者通过对组织的变革，采取有效的管理措施使组织过渡到一种新的组织模式，组织变革理论越来越受到重视。

组织变革对组织的生存和发展具有重大的影响。通过组织变革，"组织的目标更加明确，组织成员的认可和满意度提高，组织更加符合发展的要求；组织的任务以及完成任务的方法更加明确；组织结构的管理效率得到有效提高，组织做出的决策更加合理，更加准确；组织的自我更新能力也会进一步得到增强"。①

2. 组织结构理论

19世纪后期，亚当·斯密在他的古典经济学说《国富论》中提出了劳动分工的思想，每个人"只想得到自己的利益"，但是又好像"被一只无形的手牵着去实现一种他根本无意要实现的目的，他们促进社会的利益，其效果往往比他们真正想要实现的还要好"。② 这也是工作专门化、职能部门化思想形成的基础。

当通过工作专门化分设了各个职位后，这些职位必须被组合起来，

---

① ［美］罗伯特·卡普兰、大卫·诺顿：《平衡记分卡——化战略为行动》，刘俊勇、孙薇译，广东经济出版社2005年版，第87页。

② ［美］亚当·斯密：《国富论》，唐日松等译，华夏出版社2005年版，第62页。

以使共同的任务得以协调。每一个组织都可以有其划分和组合工作活动的独特方式。1975年，西方学者威廉姆森（Williamson）在《市场与层级组织》一文中将企业组织架构按组建的过程分为 U 型（集中的一元结构 unitary structure，简称"U 型结构 U—Form"）、H 型（控股公司结构，简称"H 型结构"）和 M 型（多分支单位结构，或译事业部制）三种基本类型。（见本书第 49 页）

3. 社会系统理论

社会系统理论是一个在现代社会科学方面的理论，与行政学、社会结构及组织行为学相关。社会系统学派是当代西方管理学派别之一，主要代表人物有美国切斯特·巴纳德（Chester. Barnard）、帕森思（T. Parsons）、霍曼斯（George C. Homans）、赛兹尼克（Philip Selznick）、卡兹（Daniel Katz）、卡恩（Robert L. Kahn）伦敦塔夫人群关系研究所（Tavistock Institute of Human Relations in London）。

社会系统理论认为，组织是一个协作的系统。巴纳德把组织定义为：两个或两个以上的人，有意识地加以协调的活动或效力的系统。这个定义适用于军事的、宗教的、学术性的、工商业的、互助会的各种类型的组织。系统有各种级别，一个企业内部的各个部门或子系统是较低级的系统，由许多系统组成的整个社会是高级的系统，各种类型的组织之间的差异在于其物质的和社会的环境、所包含成员的数量和种类、成员向组织提供贡献的基础。组织由人组成，而这些人的活动是互相协调的，因而成为一个系统。一个系统要作为一个整体来对待，因为其每一个组成部分是以一定方式同其他的每一个组成部分相关联的。

巴纳德提出社会系统理论的六大要素：（1）组织的知识和经验包含着各有用途且相互补充的三种类型：一是有关特定情况下的具体行为的经验和知识，二是有关特定组织的实践方面的经验，三是有关超越具体组织的普遍通用的知识和经验；（2）组织的实质是"有意识地协调两个以上的人的活动或力量的一个体系"；（3）一个组织能否产生与存续的三个必要的和充分的要素就是共同的目的、做贡献的愿望和信息交流；（4）反对正式权威论，主张权威接受论；（5）组织理论必须高度重视研究决策行为；（6）组织理论的核心部分是组织的存续和发展，即维持组织平衡的问题。

4. 战略人力资源管理理论

迄今为止，人力资源管理理论及其实践已发生了两次重大转变，第一次是从传统人事管理向现代人力资源管理的转变，第二次是现代人力资源管理向战略人力资源管理的转变。

20 世纪 80 年代以来，随着技术、经济和社会的剧烈变革，企业的战略环境发生了重大变化，人力资源在企业中的作用越来越重要，人力资源管理开始被纳入到企业的战略层次，要求从企业战略的高度来思考人力资源管理的相关问题。目前，学术理论界一般采用 Wright & Mcmanhan（1992）的定义，即为企业能够实现目标所进行和所采取的一系列有计划、具有战略性意义的人力资源部署和管理行为。[1] 战略人力资源管理理论的提出和发展，标志着人力资源管理正在走向成熟。

相对于传统人事管理，战略人力资源管理（Strategic Human Resources Management，SHRM）定位在支持企业战略中人力资源管理的作用和职能。正如杰克·韦尔奇认为的，"战略和员工的技能能够匹配起来，那可是一件大好事！战略是制订规划，确立发展方向，然后把合适的人放到合适的位置上，不屈不挠地执行到底。"[2]

战略人力资源管理是人力资源管理发展的最新阶段，是近年来在管理界新出现的研究领域，横跨人力资源管理与战略管理两个领域。戴维·沃尔里奇提出了当代人力资源管理所应扮演的四个角色，分别是战略伙伴、员工带头人、行政专家以及变革推动器。[3] 战略性人力资源管理强调通过人力资源的规划、政策及管理实践达到获得竞争优势的人力资源配置的目的，强调人力资源与组织战略的匹配，强调通过人力资源管理活动实现组织战略的灵活性，强调人力资源管理活动的目的是实现组织目标。

战略人力资源管理指企业以战略规划为主导来开展有关人力资源管理活动，一切人力资源管理活动都必须配合企业整体竞争战略形势，进行系统的设计与实施，以增强企业竞争能力并实现企业整体战略目标。[4] 它可以被看成是"有计划的人力资源使用模式以及在组织

---

[1] 于斌、陈定超：《人力资源管理战略研究新进展》，《生产力研究》2004 年第 10 期。
[2] [美] 杰克·韦尔奇：《赢》，中信出版社 2005 年版。
[3] [美] 戴维·沃尔里奇：《人力资源教程》，新华出版社 2000 年版。
[4] 徐明：《战略人力资源管理》，东北财经大学出版社 2015 年版。

能够实现其目标的各种活动。"其特征有：（1）人力资源的战略性，即人力资源是企业获得竞争优势的战略性资源；（2）人力资源管理的系统性，即企业为获得竞争优势而部署的人力资源管理政策、实践以及方法、手段等是一种战略系统；（3）人力资源管理的战略性，也即"契合性"，包括"纵向契合"即人力资源管理必须与企业的发展战略契合，"横向契合"即整个人力资源管理系统各组成部分或要素相互之间的契合；（4）人力资源管理的目标导向性，战略人力资源管理通过组织建构，将人力资源管理置于组织经营系统，即促进组织绩效最大化。①

（三）组织管控模式

管控模式是指管理控制的标准模式，即被人们普遍接受的并能参照执行的行为方式。管控模式与管理体制是形式与内容的关系，企业集团的管控模式是其管理体制的具体表现形式。

企业管控模式有广义和狭义之分。狭义的管理模式主要是指总部对下属企业的管控模式。广义的管控模式，不仅包括狭义的、具体的管控模式，而且包括公司的治理结构的确定、总部及各下属公司的角色定位和职责划分、公司组织架构的具体形式选择、对集团重要资源的管控方式以及绩效管理体系的建立等。

管控模式与总部功能定位相适应，由功能定位所决定。按集团总部的集权、分权程度不同，可划分成以下三种管控模式，即财务管控模式、战略管控模式和运营管控模式。战略地位、业务关联性和发展阶段等因素影响企业管控类型的选择。

1. 财务管控模式

财务管控模式也称为财务管理模式或财务控制模式。它是指集团总部主要负责集团的资本运营，做好内部的财务规划、投资决策和实施监控，进行对外部投资机会的挖掘和企业的收购、兼并工作。下属企业只要达到财务目标就可以，一般不介入具体业务和管理行为。在实行这种管控模式的企业集团中，各下属企业业务的相关性可以很小。但同时，财务投资者也往往倾向通过投资组合、资本运作构筑产业链条，从而实现集团价值的最大化。

---

① 王建民：《战略人力资源管理学》，北京大学出版社2009年版。

2. 战略管控模式

采取战略管控模式的企业，集团公司总部是战略中心、投资中心，其核心功能为资产管理和战略协调功能。集团公司总部对下属公司的管理主要是通过战略规划和业务计划体系进行，很少干预下属公司的具体日常经营活动。集团公司总部根据外部环境和内部情况，制定整个集团公司的整体发展战略，下属公司根据集团发展战略分解制定自己的业务战略和经营计划，并经集团总部审批通过后执行。采用此类管控模式的企业，要求下属企业的业务关联性很高或者该业务是整个集团的核心业务。集团公司总部的主要业务是平衡下属各企业的资源，协调各业务板块之间的相互矛盾，提高企业的整体效益。

3. 运营管控模式

运营管控模式也称操作管控模式或操作控制模式。一般来说，实行运营管控模式的企业拥有一个庞大的集团总部，对集团各企业从战略规划制定到具体业务实施无所不管，各项业务操作和职能管理非常深入。因此，集团总部不仅有与下属企业对口的业务管理部门，也设置了覆盖全集团的职能管理部门。因此，有人将该模式形象地表述为"上是头脑，下是手脚"。

以房地产企业为例，根据房地产集团总部管理能力的强弱、管理成熟度和对关键价值点管控差异的不同，运营管控模式又可细分为关键点操作管控型和关键点运营监控型两种细分模式。

关键点操作管控型房地产企业是由集团总部对项目开发过程中从项目投资拿地、项目策划定位、项目设计管理、项目重要采购、工程建造、成本控制、营销推广、销售实现、客户服务等全过程中的业务关键价值点进行管控，对项目开发价值链中对利润和品质影响较大的关键点，如项目投资拿地、项目策划定位、项目规划设计、项目重要采购由集团总部进行直接操作，其他项目开发过程点交由城市公司、项目公司进行操作，集团总部对其中的一些关键价值点采用提报审核和报送备案的管理方式，如工程规划方案、重要分包单位、项目营销供方选择、项目销售定价等一般需要提报审核，重大工程组织方案、市政专项设计方案、阶段性销售计划等采用报送备案等管理方式。

关键点运营监控型房地产企业是由集团总部制定项目开发业务操作

标准，城市公司、项目公司按照业务操作标准开发项目，包括项目投资拿地、策划定位、规划设计等核心关键价值点，集团总部也不进行操作，只对其各项工作成果的质量和要求的符合性进行评审和监控。

（四）组织管理体系的建立

一般来说，组织管控体系有四大模块，即管控模式的选择及功能定位、组织架构设计、责权体系设计和业绩评价系统。各模块和整体管控能力之间既相互关联，又相对独立。

当企业发展到一定规模的时候，管理层需要对企业各个部门或者子公司实施有效的管控。管控模式的选择要视具体情况而定，母子公司管控模式是母子公司管理体制的表现形式，母子公司管理体制是母子公司间权力分配的概括与抽象；总部定位是集团总部在整个集团运作中所起的作用和主要职能，应该做到"集权有度，分权有序"。合理的组织结构应当基于各子公司的战略地位，并且能够体现集团母子公司的功能定位，厘清与下属各子公司之间的管理和业务关系，避免出现管理幅度过大、过宽而无法保证管理的有效性的问题。责权体系是在定位企业合理的管控模式选择和组织结构的基础上，企业合理分配各部门的责任和权力，界定清晰界限的管理体系。建立有效的业绩评价系统，形成以业绩为驱动的经营和管理模式，有利于集团的有效运转，并促使内部人员形成与经营、管理模式相一致的行为和观念，确保集团经营目标的达成，职能的有效发挥。

企业要建立完善的组织管理体系，一般要以下几个步骤：

1. 明晰组织战略

企业战略是企业各项经济活动的总指导，组织管控体系的建立必须基于企业的发展战略。企业的发展战略应包括企业的愿景、长期发展目标、战略规划、行动举措、年度目标及实施计划等，针对房地产企业而言，战略规划又应该包括业务组合、产品组合、区域布局等。

立足于公司长期发展战略，结合企业的愿景、长期发展目标、战略规划、行动举措、年度目标及实施计划以确定组织管控体系的战略定位。在此基础上，以总部、各子（分）公司、各业务板块的战略定位为起点，搭建公司组织管理体系。任何组织管理体系的搭建都必须符合公司的发展战略，这样才能使组织管控体系发挥最优效果。

2. 选择管控模式

企业集团管控模式的选择与确定是进行集团组织结构设计与变革的前提和依据。

（1）集团管控模式的影响因素

①从外部环境层面来看，影响管控模式选择的主要因素包括政治、经济、法律、政策、技术等因素及其不确定性程度。

在组织的外部环境中，各行业具有各自不同的特点，管控模式的选择也必然各不相同。根据不同行业特点，确定符合行业特点以及自身发展需求的管控模式对于企业的发展非常重要。

②从母公司层面来看，影响管控模式选择的主要因素包括集团类型、集团策略、业务主导度、集团规模、企业发展阶段（生命周期）、母公司管理成熟度、企业文化集权程度、企业家领导风格、集团信息化水平等因素。

企业发展战略是集团对整个企业未来的全局性部署，是集团化企业管理控制体系建立的基础，是企业集团选择管理控制模式首要考虑的因素。大型企业的发展战略可以分为一元化、相关多元化和无关多元化三种类型。企业集团可依据其发展战略类型，选择相应的管控模式，如一元化类型，所有的业务单元都从事同一业务，集团公司总部对其中任一个业务单元的管控都能不同程度地应用于其他业务单元，这种情况下，企业集团总部完全可以实行操作性管控模式，采用集权管理，对每个业务单元实行集权式的管控模式。而相反地，对于无相关多元化企业来说，每个业务单元都有其各自不同的行业特点，必须根据各个行业的独有特征来选择适宜的管控模式，企业集团总部应对各个单元实行不同的管控模式，实行分权管控。

业务主导度是指公司总部对下属子公司经营成果的可支配程度。主导度越高，公司的管控强度越大。我们可以从公司与下属公司的业务界定、所持股份额，或者是否控股的角度评价公司总部对下属子公司的主导程度。

企业集团总部的定位对其选择怎样的管控模式至关重要。根据总部价值定位的不同，管控模式的选择也不同。例如，如果企业集团总部定位为战略中心、财务管理中心、资本运作中心、经营运营中心、资源管理中心，由于其管理内容不仅仅涉及大方面的战略及财务，还包括具体的生产运营、资源管理，所以总部对下属公司的管控应采取操作管控型；而如果企业集团总部的定位为战略中心、财务管理中心、资本运作中心，那么较适宜采取战略管控型模式，总部制定整个企业的战略规划，下属公司可设置自己的战略规划，具体计划报总部审批通过后自行执行；但如果总部的定位为财务管理中心、资本运营中心，那么适宜采取单纯管控型模式，集团总部仅仅对下属公司的财务指标进行关注，不参与下属公司的日常运营。

③从子公司层面来看，影响管控模式选择的主要因素包括其竞争战略、子公司战略重要度、子公司管理成熟度、子公司业务发展阶段、子公司布局分散度等因素。

从母公司和子公司层面的影响因素来看，管控模式的选择必须考虑企业整体所处的发展阶段及企业的成熟程度。对于成立初期的企业来说，因其尚未建立起成熟的与业务运作相匹配的经营管理规范和风险控制机制，因此需要采取高度集中的操作型控制模式，直接介入整个企业的操作运营；对于处于成长期的集团化企业来说，公司内部已经建立起完善的制度规范，具备了一定的风险控制能力，因此采用集权与分权适中的战略管理控制模式；对于发展成熟的集团化企业，制度进一步规范化和具体化，企业内部已经形成共有价值观和理念文化，此时可以选择战略管理控制模式或财务管理控制模式，这些管控模式对于整个企业的管控力度并不是很大，更多的是发挥指导作用。

(2) 集团管控模式的选择

现代组织学专家认为，在决定集团采用哪一种集权分权关系以及选择哪一种集团管控模式时，需要正确回答以下三个方面的问题。

首先，需不需要——从集团总部对下属企业的战略要求来看，集团需不需要对下属企业进行集团管理。

其次，能不能够——从集团总部掌控的资源来看，集团有没有能力对下属企业进行集团管理。

最后，应不应该——从下属企业自身发展的阶段来看，集团总部应不应该对下属企业进行集团管理。

综合上述三个方面的问题，可以通过对战略地位、资源相关度和发展阶段三个关键指标的评估,将这三大关键指标综合起来加以考虑,最终确定集团对下属企业最适合的管理模式。

如前所述,可以从不同角度对集团管控模式进行多层次、多类型的划分。作为不同类型企业集团的管控模式,其侧重点各不相同。因此,在企业集团管理实践活动的过程中,企业集团选择的管控模式可能是财务管控型、战略管控型或运营管控型模式中的一种,也可能是将其中若干模式有机地结合在一起,加以综合运用。对于多元化发展的企业来说,如果涉及的业务、行业众多,而各种业务的相关度低,那么对于不同的业务领域,也应该考虑不同的管控模式,以适合业务的特点。那么此时对于整个企业来说不仅只有一种管控模式,而是多种管控模式的综合运用。

3. 确定组织结构

总部与各业务、各子(分)公司管控边界确定后,要使企业有序、高效地运作起来,还必须确定企业的组织结构。企业组织结构的设计没有固定的模式,主要有以下几个方面的影响因素。

(1) 外在影响因素的分析

企业集团组织结构的类型多样化,但影响集团组织结构变化的外在因素却是共同的,主要有市场竞争、产业组织政策和反垄断法。

①市场竞争

企业集团间的竞争由于市场的狭小和企业的增多而日趋激烈。特别是近年来企业集团间高层次的竞争空前激烈,表现为整个集团层次上的竞争,尤其是各集团核心层之间的激烈竞争。市场竞争引起的企业集团成员企业的破产或兼并,使得企业集团的组织结构必须进行调整,或是重新选择核心企业,或是增加集团的控股比例等。

②产业组织政策

产业组织政策的一般目标是维护市场的有效竞争,以提高资源在产业内的配置率。政府为实现产业组织政策而采取的手段主要有:a. 控制市场结构,即对各个产业的市场结构的变动进行监测、控制和协调,维持某种合理的市场结构,改变不合理的市场结构,并防止不合理的市场结构的产生;b. 控制市场行为,即对企业市场行为进行监督、控制和协调,以维护市场竞争的公正性,防止并控制不正当竞争;c. 直接改善不合理的资源配置。实现产业组织政策手段中的控制市场行为，对企业集团组织结构具有直接影响，因为这种控制市场行为的手段包括了禁止和限制竞争者的市场独占以及对企业规模的限制。

③反垄断法

反垄断法对企业集团组织结构的影响最大，反垄断法从司法上对企业的垄断行为作了限制，主要内容包括：解散已经形成的垄断企业；限制企业进行横向或纵向的企业合并，防止生产过度集中而形成新的垄断企业；企业购股，转移业务达到一定规模时，必须申报或呈报，得到认可方可行动，禁止成立控股公司和违法占有股份。

（2）内在影响因素的分析

①共同投资

企业集团为了解决某些投资项目所需资本庞大、投资期限长、风险很大的问题，共同投资设立一个新企业。共同投资公司形式上是股份公司，它的持股方式不同于日本的典型方式——法人相互持股，而是由一部分法人单方面占有，其特点是排斥他人。共同投资公司的设立，可以强化企业集团内部成员企业间的联结纽带，同时加快集团成员企业规模的扩大和实力的增强。

②经营范围

经营范围的扩大，可以有多种形式：横向扩大、纵向扩大和混合扩大。横向扩大就是从事与集团原有行业不相关的行业经营，纵向扩大就是向集团原有行业的上游与下游方向扩张，混合扩大就是从事与集团原有行业不相关的行业经营，同时向集团原有行业的上游与下游方向扩张，呈现全方位扩大。对横向扩大和纵向扩大要加强人事参与和控股，对混合扩大则要人事参与和控股同时进行。

③股权拥有

企业集团的股权拥有是与集团的发展战略紧密相连的。集团对成员企业股权拥有多少的变化，会使企业集团组织结构发生变化，增加或减少控股企业，调整协作（关系）企业的数量。

实际上，从不同的角度进行分类，按照集团总部的数量可以分为多总部型企业集团和单总部型企业集团；还可以分为 H 型结构企业集团、U 型结构企业集团和 M 型结构企业集团等。现实中的企业集团并不是固定选择某一种组织模式，而是根据企业自身的发展战略需要和外部环境的变化不断调整自己的组织结构模式，许多企业往往是以上几种基本模式的混合体。

4. 划分关键权责

在企业发展战略、管理模式与组织结构的基础上，针对各项主要经营活动（战略规划、经营计划、财务预算管理、人力资源管理等）中参与者的责任和权利的界定划分所形成的管理体系。[①]

决策层、管理层和执行层是企业生产经营管理活动涉及的三个层面，各层面都有各自的职责和权力，必须对这种责权有个清晰明确的划分，才能使企业经营有序，特别是大规模的集团公司，更需要对各级管理层的责权进行明确界定。

一般来说，企业责权体系的划分只需对那些关系到企业整体经营的、关系重大的战略规划、资本运营、财务预算、人力资源等一些关键责权进行划分，而不需要对企业经营的方方面面都进行划分。对于房地产企业而言，土地投资、产品策划、设计管理、施工管理、营销管理、售后服务等业务板块涉及的关键环节众多，需要整合的合作伙伴数量巨大，因此还需要进一步从业务开发环节对关键权责进行明确。清晰明确的责权体系是企业有效运营的保障，只有企业集团公司总部与下属公司双方的权限明确了，才能使不论是企业集团总部还是下属公司各级经营管理层在各自权限职责范围内做到各司其职。

5. 优化人力资源配置

人力资源配置是指在具体的组织或企业中，为了提高工作效率、实现人力资源的最优化而实行的对组织或企业的人力资源进行科学、合理的配置。人力资源配置分析涉及人与事的关系，人自身的各方面条件和企业组织机制及行业现实等要素。人力资源配置优化的根本目的是更好地运用"人力"。人力资源配置就是要合理而充分地利用好包括体力、智力、知识力、创造力和技能等方面的能力，通过一定的途径，创造良好的环境，使其与物质资源有效结合，以产生最大社会效益和经济效益。

[①] 孙广玉：《集团管控需解决好责权体系的划分》，http://cio.it168.com，2009。

结合房地产开发企业的特点，特别是对于步入全国化布局的集团型企业，不同管控方式对于各职能线条员工在不同层级组织上的配置有很大的影响。

第二节　锦鹏投资公司组织管控体系建设

一　召开项目启动会——吹响改革的号角

（一）进驻锦鹏投资公司

在历史发展转型的关键时期，锦鹏投资公司引入了管理咨询专家团队，在新的平台和契机下，通过专家顾问的管理咨询经验，在集团管控、企业文化、人才人力队伍建设等方面能够为锦鹏投资公司及各分、子公司注入新的活力。

为此，管理咨询专家团队制定的总体目标是：实现由村级集体企业向现代企业管理转变，在未来的若干年时间里达到上市公司的规范标准。管理咨询专家团队分四阶段完成管理咨询项目：第一，完善夯实管理基础，实施工作岗位分析，设计组织结构，编制部门职责和岗位说明书。第二，解决集团管控问题，包括人力资源、财务管理和基本管理制度。第三，打造企业文化，构建选人配置及人才梯队。第四，通过对公司薪酬激励制度的完善，打造未来高效组织。

为了更好地把握凤凰村的历史变迁，掌握锦鹏投资公司发展的背景，体验乡容乡貌，为提炼企业文化做准备，为了解员工生活状态做铺垫，管理咨询专家团队走访乡镇，用相机记录所观，用心感受这片热土的底蕴。管理咨询专家团队先后沿丽泽路南走访金唐国际金融大厦、锦都苑小区，沿铸造厂路走访所属建材批发市场、明德中学、锦鹏投资公司物资储存服务中心、凤凰村老年活动中心，后又走访金中都遗址、小额贷款股份有限公司等。

团队成员对这样的实地体验有着深刻的印象，为接下来投入工作，无论从整体布局还是各部分解都有了新的理解和把握。

（二）公司上下全力配合，预备访谈初达目的

管理咨询专家团队入驻锦鹏投资公司后，开始了紧张的访谈工作，访谈了党委书记兼锦鹏投资公司董事长、村委会主任、分管拆迁小额贷

款副总经理、总务办公室主任、公司办公室主任、人力资源部主任等公司管理人员，还有多名基层员工，包括初、中、高三个层级。通过访谈，一是了解公司上下的从业经历、成长背景、现阶段的工作状态及对未来的规划，二是为项目启动大会提炼主要汇报观点。访谈得到了公司上下的支持和配合，基本达到了访谈目的。

（三）召开项目动员启动大会

锦鹏投资公司"集团管控体系与企业文化建设项目动员启动大会"于 2012 年 5 月 3 日上午 9 时召开。出席会议的有北京市丰台区卢沟桥乡人大主席，锦鹏投资公司董事长兼总经理，管理咨询专家团队，另外出席会议的还有锦鹏投资公司、分（子）公司各部门管理人员、业务骨干，共计 120 余人。

项目启动大会的召开，一方面向全体员工明确此次管理咨询工作的重要性和必要性，另一方面也给公司每一名员工，上至领导、下至基层员工提出了更高的要求。

二　夯实管理基础——组织岗位体系建设

（一）组织架构改革背景：为什么要健全组织？

随着市场竞争的加剧，通过合并、兼并、收购等形式，企业正在形成更大的规模，有的已成为跨国公司。要使得这样一个越来越庞大的群体能够有条不紊地进行有效的运转，就必须依靠管理中的组织职能把每个人恰当地组织起来，形成一个有机的整体，把经营管理中要做的各项工作，按其特性分类别和分层次，使每个人在其中按照预先的规定完成自己承担的一份工作，实现企业预期的总体目标。如果说企业就是为实现一定目标而存在的系统，组织结构就是为了更好地通过配置资源实现这个目标而将企业系统有机地细分为相互支持的子系统的集合。因此，不论是从企业流程来看，还是从功能来看，组织结构设置的基本要求都是以企业目标为导向，并且各子系统之间相互连接、相互支持。

一个好的组织架构可以将企业内的人、财、物等所有资源得以充分发挥利用并使之高效运转。因此，无论是企业还是政府部门、军队、研究单位、医院等各种机构，都在永无止境地进行着组织结构的调整与再调整。

对于锦鹏投资公司来说组织结构变革是极为重要的问题。尤其是一个原本是农村集体经济组织性质的农工商联合公司在经过"土地改革、产权改革、撤村建居、城镇化进程"等一次次风雨洗礼、锐意改革后一跃成为以地产、置业、金融、物业、综合五大板块为核心业务的多元化发展集团性质的股份制公司，其组织结构的演变过程起伏跌宕，它既是内部各方利益的一番权衡与交锋，也是现代企业管理与旧有保守思想的一场博弈。

管理咨询专家团队由上至下分成三个层面展开了对锦鹏社区、锦鹏投资公司及分子公司组织管理体系的建设：公司、部门与岗位。为使读者更为清晰地了解组织变革的全貌及管理咨询专家团队的整体思路与过程，我们以时间轴来体现组织结构的演变过程。

管理咨询专家团队自进驻以来，初期对管理人员进行了大量的深入访谈，只要一谈到问题，就会听到他们经常拿一句相似的话作为开场白："我们是两套班子一套人马……"在深入了解情况之后发现，由于撤村建居改为锦鹏社区后，社区党委、居委会和新型集体经济组织各自承担着社会、经济、生态的不同功能，但在组织结构和人员组成上并没有完全分开，因此，锦鹏投资公司的管理层大多拥有双重身份，如社区党委书记兼公司董事长，副总经理兼任开发公司董事长等，而且内部90%的员工都属于凤凰村居民，相互之间有着复杂且深厚的血缘、地缘关系，结成了一张无形的关系网，甚至管理咨询专家团队提出希望能提供一张内部现有的组织结构图时，相关人员拿出的竟是一张过于简单且过时已久、与现在的实际公司设置完全不符的组织结构图。为此，管理咨询专家团队决定先以锦鹏投资公司为切入点，展开对内部组织结构的深入摸底。

（二）组织管理诊断问题

集团总部与各分子公司之间内控体系不完整，责权不统一，没有建立有效的内部管控机制。一方面企业的中层管理人员普遍反映是责任多、权力少；另一方面高层管理者又觉得下属大事小事都要找自己定。不能有效授权，企业各级领导都感觉很累，能力、精力完全受制，职能部门也很累，比如分子公司的公章全部都在总公司办公室管理，办公室主任每天都要坐在办公室等着给各个分子公司盖各种公章。工作效率低下，增加协调成本。同时权力过于集中于高层和总部，也会使高层和总公司陷入大量事务性工作中，而分子公司也感觉不被充分信任，需提高规范内部流程和建立管控机制的能力。

（2）部门和岗位职责不清，出现职能重叠和空白，存在责任推诿或扯皮现象

出现职能重叠和空白的直接后果就是有的事没人做，有的事大家争着做，造成部门之间的矛盾，浪费公司资源，影响工作效率和质量，还会严重挫伤员工的工作积极性。

（3）部门协同差，组织效率低

提升组织效率的实质是全体员工工作行为的协同、一致和有效，实现 1+1＞2 的效应。但通过访谈和调研员工反映"部门之间存在壁垒，推诿和扯皮"的现象还是常见的，有的员工甚至有"有时候跟内部部门之间的合作还不如跟外部单位的合作"的心理。

（三）解决对策和方案设计

1. 组织结构设计

（1）锦鹏投资公司的总体战略定位

2005 年，根据公司经济发展定位的需要，初步确定了"以房地产为核心，带动相关产业发展"的战略目标。历经 8 年的实践形成了以房地产发展为依托、进行多元化辐射性发展的格局。

（2）基于战略导向的组织结构调整

①根据锦鹏投资公司的战略定位——"以房地产业务为核心，带动相关产业发展"，确定未来理想的组织结构图（见图 3—1 所示）。

未来理想的组织结构：锦鹏投资公司作为集团化公司的总部，承担起集团公司各大板块下属企业的管理职能，建立集团化的管控体系，建立下属公司之间的竞争或合作规则，根据管控关系的差异，明确总部和下属公司的管理权限，设立决策授权体系，实现集团对下属公司的有效管理，促进集团内部的资源共享和效益最大化。

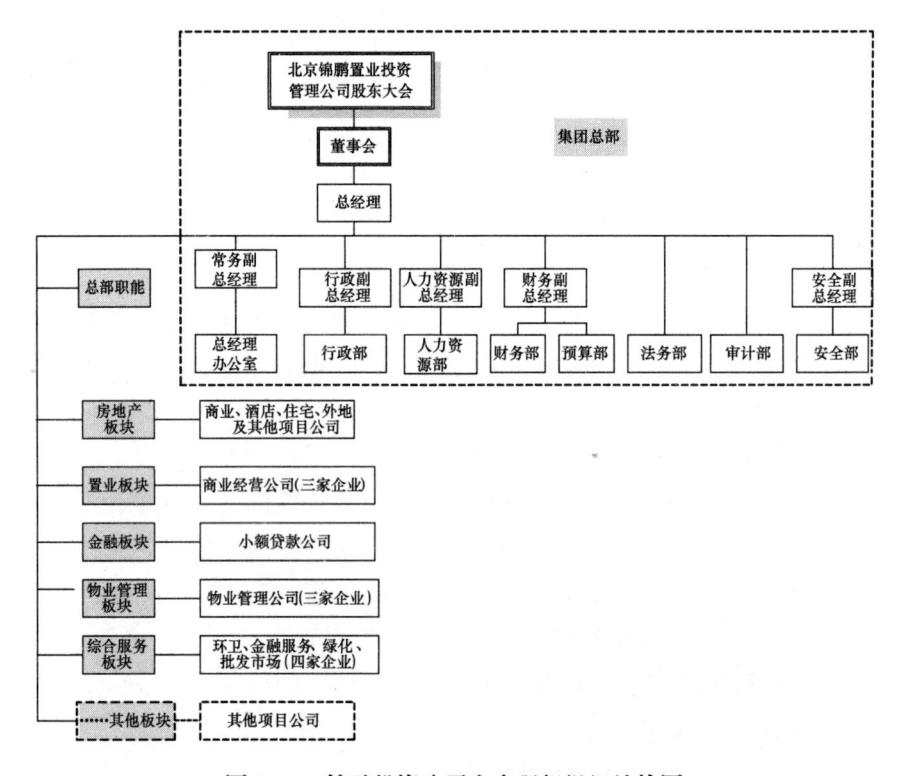

图3—1 锦鹏投资公司未来理想组织结构图

②过渡性方案：管理咨询专家团队根据锦鹏投资公司的战略要求和实际现状特点，现有各业务板块的结构设置问题，以及它们各自与总部的管控关系，逐步搭建起集团化的管理架构。

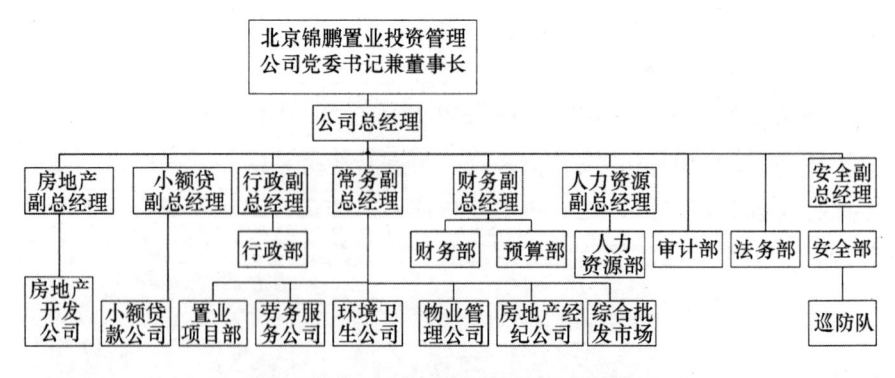

图3—2 项目成果提交阶段组织结构图

管理咨询专家团队充分考虑社区党委、社区居委会和锦鹏投资公司各自的分工和职能，将巡防队、卫生所、幼儿园、社区服务站四家单位分别承担社区教育、卫生、医疗、治安等社会服务性质的单位统一划归社区居委会实施管理；成立党委办公室，负责社区党委的党务工作；将原行政部下设的办公室与总务办公室（负责车辆管理）合并入行政部，形成大行政部的概念，从而将社区党委、居委会及锦鹏投资公司所有的行政职能有机地融合在一起，此次组织机构的调整，以专业化重组的理念重新将内部的资源进行有效的配置和专业重组，大大提高了内部资源的使用价值和工作效率。

③集团层面的组织机构设计完成以后，围绕公司战略"以房地产为核心，带动相关产业发展"，管理咨询专家团队又开始了对"地产、置业、金融、物业、服务"板块所属企业内部的组织结构分别展开设计，使内部的管理层次清晰，职责明确，从而规范所属企业的内部管理。

2. 定岗、定编、定责

组织就像一张地图，在我们把所有的地标设定清楚、定位清楚之后，如果不确定每个地标上承担角色的员工，不规定站在每个地标上工作的员工的责权范围，以及地标之间的关系的话，那么这张地图对于组织而言，就毫无意义，因为它尚未转变为真实的组织秩序。所以在公司的组织结构明确之后，定岗、定编、定责、权责清晰就成为主要问题。为此，管理咨询专家团队开始在总部和十几家分子公司之间进行大规模的访谈和培训，深入到项目施工工地、拆迁现场、办公地点等各个角落，以确保对各块业务的核心流程、原有结构下各个部门的职责组成、部门之间的关系等有更加直观和充分的了解。管理咨询专家团队利用"部门/岗位职责设计工具"，开展了人力资源管理最基础的工作——工作岗位设计和各部门、岗位职责说明书的制定。

（1）工作岗位设计的定义

工作岗位设计是指根据组织需要，并兼顾个人的需要，规定每个岗位的任务、责任、权力以及组织中与其他岗位关系的过程。它是把工作的内容、工作的资格条件和报酬结合起来，目的是满足员工和组织的需要。岗位设计问题主要是组织向其员工分配工作任务和职责的方式问题，岗位设计是否得当对于激发员工的积极性、增强员工的满意感以及提高工作绩效都有重大影响。

(2) 工作岗位设计的原则

①明确任务目标

岗位的存在是为了实现特定的任务和目标服务的，岗位的增加、调整和合并都必须以是否有利于实现工作目标为衡量标准。

②合理分工协作

以科学的劳动分工为基础设计的工作岗位，不仅有利于员工发挥各自的技术专长，提高专业技能的内在含量，也便于明确岗位的工作任务和职责，员工只有在分工明确的情况下，才会主动地开展工作。

③责权利相对应原则

在进行工作岗位设计时，必须首先要明确每一岗位的职责、权限和利益，岗位责任是任职者应尽的义务，而与之对应的岗位权限是赋予岗位员工的应有的对人、财、物的各种支配、使用、调动权，权力是保证岗位运行顺畅的工具，利益是驱使岗位员工更好完成任务的动力。

(3) 工作岗位设计的内容

工作岗位设计是以部门职责、工作流程、岗位职责为对象进行科学的、深入的、细致的描述与分析，汇编而成的可用于绩效管理、薪酬体系设计、培训开发、员工晋升、调动、新员工入职等一系列基础管理工作的文件。在现代人事管理中，工作岗位设计是构建有效管理、优秀团队、高效执行力的重要基础。

①部门职责说明书的内容（见附录1）

部门职责说明书是以部门为对象所编写的工作说明书。部门职责说明书是工作分析的初步成果，明确了部门职责，为进一步工作岗位职责的分析奠定基础。

部门职责说明书主要包括以下内容：

a. 部门基本信息：包括部门名称、分管领导、定编人数和部门负责人等。

b. 部门定位与所辖岗位：包括部门主要负责业务范围及部门所辖岗位名称。

c. 部门的主要职责：这是部门职责说明书最主要的内容，详细描述了该部门负责的具体工作，工作涉及的内部客户、外部客户，工作输出成果以及完成每项工作所占用的时间比例。

d. 部门组织结构图：主要呈现部门组织框架及部门内部隶属关系。

e. 部门制度流程：主要包括部门工作所需要涉及的相关制度。

②岗位职责说明书的内容（见附录2）

岗位职责说明书是表明整个组织期望员工做些什么、员工应该做些什么、应该怎么做和在什么样的情况下履行职责的总汇。岗位职责说明书是通过工作分析过程，用规范的文件形式对各类岗位的工作性质、任务、责任、权限、工作内容和方法、工作条件、岗位名称、职种职级以及该岗位任职人员的资格条件、考核项目等做出统一的规定。

岗位说明书包括以下的主要内容：

a. 岗位基本资料：包括岗位名称、岗位编号、所属部门、职务等级、薪酬等级、直接上下级、管辖人数、岗位定员人数，等等。

b. 职位概要：明确该岗位负责的具体事务。

c. 工作内容及绩效标准：明确岗位的具体工作内容，执行依据、相应权责，相应工作成果的处理，考核基准，以及各活动内容所占时间百分比等。

d. 责权范围：包括此项工作所担负的职责和应当按时完成的任务以及该工作岗位要承担一定的责任，必须要有相匹配的人、财、物上的支配权力。

e. 工作关系及条件：主要包括该岗位完成工作所需要的公司内外部关系、工作场所、工作时间及需要使用的相关设备。

f. 汇报关系图：明确该岗位工作的汇报的关系。

g. 任职资格：主要包括该岗位任职的学历与专业要求，必要的知识要求、工作经验要求、所需业务和技能培训、能力和素质要求以及职位关系等。

③岗位职责说明书的编写

对企业来讲，岗位说明书是岗位任职者日常工作的指南，也是员工招聘、薪酬确定、绩效考核、培训、员工调配、职位升迁的基础。一个新入职员工通过所任岗位的岗位说明书，就能清楚地了解自己的工作职责、工作流程、任职条件与职业发展路径。为了使各级管理者认识到岗位说明书的价值，真正在实际工作中起到实效，从而避免被"束之高阁"的结果，管理咨询专家团队采取"全员参与、关键访谈、团队讨论、上级审核、重点辅导"的方法，对总公司及下属十几家分子公司各级管理者及员工开展了地毯式的访谈,并组织多次的培训,使员工充分了解和配合,最后,将工作分析的结果,按照一定的程序和标准,以文字和图表的形式加以表述,最后形成了 40 份部门职责说明书和 160 余份岗位职责说明书。通过这次缜密、细致的梳理,从房地产、金融、物业管理、绿化到超市百货、建材、水厂、幼儿园,从访谈、培训、辅导、讨论、修改、审核、再修改到最后定稿,跨行业之广、涉及内容之多、工作量之大,通过将近三个月的时间,从横向和纵向分别搭建起锦鹏社区党委、社区、锦鹏投资公司及分子公司的组织岗位体系,就如同建高楼打地基一样,夯实了管理基础,为以后建立工作流程、绩效管理、薪酬管理体系打下坚实的基础。

第四章　绩效管理体系建设

　　绩效管理，听起来更像来自阿拉伯的故事集《一千零一夜》，企业都在做，都付出了不同程度的努力，也收获了异彩纷呈的果实，当然，更不乏滋味各异的问题与烦恼。于是，如何找到适合本企业特点的绩效考核方法，便成为绩效管理能否成功的关键。

　　中国的社会文化是比较典型的关系性文化，人际关系比较灵活，人情因素比较重，制度和规则意识淡薄。这种文化的优点是做事的灵活性强、成就动机明显、个体效率高，缺点是忽视规则、自利性明显、个体效率的获得往往以牺牲组织效率为代价。尤其是在锦鹏投资公司，某下属企业的办公室主任或许是村长的外甥女、某分公司的经理又或许是村支书的小舅子……在这样一个90%的员工都是本村村民且有着复杂的血缘、姻缘、地缘关系的地域文化背景下，如果没有规范的管理和明确的绩效标准，建立科学规范的考核体系，只可能停留在"干好干坏一个样、干多干少一个样、干与不干一个样"的原始状态，必然造成对上进者和积极行为的逆向淘汰。可如何实施绩效管理、实施怎样的绩效管理才能使这把提升企业业绩的利剑发挥作用？从实践来看，中国公认的优秀企业，特别是市场环境下成长起来的企业，基本上都具有完整规范、运行良好的绩效管理体系，赛马而不相马已经成为企业的共识。中国企业有中国企业的特色，锦鹏投资公司同样有锦鹏投资公司的特色，如何根据锦鹏投资公司的管理状况、历史背景、行业特点等进行全面分析的基础上提出有针对性的、可操作的、有实效的绩效考核方案？这些都是摆在管理咨询专家团队面前的课题……

第一节　绩效管理概述

一　绩效的含义

绩效（performance）与员工工作中各项任务的完成程度有关，它反映了一个员工完成某项工作要求的状况。在这里，绩效需要与"努力"进行区分，"努力"与花费的精力有关，而绩效是以结果来衡量的。

工作绩效与个人的能力、努力和角色认知等有关（见图4—1所示）。努力是个人在实现目标的过程中花费的精力；能力指个人的稳定的工作特质；角色认知则是个人所认为的应该努力的正确方向。如果要获得高绩效，那么在绩效的每个影响因素中都必须达到平均水平，甚至更高。如果个人花费很大的努力并且拥有极佳的能力，但是对自我角色缺乏清晰的认知，在管理过程中方向不正确，可能导致绩效不好；如果个人投入极大的努力，而且也充分了解工作，但是缺乏能力，就可能获得低绩效；同样的，如果个人拥有好的能力且了解工作，但是懒惰又不努力，这也会造成绩效不高的情况。

其他不受员工控制的环境因素也会影响个人绩效。一些常见的潜在绩效障碍包括员工的时间不够，同时被要求做相互冲突的事情，不合适的工作设计或工具，影响工作的限制性政策，缺乏其他人的合作，温度、灯光、噪声、机器或设备的速度，甚至运气都会影响绩效。环境因素是影响员工绩效的间接因素，它们可以影响甚至改变工作中的努力、能力和方向。例如，政策的模糊不清会对个人的工作方向产生误导，在实际情况中，它们常常被当作借口，但是它们实实在在对绩效产生了影响，应该被理解和认知，组织应该尽可能地提供给员工支持性的工作环境和适当的工作条件。

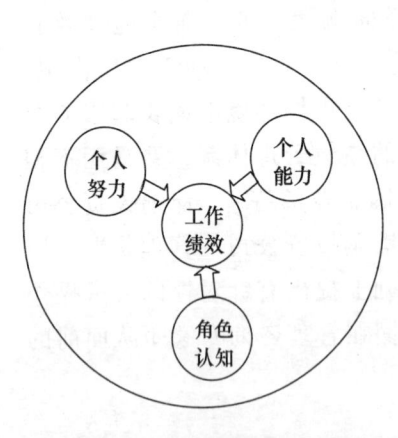

图4—1　绩效的影响因素

二 绩效管理体系

（一）绩效管理体系的含义

绩效管理是指各级管理者和员工为了达到组织目标共同参与的绩效计划制订、绩效辅导沟通、绩效考核评价、绩效结果应用、绩效目标提升的持续循环过程，绩效管理的目的是持续提升个人、部门和组织的绩效。绩效管理体系的运作流程（见图4—2所示）。

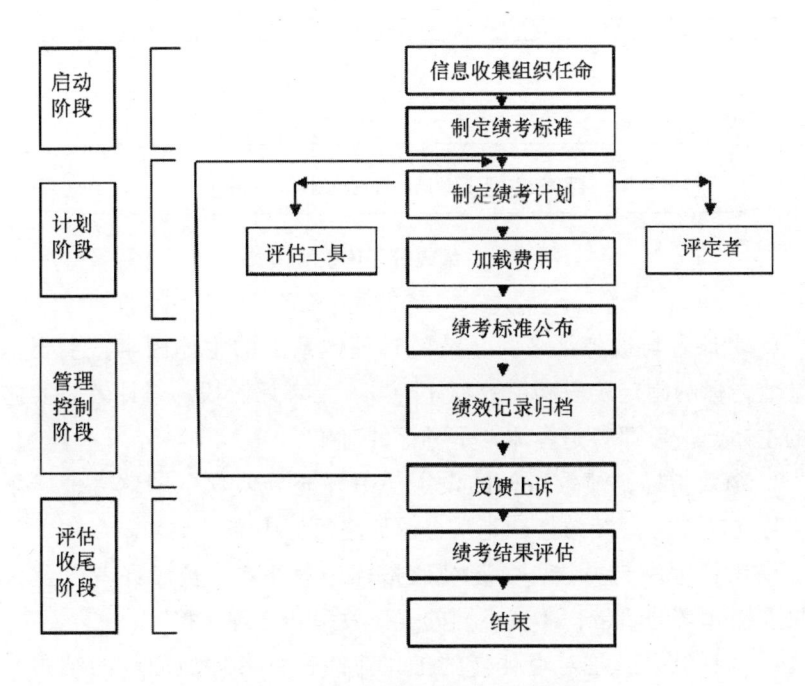

图4—2 绩效管理体系的运作流程

（二）绩效管理体系的构成

通常意义上的"系统"是由若干要素以一定结构形式联结构成的具有某种功能的有机整体。绩效管理体系是由考评者、被考评者、绩效指标、考评方法、考评程序和考评结果等要素按照横向分工与纵向分解的方式所组成的具有战略导向、过程监测、问题诊断、进度控制和人员激励等工程的有机整体（见图4—3）。

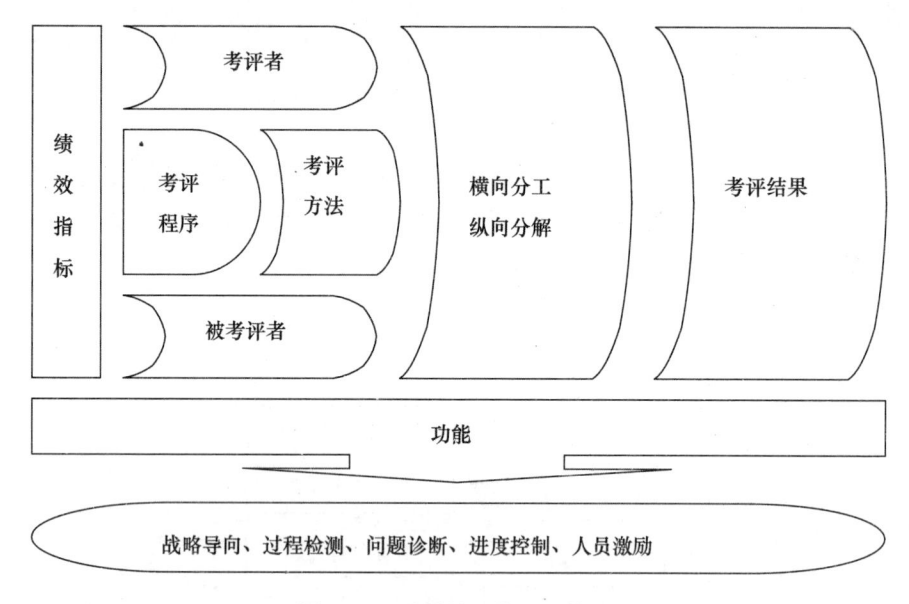

图4—3　绩效管理体系的构成

1. 考评者与被考评者：是绩效管理体系中的主体因素，主要体现在绩效指标的制定阶段和绩效考评阶段。在考评阶段，考评者是实施考评的主体，被考评者是客体，是考评的对象。

2. 绩效指标：绩效指标的设定与考评充分体现了绩效管理体系的战略导向功能，即绩效指标是从企业战略目标中提炼出来。

3. 考评程序与方法：是将绩效指标、考评者、被考评者以及考评结果连接起来的纽带，体现不同的工作效率和管理风格。

4. 考评结果：是对考评者的工作业绩进行考评所取得的结果，反映了被考核者对绩效指标的完成情况，体现出被考评者能力的高低，是绩效管理体系和其他系统发生作用的媒介。

5. 结构方式：横向分工和纵向分解。横向分工是指绩效工作的展开按照企业部门的业务分工不同，各自负责分内的工作；纵向分解是指层层落实战略目标。

（三）绩效管理体系设计

按照绩效管理进行的顺序，大致可以把绩效管理系统划分为三个子系统：第一，绩效指标体系。在管理实践中，绩效指标体系主要从以下两个维度构建：按照重要性的大小，可以分为关键绩效指标、岗位职责指标、工作态度指标、岗位胜任特征指标等；按照企业层级的分类，可以分为企业指标、部门指标、班组指标以及岗位指标等。第二，考评运作体系。包括考评组织建立、考评者与被考评者的确定、考评方式方法、考评程序的确立、考评信息数据的收集与管理以及绩效管理制度的建立与运行等内容。第三，结果反馈体系。结果反馈体系是绩效管理体系的收尾部分，也是人力资源管理其他子系统正常运行的基础和依据，企业应根据绩效考评的结果开展各项管理工作。

根据企业战略管理的要求和绩效管理组成要素之间的关系，可以按照以下步骤进行绩效管理体系的设计：

1. 前期准备工作

前期准备工作包括明确企业的战略目标，进行工作分析以形成工作说明书，在此基础上进行岗位胜任特征模型设计。

2. 绩效指标体系设计

绩效指标体系是企业所有绩效考评指标的汇总和系统化，是追踪企业战略实施情况和检查企业日常工作的重要工具。绩效指标体系设计包括关键绩效指标体系的设计、岗位职责指标设计、工作态度指标设计、岗位胜任特征指标设计和否决指标设计。

（1）关键绩效指标体系设计

关键绩效指标体系设计的方式包括战略地图、任务分工矩阵和目标分解鱼骨图。

战略地图用来描述"企业如何创造价值"，确切地说是描述组织如何通过达到企业战略目标而创造价值。战略地图从平衡记分卡的角度揭示了企业战略是如何逐层制定、分解并实施的。企业从财务层面、客户层面、内部流程层面、学习与成长层面构架了自己的战略体系。战略地图具有两个作用：一是通过战略地图，可以建立起企业的关键绩效指标，也可以把企业的战略分解为一系列的"战略性衡量目标"，即战略地图中的内容。每个战略衡量项目可以用一个或数个绩效指标来衡量。二是提炼企业层面的 KPI，即根据地图对战略的分解，把战略化为年度内的战略目标项目，再根据目标项目的实际情况，通过 KPI 来追踪目标的完成情况。

任务分工矩阵就是为了完成任务分工而设计的工具。根据企业各部门的职责分工和业务流程，把战略地图中的战略性衡量项目落实到各部门。任务分工矩阵的另一个作用是分解企业的KPI，使企业的KPI落实到部门层面来完成。

鱼骨图是质量管理中常用的方法，最早是由日本质量管理大师石川博士首先提出的，也叫作"石川图"。在绩效管理中，运用鱼骨分解目标并提炼KPI，可以帮助企业在实际工作中抓住主要问题，解决主要矛盾。鱼骨图分析的主要步骤如下：第一步，确定部门（班组、岗位）战略性工作任务：确定哪些因素与企业战略目标有关；第二步，确定业务标准：定义关键成功要素，满足业务重点所需的策略手段；第三步，确定关键绩效指标。这样，通过"企业—部门—班组—岗位"的层层分解、互为支持的方法，确定各级单位的KPI，并用定量或定性的指标值确定下来。

（2）岗位职责指标的设计

岗位职责指标主要是根据部门和岗位的工作说明书中的"岗位职责、工作内容"归纳总结提炼而成的指标。如果岗位职责指标的内容与KPI指标的内容有相同、重叠的地方，则应该划为KPI的范围。工作说明书又分岗位工作说明书（即以岗位为对象所编写的工作说明书）和部门工作说明书（即以某一部门或单位为对象编写的工作说明书）。

（3）工作态度指标的设计

表4—1　　　　　　　　工作态度考评的项目和重点

考评项目	重点观察内容
积极性	是否经常主动地完成各种业务工作，不用指示和命令，也能自主自发地努力工作，不断改进工作方法
工作热忱	是否在执行业务时，以高度的热忱面对挑战，认真而努力工作，表现出不达目的决不罢休的态度
责任感	是否能自觉地尽职尽责工作，在执行公务时，无论遇到何种困难都能不屈不挠、永不停止。对自己或下属的工作或行为，应自始至终地表现出负责的态度
纪律性	是否遵守有关规定、惯例、标准或上司的指示，忠于职守、表里如一，有秩序地进行工作

在企业中常常见到两种不同的工作态度，产生截然不同的工作结果，这与能力无直接关系，主要与工作态度有关。工作态度是工作能力

向工作业绩转换的"中介",但是,即使态度不错,能力未必全能发挥出来,因此需要建立工作态度指标(Work Attitude Indicator, WAI)。工作态度考评要剔除本人以外的因素和条件,这是态度考评与业绩考评的不同之处(见表4—1)。

态度考评与其他考评项目的区别是,不管岗位高低、能力大小,态度考评的重点是工作的认真度、责任度,工作的努力程度,是否有干劲儿、有热情,是否忠于职守,是否服从命令等。

(4)岗位胜任特征指标的设计

岗位胜任特征指标是针对员工成功地完成本岗位工作任务,所应当具备或者达到的核心能力素质要求而设定的考评指标,这些考评指标一般可以通过企业所构建的岗位胜任特征模型获得。

(5)否决指标

否决指标(No—No Indicator, NNI)是根据企业的实际情况而设定的最关键的指标,其关键之处在于如果这种指标所对应的工作没有做好,将对企业带来直接且严重的后果。对企业来说,这类指标绝对不能出现异常情况,否则企业对其业绩的考评一定是否定的。

3.绩效管理运作体系设计

绩效考评是一个按事先确定的工作目标及衡量标准,考察员工实际完成绩效的过程,根据具体情况和实际需要进行月考评、季考评、半年考评和年度考评。

考评的组织工作主要包括两部分:一是建立绩效管理工作组织部门,包括绩效管理委员会和负责绩效数据收集与核算的日常管理小组;二是绩效管理部门在企业展开的组织工作。

绩效管理工作组织部门是绩效管理委员会。委员会由企业领导班子成员和财务部、人力资源部、战略规划部以及核心业务部门的主要负责人组成。委员会是企业绩效管理的最高权力机构,主要职责包括:领导和推动企业的绩效管理;研究绩效管理重大政策和事项,设计方案与实施控制;解释现行绩效管理方案的规定;临机处理涉及绩效管理但现行政策未做规定的重大事项等。委员会下设绩效日常管理小组,可以由战略规划部、人力资源部、财务部组成。管理小组负责日常的绩效管理工作。

绩效考评管理机构在实施绩效考评时的职责包括:考评模式的选

择、创新与组织流程的设计；考评指标体系的设计；考评步骤、考评时间及考评资源的安排协调；考评主体的选择与培训；绩效信息的收集与整理；数据统计分析与管理；考评结果的管理。

绩效考评主体是指对考评对象作出评价的人。绩效考评主体的选择原则一般有：绩效考评主体所考评的内容必须基于他可以掌握的情况；绩效考评主体应对所评价职位的工作内容有一定的了解；有助于实现一定的管理目的。

绩效考评的一般程序：①确定考评指标、考评者和被考评者。考评者和指标数据提供者有时不是同一个概念。有的企业把提供指标数据的部门设定为考评者，而有的企业把上级设定为考评者，但数据来源于其他部门。②明确考评方法。绩效考评的方式、方法有品质主导型、行为主导型、结果主导型和综合型四大类20多种。③确定考评时间。月度考核一般在月初进行，季度考评在下一季度的前10天进行，半年度考核在每年的7月初进行，年度考评一般在12月中下旬进行。④组织实施考评。采用自上而下的方式进行考评，便于核算绩效考评的结果。⑤核算考评结果。计算员工所担负绩效指标的考评得分，包括KPI、PRI、NNI、PCI和WAI等，根据不同指标的权重进行加权得出的真实分数；将员工自身得分和上级部门以及企业的考评得分结合，计算出最终考评得分。⑥绩效反馈面谈与申诉。绩效管理过程中，员工如果发现有不公平、不公正、不合理的地方可以和考评者面谈、沟通。如果沟通不能达成一致，员工可向人力资源部或绩效管理委员会提出申诉。经调查反映问题属实，绩效管理委员会将对有关责任人提出惩戒。⑦制订绩效改进计划。现代绩效管理的目的不仅为确定员工薪酬、奖惩、晋升和降级的依据，不断提高员工能力以及改进和发展绩效才是根本目的。考评者根据被考评者的实际情况共同为被考评者制订绩效改进计划，是绩效考评过程中非常重要的环节，体现了现代绩效管理和传统绩效管理的不同之处。

在企业中，各种不同类型指标的考评方法不尽相同。企业KPI考评是通过整体核算的形式进行的，由相关核算部门根据考评周期的不同核算整个企业KPI的完成情况。部门与班组KPI与PRI指标的制定可以按照两种方式进行：一是自下而上的方式，即由下级提出的考评指标以及考评标准，报上级审批；二是直接由上级制定指标。在考评时，上级考评者根据指标完成情况进行考评打分。对员工PCI考评可以分为以下几个步骤：测评员工目前的胜任特征水平，绘制员工的胜任特征水平线；考察员工与其所在岗位的匹配程度。企业 NNI 考评是由绩效管理委员会通过否决考评来进行的，根据相关部门提供的 NNI 的异常数据，直接考评相关的组织和个人，根据标准直接减去相关分数，并直接落实到当事人和所在组织。

4. 绩效考评评估结果反馈体系设计

绩效考评结果反馈是员工绩效管理全过程的收尾阶段，也是一个承上启下的转换阶段。该体系的主要功能是帮助被考评者汲取成功的经验，总结失败的教训，找出工作中存在的关键问题与主要不足，提出改进计划。

绩效反馈面谈的程序包括七个步骤：①为双方营造一个和谐的面谈气氛。②说明面谈的目的、步骤和时间。③讨论每项工作目标考评结果。④分析成功和失败的原因。⑤与被考评者讨论考评的结果，特别是优势与不足、困难问题等方面。⑥与被考评者围绕培训开发的专题进行讨论，提出培训开发的需求。⑦对被考评者提出的需要上级给予支持和帮助的问题讨论，并提出建议。

在进行绩效反馈面谈时要注意技巧的运用：考评者要与被考评者具有共同的目标，双方是完全平等的交流者；通过正面鼓励或反馈，关注和肯定被考评者的长处；要提前向被考评者提供考评结果，强调客观事实；应当鼓励被考评者参与讨论，发表自己的意见和看法；针对考评结果，与被考评者协商，提出未来的工作目标与发展计划。

5. 制定绩效管理制度

绩效管理制度是企业人力资源管理的核心职能之一，绩效管理制度是为了实现科学、公正、务实的绩效管理的规范，使之成为有效提高员工积极性和公司生产效率的手段。为提高公司竞争力，保证公司目标的顺利达成，在公司形成奖优罚劣、管理标准、公平人性的氛围。因此，绩效管理制度是公司管理体系中重要的组成部分，也是人力资源管理的核心保障。

三 战略性绩效管理

（一）战略性绩效管理的概念和结构

1. 战略性绩效管理的概念

近几年，战略性绩效管理（Strategic Performance Management）越来

越受到企业的青睐。战略性绩效管理是以战略为导向的绩效管理系统，是指对企业的长期战略制定实施过程及其结果采取一定的方法进行考核评价，并辅以相应激励机制的一种管理制度，促使企业在计划、组织、控制等所有管理活动中全方位地发生联系并适时进行监控。其活动内容主要包括两方面：一是根据企业战略，建立科学规范的绩效管理体系，以战略为中心牵引企业各项经营活动；二是依据相关绩效管理制度，对每一个绩效管理循环周期进行检查，对经营团队或责任人进行绩效评价，并根据评价结果对其进行价值分配。

结合房地产企业的发展，战略性绩效管理更加适用。战略性绩效管理注重整体的协作整合，它以一个系统的概念，将战略管理与绩效考评、组织绩效与个人绩效以及绩效管理中的各个环节有效整合在一起，以促进各个构件发挥整体效应。

2. 战略性绩效管理的结构

战略性绩效管理体系包括组织结构、组织文化、战略目标子系统、绩效管理子系统和战略性绩效管理工具。

组织管理是一个系统的概念，战略性绩效管理作为整个管理系统的一部分，若要使其能够有序运行，就必须具备与之相适应的管理基础。为了确保战略性绩效管理能够在组织内部落地生根、发挥作用，组织必须打造通过以绩效为导向的组织文化，利用绩效文化的激励约束作用，使整个组织认识到战略性绩效管理既是帮助组织实现高水平绩效、提供高质量绩效的有效工具，又是为员工提供公平、健康的工作环境和发展机会的合理方式，从而认同并接受战略性绩效管理。

战略目标子系统是指与战略相关的一系列要素的集合，具体包括组织的使命、核心价值观、愿景以及战略，各要素之间相互关联、层层支撑，共同界定了组织的价值定位和发展方向，对组织的各项工作起到了清晰的导向作用。为了使战略目标能够有效达成，组织必须采取有效的行为将战略具体落实，而在战略性绩效管理系统模型中，绩效管理子系统正是作为战略目标子系统的支持系统而存在的。战略性绩效管理工具，是指通过对组织战略的层层分解，将战略目标逐步转化为组织各级的绩效指标体系的工具或方法。从目前来看，应用得比较广泛的战略性绩效管理工具主要有目标管理、关键绩效指标和平衡计分卡等。

（二）战略性绩效管理工具

1. 目标管理

1954年，德鲁克（Peter Drucker）在其著作《管理的实践》一书中，首先提出了"目标管理和自我控制"的主张。他认为，通过目标管理就可以对管理者进行有效的管理。之后，他又在此基础上进一步认为"企业的目的和任务，必须转化为目标"，企业的各级主管必须通过这些目标对下级进行领导，以此来达到企业的总目标。如果每个员工和主管人员都完成了自己的分目标，整个企业的总目标就有可能达到，于是形成了目标管理的思想。

目标管理（Management By Objectives，MBO）又称为结果管理、绩效管理、工作规划与检查计划。一般包括下列步骤：为一个员工所要做的工作建立清楚且准确的目标叙述；发展一个达成这些目标的行动计划；允许员工去实施这个计划；衡量目标的达成；若有必要，则采取改正行动；为未来建立新的目标（见图4—4）。

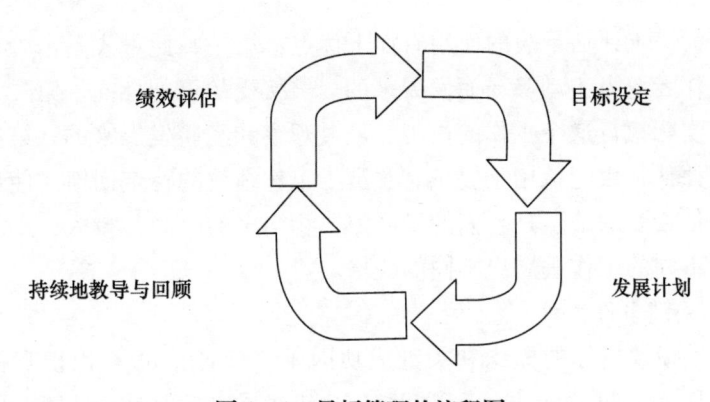

图4—4　目标管理的流程图

一个目标管理若要成功，必须符合几个要求：首先，目标应该能够被量化和衡量，尽可能避免无法衡量和确认的目标，目标还应该具有挑战性并且能够达成，应以书面形式清楚、准确地表达；其次，目标管理要求员工能参与目标设定的过程，员工的主动参与对发展行动计划书相当重要，一个管理者在没有员工投入的情况下便自行设定员工的目标是不可取的，这样的做法不可能获得员工的高度承诺；最后，目标和行动计划书必须充当管理者与员工间定期讨论员工绩效的基础，这些定期讨论给管理者和员工讨论进展提供机会,在必要时及时修正目标。

2. 行为锚定评估量表

行为锚定评估量表（Behaviorally Anchored Rating Scale,BARS）是用于评估成功执行一个工作必要的行为。它的假设是这些职能行为会导致高绩效。

大多数的行为锚定评估量表使用"工作层面"。这个术语表示构成一个工作的各种责任与任务的概括类别。每个工作可能有数个工作层面,因此必须为每个层面发展个别量表。要求考评人阅读每个量表中的量表锚清单,从而找出在评估期间内最能说明员工工作行为的量表锚群体,再查出相对于这个量表锚群体的量表值。

行为锚定评估量表通常是由管理者与工作的现任者共同参与的一系列会议发展出来,一般包括三个步骤:管理者与现任工作者确定工作的相关工作层面;管理者与现任工作者为每个工作层面撰写行为的量表锚;管理者与现任的工作者对所使用的量表值及其量表锚的说明群组达成共识。

行为锚定评估量表的使用有如下优点:第一,此量表是由管理者与现任工作者双方主动参与而发展来的,被接受的可能性高。第二,量表锚是由实际执行这个工作的员工,经过观察和经验发展来的。第三,行为锚定评估量表能被用于提供有关员工工作绩效的特定回馈。使用行为锚定评估量表的缺点是它们的发展需要相当多的时间与投入,此外,还必须为不同的工作进展出不同的表格。

3. 关键事件考评

关键绩效指标的概念和关键成功因子（CFS）,最初由麦肯锡的丹尼尔（D. Ronald Daniel）于 20 世纪 60 年代提出。但是这些概念的应用和普及是由斯隆学院的罗卡特（Jack F. Rockart）在 20 世纪 80 年代完成,并逐渐演化成定义和衡量企业目标的一项管理技术。关键事件考评是一种重要的绩效考评方法,考评人持有一份叙述员工正面和负面行为的事件书面记录,这些事件就是考评员工绩效的基础。所以,关键事件考评要求考评人员在事件发生时保留一份事件书面记录,其中应该能说明被考评者令人满意和不满意的绩效的工作行为。由于它们持续被记录,所以能作为绩效考评的基础,并反馈给员工。这种方法的主要缺点是,要求考评人定期写下事件可能会太繁琐而且耗费时间。另外,对于

"什么是关键事件"的定义不清晰,不同的人会有不同的理解,当员工发现管理者是在记录他们时,有可能与管理者之间产生矛盾。

4. 平衡计分卡

平衡计分卡是由美国哈佛商学院教授罗伯特·卡普兰与复兴国际方案总裁大卫·诺顿创建的。平衡计分卡在保留了传统财务指标的基础上,增加了客户、内部流程、学习与成长三方面的非财务指标,从而达到全面计量企业绩效的目的。

平衡计分卡是根据组织的战略要求而精心设计的指标体系。其内容包括财务、客户、内部流程、学习与成长四个方面。平衡计分卡从四个不同的角度,提供了一种考察价值创造的战略方法。其每一个指标都用来衡量企业战略的某个方面,是一组关键性衡量指标的组合。平衡计分卡的价值在于将组织的战略目标与一组衡量指标有机地结合起来。通常情况下,平衡计分卡将关键性衡量指标按下列方法分类:结果性指标和驱动性指标;财务指标和非财务指标;内部指标和外部指标。

利用平衡计分卡设计绩效管理系统(体系),可以按照"准备工作、指标体系设计、运作体系设计、结果应用体系设计、制度设计、方案实施"等步骤进行。其具体工作步骤如下:①建立企业愿景与战略:企业的愿景和战略关系到企业最根本的宗旨、定位以及方向问题,决定了企业高管必须对此事负责。企业战略体系的建立可由专业人员完成,但最后的确定和发布必须由最高决策者决定。②设计平衡计分卡:在制定 KPI 时要明确指标的种类。③建立部门平衡计分卡:在设定与分解企业层面的 KPI 时,战略地图能够清晰呈现"企业价值是如何创造的",而且利用战略地图还可以设计企业层面 KPI;在设计企业 KPI 时,还有一种工具可以利用,那就是关键指标树,根据战略地图,选出最关键的"关键衡量项目",通过关键衡量项目、企业 KPI、关键成功因子等工具分解到了部门,相应地建立某方面的部门 KPI。④岗位(个人)平衡计分卡设计:对于岗位而言,平衡计分卡四个方面指标并不是必需的,他们之间存在的驱动关系也不严密。技术类岗位的价值创造只体现在通过内部经营过程将技术转化为客户需要的产品。⑤建立企业 KPI 库:在企业级、部门级、班组以及岗位的平衡计分卡设计完毕后,可以把所有的指标汇集在一起,组成 KPI 库。

第二节 锦鹏投资公司绩效管理体系建设

一 绩效管理诊断

通过访谈与调研，管理咨询专家团队发现，社区党委、居委会、锦鹏投资公司在绩效管理方面主要存在两大问题：

（一）社区党委、社区居委会和锦鹏投资公司总部从未实施过考核

锦鹏投资公司仅对下属的14家分子公司以每年签订《企业经济承包责任书》形式进行考核，因此公司内部绩效考核的观念意识和基础较为薄弱。

（二）锦鹏投资公司对分子公司现有的绩效考核指标单一、缺乏体系

一方面，仅考核经济类指标，缺乏对管理指标的考核。例如每年年初锦鹏投资公司与分子公司一番博弈后签订全年的《企业经济承包责任书》，规定分子公司全年的各项经济指标任务中对总收入和总支出的金额要求，造成各分子公司在公司经营发展过程中一味追求经济利益而忽视社区管理、人力资源管理、制度流程体系建设、企业文化建设等可持续发展的管理职能。

二 解决方案

针对以上存在的问题，管理咨询专家团队认真地分析了形式和任务，考虑到实际情况，制订了如下的解决方案。

（一）在社区党委、居委会、锦鹏投资公司总部全面建立和实施绩效管理，制定社区、集团的《绩效管理办法》，并结合工作职责、工作流程和锦鹏投资公司战略发展目标，建立科学规范的关键绩效考核指标体系。

（二）结合锦鹏投资公司发展战略和阶段目标，建立和完善分子公司的关键绩效考核指标体系，增加管理类和创新类两大指标，同时制定新的《年度绩效考核目标责任书》。

（三）结合锦鹏投资公司对分子公司的管控模式及实际情况，编制《年度工作指导书》，指导分子公司完成各项重点工作和目标，保证实际经营管理行为与锦鹏投资公司的战略目标统一，确保各项经营管理活

动规范有序地进行,将考核指标进一步细化明确。

(四)制定《所属企业领导班子成员考核奖惩办法》,彻底转变各所属企业领导班子的思想观念,建立竞争考核机制,抓好所属企业的经营管理、经济效益、社区管理、人员管理等管理环节,重点解决所属企业领导班子在管理过程中存在的"等、靠、要"问题,转变其"没钱是政策造成的"之类思想观念,促进所属企业的创收,实现对所属企业的约束和激励,提升公司的整体效益。

三 具体实施

"KPI 关键绩效考核指标体系、考核管理办法、考核组织体系……"这些人力资源管理的专业词汇对于从未实施过考核的锦鹏投资公司、社区党委、居委会来说是很陌生的,因此,如何针对性开展锦鹏投资公司的绩效管理体系建设,管理咨询专家团队进行了认真的分析和研讨,认为有三个重点和难点:首先实施绩效考核,无疑是在平静的湖面上投下一块巨石,能力突出的优秀员工会拍案叫好,平庸无能者也会暗自叫苦,是用一剂猛药立竿见影,还是温和调理?究竟什么方式才能达到预期的效果?其次绩效指标分解用什么方法?MBO 目标管理、KPI 关键绩效指标、BSC 平衡计分卡这些现代企业常用的考核工具是否适用于锦鹏投资公司?最后怎么让党委、社区、锦鹏投资公司的各级管理者有效地组织结合到一起共同参与,推动绩效考核的有力实施,让中高层领导意识到"绩效管理"的作用,也让各级员工认识到"绩效考核"不是简单的奖励或惩罚,而是有助于个人技能提升和职业发展。没有这样的统一认识,绩效考核再完善、指标设计再科学,也难以推行下去。

于是绩效管理工作紧锣密鼓地围绕这三个重点和难点展开,按照以上思路结合具体情况,分为两部分展开,一部分是社区党委、居委会、锦鹏投资公司总部,另一部分是分子公司。

(一)社区党委、居委会、锦鹏投资公司总部的绩效考核方案制订(见附录3)

1. 选定绩效考核的方法

管理咨询专家团队考虑到锦鹏投资公司首次实施绩效考核,基础较为薄弱,决定其绩效考核方法先将较为简单、易实施、好操作的目标管理法与 KPI 关键考核指标结合起来。

目标管理是美国著名管理大师彼得·德鲁克于1954年提出来的。德鲁克认为，并不是有了工作才有目标，而是相反，有了目标才能确定每个人的工作。如果组织中的每个人都能向着一个方向努力，他们的力量就可以很好地整合在一起，不会存在隔阂、摩擦和浪费，这样组织将会更有效率，也会更加成功。而目标管理通过目标的沟通、分解和连接，能够使大家在对目标达成共识的基础上，会集组织中每个人的力量，向着共同的目标迈进。因此，管理者应该通过目标对下级进行管理。当组织最高层管理者确定了组织目标以后，必须对其进行有效的分解，转变成各个部门以及各个人的分目标，管理者依据分目标的完成情况对下级进行考核、评价和奖惩。目标管理学说提出以后，便在美国迅速流传，到目前为止，目标管理已成为企业管理的基础，可以说，有企业存在的地方，就有目标管理。

2. 进行关键绩效指标的设计

社区党委、居委会、锦鹏投资公司总部的职能定位各有不同，管理咨询专家团队在组织岗位体系建立阶段就已经将各自的部门和岗位职责清晰地制定出来，结合各单位的职能定位，制定了各自的绩效总目标，然后分解到各个部门，部门绩效指标一般来源于三个方面：党委/居委会/总公司级指标、部门职责与重点工作以及业务管理流程的要求。由于党委/居委会/锦鹏投资公司总部多属于职能管理部门，因此，大多数指标来自于部门职责与上级管理部门如乡党委、乡政府布置的重点工作，重点工作与重要工作落实情况根据工作计划和考核周期的不同进行动态调整。

绩效考核管理制度和指标体系在管理咨询专家团队与党委、居委会、公司领导的一次次讨论中不断修改和完善，尤其是制度中特意规定的"对于考核成绩优秀和不合格员工在居委会公开栏张贴'红底黑字'和'白底红字'的大红榜"这条，绝对是极具凤凰村特色的规定。凤凰村全村加起来总共也不过八百来户人家，居委会的公开栏在全村相当于中央一套电视节目最具权威的消息发布平台，如果在这里张贴出来，无异于昭告全村，"红底黑字"的人自然腰板挺直脸上放光彩，这"白底红字"的人灰头土脸可无颜见全村父老乡亲，这招可比扣奖金的惩罚手段更管用。虽然这在管理咨询专家团队的咨询案例中从没有先例，可在凤凰村的考核就吃这套，所以"入乡随俗"还是很有必要，就像邓小平同志当年在中国搞改革开放走中国特色的社会主义道路一样，建立一套有凤凰村特色的绩效管理体系，既引入现代人力资源管理中的绩效管理理念，又紧密结合凤凰村的实际现状和特色，最终形成了党委、居委会、公司上下联动、紧密配合，也为锦鹏投资公司这个新型的集体经济组织走向现代管理迈出坚实的一大步。

（二）分子公司的绩效管理体系建立（见附录4）

管理咨询专家团队完成了对社区党委、居委会和集团公司总部的绩效考核方案制订后，又开始着手设计对分子公司的绩效考核，深入调查了解总公司与各公司签订的《企业经济承包责任书》，根据此次绩效管理的目标，在原有经济指标的基础上增加了管理类指标，管理指标中包含两类，分别为共性指标（安全生产工作、环境卫生建设、信访工作等）与特性指标（根据各公司行业经营性质制定），将社区党委和社区居委会对分子公司的相关考核指标也纳入考核指标体系，完善了绩效考核指标体系，将社区党委、居委会、锦鹏投资公司的考核指标有机地结合，还透过绩效考核体系的建立来检验和有效监督各单位指标完成情况，完成社区的社会、生态和经济职能。

最后，在方案设计过程中和方案结束后，为了让大家达成统一认识，为下一步实施做好准备，大量的沟通辅导、培训宣贯必不可少。于是，管理咨询专家团队又一次次穿梭在总部二楼的大小会议室和分子公司的会议室给大家讲述"绩效管理"的理念、意义、目的和方法，用"考核谁？考什么？谁来考？怎么考？"四个简单的问题来形象说明"考核对象、KPI关键绩效考核指标、考核组织体系、考核管理办法"的专业词汇。数场的理念培训洗脑、操作技能培训、研讨会下来，居委会、公司员工对绩效管理有了清晰的认识，"再不好好干该考核了！"成了员工们茶余饭后的一句口头禅。

第五章 薪酬管理体系建设

第一节 薪酬管理概述

一 薪酬管理体系概述

（一）薪酬的含义与构成

1. 薪酬含义

从广义角度看，薪酬是指员工作为劳动关系中的一方，从用人单位——企业所得到的各种回报，包括物质的和精神的、货币的和非货币的；从一般意义看，薪酬是指劳动者付出自己的体力和脑力劳动后，从企业所获得的货币收入以及各种具体的服务和福利之和。

对企业经营者来说，他们不仅把员工的薪酬当作一种费用，还把它当作影响员工工作态度、工作方式和工作绩效的重要因素；对企业员工来说，他们对和企业管理者的认知形成鲜明对照，企业员工把薪酬看做是自己安身立命的唯一手段和基本保障。同时，薪酬也反映了技艺和能力，是对其所受教育和培训的补偿。

2. 组织薪酬的构成

组织薪酬制度（organizational reward system）包含所要提供的薪酬类型及其分配。组织薪酬（organizational rewards）包括内在与外在的所有类型的薪酬，它是组织聘用产生的结果。组织薪酬主要包括四种基本形式：基本工资、绩效工资、短期和长期的激励工资、员工福利保险和服务。

（1）基本工资

基本工资是企业支付给员工的基本现金薪酬。反映了员工的工作岗位或技能的价值，却忽略了员工之间的个体差异。对于基本工资的定期调整，一般基于以下事实：整个生活水平发生变化或通货膨胀；其他员工对同类工作的薪酬有所变化；员工的经验进一步丰富或技能有所提高。

（2）岗位工资

岗位工资是企业根据员工岗位职责、权限、影响因素对企业的价值贡献大小所确定的工资标准。通常遵循"薪随岗变，岗变薪变"的原则。

（3）绩效工资

绩效工资是企业根据员工的工作行为和已取得的工作业绩，在基本工资之外加付的工资，绩效工资往往随员工的工作表现及其业绩的变化而调整，通常绩效工资是绩效考核在薪酬中的实际运用和体现。

（4）激励工资

激励工资和业绩直接挂钩，具有一定的弹性，属于可变性薪酬。按照其具体内容，又可以分为以下两种：短期激励工资，通常采取非常特殊的绩效标准；长期激励工资，把重点放在员工多年努力的成果上。例如年薪制、股票期权、期股和员工持股计划等。

激励工资和绩效工资的区别：激励工资影响员工将来的行为，而绩效工资侧重于对过去突出业绩的认可；激励工资是一次性付出，对劳动成功没有永久的影响，会随员工业绩下降而自动下降，而绩效工资是基本工资的辅助形式，是对基本工资永久性的补充和增加。

（5）员工福利保险和服务

员工福利保险的待遇逐渐成为企业薪酬的一种重要的补充形式。目前企业用于此项的费用大约占企业人工总成本的30%。

员工福利是一种重要且特殊的报酬。通常依据福利项目的提供是否具有法律强制力，可以分为：①法定保险福利：由国家相关法律和法规规定的福利内容，包括基本养老保险、基本医疗保险、失业保险、工伤保险、生育保险和住房公积金；②非工作日福利：公休假日、法定假日、带薪休假和病假；③员工补充保险福利：企业年金（也叫企业补充养老保险、私人养老金、职业年金计划等，是企业及其职工在依法参加国家基本养老保险的基础上，在国家的相关法律法规框架内，根据本企业特点自愿建立的补充养老保险计划，是员工福利制度的重要组成部分）、团体人寿保险（由企业为员工提供的集体保险福利项目）、补充医疗保险计划（社会保险机构经办的职工补充医疗保险、商业保险公司经办的职工补充医疗保险、工会组织开展的职工补充医疗保险);④员工服务福利和其他福利:为员工或员工家庭提供旨在帮助员工克服生活困难和支持员工事业发展的直接服务的福利形式,主要包括为员工提供心理咨询、家庭援助,为员工提供定期健康检查计划,为员工提供个人发展福利、住房补助福利等。

此外,广义上说,企业员工的薪酬还可划分为直接的货币收益和间接的非货币收益;内在报酬和外在报酬。

货币收益是员工薪酬中的主要部分,即直接以现金形式支付的工资,如基本工资、绩效工资、激励工资等;非货币性收益,如职业安全、个人地位、晋升机会、富于挑战性的工作等。此外,企业还通过福利和服务,如养老金、医疗保险、带薪休假等形式,使员工获得一定的非货币性薪酬。

内在报酬(intrinsic rewards)是属于个人内在的,而且通常来自参与某些活动或者任务。内在报酬包括:成功、成就感、非正式的表扬、工作满足、个人成长和地位等,其中,工作满足感(job satisfaction)相对来讲比较受到关注。工作满足感是一个员工对工作的一般态度,组织的报酬制度通常对员工的工作满足感有重大影响。

外在报酬又称报偿(compensation),包括基本薪资(base wage or salary)、任何奖励或红利以及任何福利。其中,基本薪资是员工以其工作换得的每小时、每天或每月的薪资;奖励(incentives)是基本薪资外所提供的报酬,通常直接与绩效相关;福利(benefits)是员工由于被聘用及在组织中的地位而获得的报酬,诸如有薪假期、健康保险及退休计划等。

(二)薪酬管理体系

1. 薪酬管理体系的内涵

薪酬管理体系是保持企业薪酬战略方向的正确性,促进薪酬战略目标实现的基本保障。薪酬管理体系是指某组织为了科学而客观地确定员工对企业提供的服务所应该获得的报酬总额、报酬结构和报酬形式的体系(见图5—1)。

薪酬管理体系是现代企业管理中不可或缺的部分,是激励和保持员工工作热情与工作主动性的手段。企业的经营者只有处在一定的高度,较为系统性地定位薪酬管理体系、明确管理的对象、确定实施的手段,

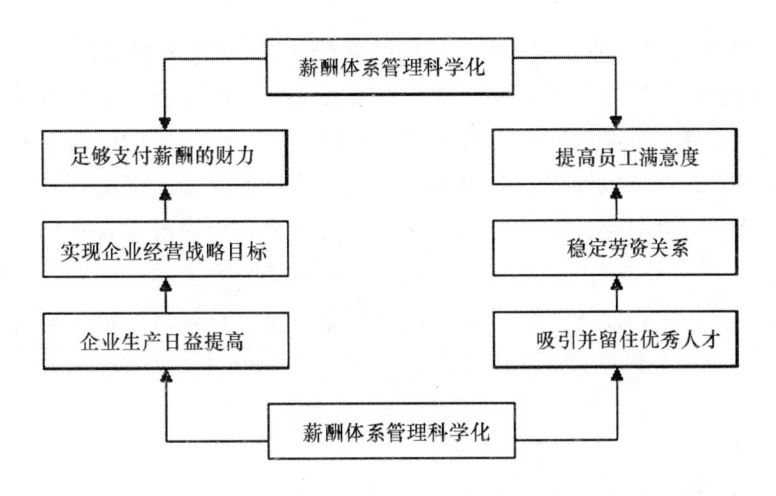

```
         ┌─────────────────────────┐
         │    薪酬体系管理科学化    │
         └─────────────────────────┘
          ↓                      ↓
┌──────────────────┐    ┌──────────────────┐
│ 足够支付薪酬的财力 │    │   提高员工满意度  │
└──────────────────┘    └──────────────────┘
          ↑                      ↑
┌──────────────────┐    ┌──────────────────┐
│ 实现企业经营战略目标│    │   稳定劳资关系    │
└──────────────────┘    └──────────────────┘
          ↑                      ↑
┌──────────────────┐    ┌──────────────────┐
│  企业生产日益提高  │    │ 吸引并留住优秀人才 │
└──────────────────┘    └──────────────────┘
          ↑                      ↑
         └─────────────────────────┘
         │    薪酬体系管理科学化    │
         └─────────────────────────┘
```

图 5—1　企业薪酬体系运行图

才能使薪酬管理体系在企业中发挥应有的作用。企业薪酬管理体系包括薪酬方案的设计、薪酬管理制度的拟定、薪酬表单的制作。

2. 薪酬管理体系的作用

薪酬管理体系作用机理表现为其对组织成员的约束机制和激励机制。

（1）有利于员工明晰企业战略，承接企业目标

约束机制是指为规范组织成员行为，便于组织有序运转，充分发挥其作用而经法定程序制定和颁布执行的具有规范性要求、标准的规章制度和手段的总称。具体到企业当中，薪酬管理体系的约束机制表现为企业根据法律、法规通过特定的方式和方法使员工明确战略目标、了解企业的经营策略、帮助员工厘清思路，并能够有效地承载重负。

（2）有利于增强员工积极性，提高企业效率

激励机制是通过把需求、内驱力、目标这3个互相影响、相互依存的要素衔接起来，激励客体为了满足自身需要，在内驱力的作用下，去努力达到目标的整个过程。具体到企业，薪酬管理体系的激励机制则能够保证企业员工在工作中具有高涨的热情、积极的心态和健康的愿望，从而促进企业员工不断进行更有成效的创造。

（3）提高人力资源水平，实现对人力资源的监督、管理和优化配置

人是企业运营中最核心的要素，任何企业只有合理配置人力资源，才能充分发挥自然资源和财政资源的作用，从而使企业得以运转，产生效益。

人力资源配置水平直接决定着企业的经营水平、效益水平和发展速度。

薪酬管理作为现代企业制度中的重要工具，推动着人力资源的合理配置与管理。从部门间人力资源配置的角度看，部门薪酬结构和薪酬水平的调整能够有效促进企业内部人力资源的合理流动，促成合乎企业发展的人力资源配置。同时，也能够对部门业绩和行为形成有效的监督和激励，以指导部门的人力资源管理。从人力资源配置的角度看，薪酬管理依职位为核心设计工资体系，依个人能力为核心支付工资，通过价值体现将职位与个人能力有效结合，实现"人尽其才"，促进人力资源与职位的合理匹配。

（三）薪酬管理理论

1. 全面薪酬理论

美国全面薪酬学会对全面薪酬的定义是：雇主能够用来吸引、保留和激励员工的各种可能的工作，包括员工认为他们从雇佣关系中能够获得的各种有价值的东西。全面薪酬包括五种关键要素：福利、薪酬、工作和生活的平衡、绩效管理与赏识和认可、开发和职业发展机会。

2. 宽带薪酬理论

20世纪90年代，美国学者爱德华·劳勒等提出了战略性薪酬体系的三大构成部分：宽带的工资体系；与企业、团队和个人业绩紧密结合的奖励体系；非货币的、自助餐式的福利体系，由此"宽带薪酬"的概念应运而生。

所谓宽带薪酬，就是对多个薪酬等级以及薪酬变动范围进行重新组合，从而变成在组织内用少数跨度较大的薪酬等级来代替原有数量较多的工资级别的跨度范围，形成只有相对较少的以及相应的较宽薪酬变动范围，取消原来下站的工资级别带来的工作间明显的等级差别，同时将每个薪酬级别所对应的薪酬浮动范围拉大，从而形成一种新的薪酬管理体系。在传统的等级薪酬机构中，员工的薪酬水平与职位挂钩，有十几甚至二十、三十个级别，而在宽带薪酬体系中，薪酬与个人能力和绩效挂钩，只要能力不断提高，绩效不断改善，就能获得更高的薪酬，从而形成一个新的薪酬管理系统及操作流程，以便适应当时新的竞争环境和业务发展需要。[①] 这样即使是在低层次的岗位上工作，只要业绩突出也

---

① 冉斌、范海东、唐晓斌：《宽带薪酬设计》，广东经济出版社2005年版，第179页。

会有机会获得较丰厚的报酬。

3. 战略薪酬理论

2001年,乔治·L.米尔科维奇与杰里·M.纽曼以薪酬模型为核心,提出了薪酬管理的理论。他们从几个方面入手探讨以下问题:企业的奋斗目标、战略规划是什么,实现目标企业的竞争优势有什么,从而从企业的目标入手,确定经营战略;人力资源部确定人力资源的战略目标,薪酬在人力资源战略目标中的作用,从而确定战略性薪酬系统;考虑员工的态度与员工的行为,从而构架合理的战略薪酬模型,帮助企业树立竞争优势。

2006年,托马斯·B.威尔逊指出,面对错综复杂的市场环境,企业的变革势在必行。威尔逊认为,要使企业的变革能够成功,必须具备两个因素:一是核心价值,企业只有具有核心价值,其管理理念和员工的价值规范才会有支持点,才可能发生转变;二是经济价值,企业具有的经济价值是企业从各个方面获益的基础,同时经济价值也是企业改革成功的物质保障。

二 薪酬管理体系的设计

(一)设计薪酬方案

薪酬管理体系的核心就是薪酬方案设计。薪酬方案设计一般遵循以下流程,企业的发展战略、工作分析、岗位评价、薪酬调查、薪酬结构设计、薪酬水平设计。

1. 企业经营战略

企业薪酬管理设计的基本前提是:薪酬制度体系必须与企业发展总方向和总目标密切结合,要服从并服务于企业经营战略。不同的企业发展战略和经营战略会具体化为不同的薪酬制度。

(1)创新战略:强调冒险,重点放在激励工资上,鼓励流程创新,缩短从产品设计到顾客购买产品之间的时间差。

(2)成本领先战略:以效率为中心,强调少用人多办事,降低成本,鼓励提高生产率,详细而精确地规定工作量。

(3)以顾客为核心的战略:强调取悦顾客,按照顾客满意度支付员工的工资。

企业薪酬战略所采用的具体政策和策略,是建立企业薪酬制度的基石，也是指导薪酬管理达到既定的战略目标的行动纲领。

2. 工作分析

人力资源管理的基础是工作分析。工作分析是指分析者运用科学的手段，直接收集、比较、综合有关工作的信息，为组织的策略规划、人力资源管理以及其他管理行为服务的一种活动，工作分析的产物即为该项职位的工作说明书。在传统的人力资源管理中，都是通过工作分析来确定工作说明书的规范的。

工作说明包含该工作的任务和职责，工作规范则详细列出了执行该工作所需的人员规格，包括教育程度、体能、技术能力、知识等。工作说明书的制定对于人力资源管理的其他工作，如人员规划、招聘甄选、人员开发、绩效评估、薪酬福利等具有重大的指导意义，总体的工作说明书可以作为职位评价的参考，并可作为组织与团队设计的基石。其中，工作说明可以指导工作的重新设计、人员的配置、绩效的确定等；工作规范使招聘甄选人员有了标准，人员发展有了依据。通过工作分析可以解决管理上的许多困难（见图5—2）。

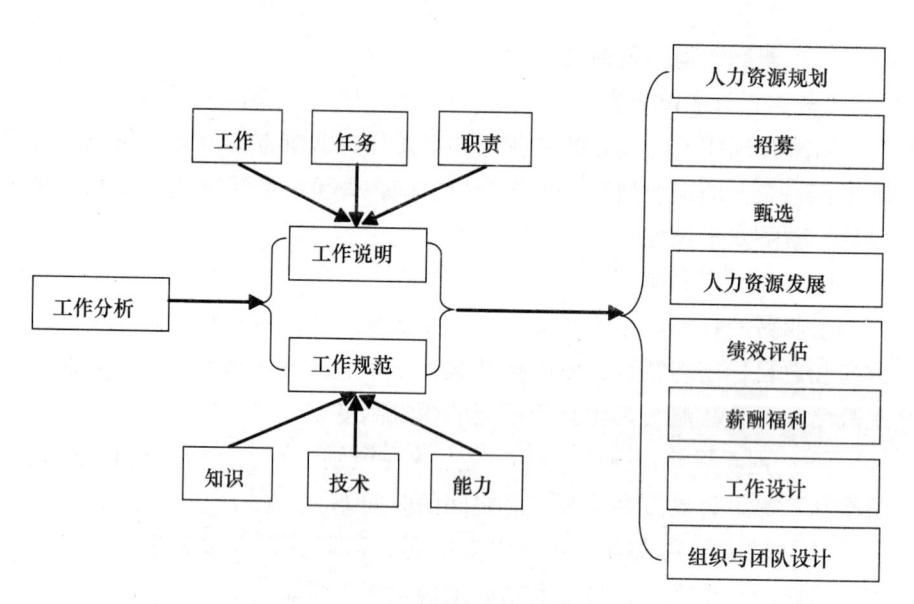

图5—2 人力资源管理之工作分析思维导图

在薪酬管理方面，工作分析可以帮助企业实现薪酬的内部公平。对企业中各个岗位的作用进行综合评价，决定企业中各岗位的相对重要程度，从而确立一个合理、系统、稳定的工作结构。让员工相信公司每个岗位的作用都能充分体现该岗位对公司的贡献。由于它为薪酬管理体系奠定了基础，明确、清晰地界定了各岗位的作用，避免了由于薪酬基础限定模糊而引起的员工不信任。

3. 岗位评价

岗位评价是建立在岗位工作分析的基础上，并按照一定的衡量标准，对其工作任务的内容、工作的繁简难易度、工作承担的责任、工作的强度，以及承担工作所需的资格条件等特性进行评价，以确定岗位作用的过程，其目的是提供工资结构层级的标准。由于岗位评价的出台，员工对各岗位间的价值差的接受性相对提高，对绝对薪酬差距的心理承受能力也随之增强，这样易于获得薪酬的内部公平性。

岗位评价主要运用劳动心理、卫生、环境监测、数理统计和计算机应用等技术，采用分类法、评分法、因素比较法等，才能对多个因素进行较为准确的评测，并最终做出科学的评价。

4. 薪酬调查

薪酬调查是企业为了以较低的人力成本达到吸引所需的人才的目的而展开，是通过了解竞争对手或同行业的相似岗位的薪酬水平而采取的行动。薪酬调查的方式有人力资源与社会保障部发布的调查报告、委托第三方进行薪酬调查等。

一个完整的薪酬调查过程应包括以下几个步骤：第一，明确调查的目的、内容和对象；第二，进行岗位描述并设计薪酬调查问卷；第三，寄发并收集调查问卷；第四，及时整理反馈的调查问卷并统计调查结果；第五，分析获得的调查结果并撰写薪酬调查报告。

5. 设计薪酬结构

设计薪酬结构使薪酬战略与企业经营战略和环境相适应，薪酬决策与薪酬战略相适应，即作出与企业总体战略和环境背景相适应的薪酬目标、内部一致性、外部竞争力、员工贡献和薪酬管理五种薪酬决策。

（1）薪酬目标

构建企业薪酬战略应当强调三大基本目标：一是效率；二是公平；三是合法。

在确立企业薪酬战略时,薪酬的效率目标可以分解为:劳动生产率提高的程度;产品数量和质量、工作绩效、客户满意度等;劳动力(人工)成本的增长程度。

薪酬公平体现在三个方面,即对外的公平、对内的公平和对员工的公平。对外的公平是指体现在员工薪酬总水平上的公平性,获得等于或者高于劳动力市场价格的薪酬水平;对内的公平是指体现在员工基本薪资上的公平性,应当确保员工"干什么活拿什么钱",一岗一薪,同岗同薪;对员工的公平是指体现在员工绩效工资与激励工资上的公平性,应当确保员工"多劳多得,少劳少得,不劳不得",即员工的绩效工资与激励工资能充分体现员工的贡献率。除了对上述三方面保持公平之外,还必须运用科学合理的方法技术,确保薪酬分配工作程序的公平性。

合法作为企业薪酬战略决策的目标之一,包括遵守各种全国性和地方性的法律法规。一旦政策发生变化,薪酬制度也应作出相应调整。

(2) 薪酬战略构成

企业薪酬战略所采用的具体政策和策略,是建立企业薪酬制度的基石,也是指导薪酬管理达到既定的战略目标的行动纲领。企业薪酬战略包括内部一致性、外部竞争力、员工的贡献率和薪酬政策与策略四方面的基本内容。

内部一致性对应工作岗位分析,是指在同一企业内部不同岗位之间或不同技能水平员工之间的比较。这种对比是以各自对完成企业目标所作的贡献大小为依据。内部一致性影响着上述三个薪酬目标,即效率目标、公平目标和合法目标。保持薪酬内部的一致性,有利于鼓励员工参加更多的专业培训,提高他们的综合素质,使他们承担起更为重要的岗位工作。

外部竞争力对应薪酬调查,是指企业参照外部劳动力市场和竞争对手的薪酬水平,给自己员工的薪酬水平作出正确定位的过程。视外部竞争情况而定的薪酬决策对薪酬目标具有双重影响,一是确保薪酬足够吸引和留住员工;二是控制劳动力成本,以使企业的产品或服务具有较强的竞争力。可见,外部竞争力直接影响着企业的效率和内部公平。

员工的贡献率战略是指企业相对重视员工的业绩水平。在确定整体性薪酬战略时,员工贡献率直接影响到员工的工作态度和工作行为。既有利于三大薪酬目标的定位,也从根本上保证了薪酬效率目标和公平目标的实现。

薪酬政策和策略是保持企业薪酬战略方向的正确性，促进薪酬战略目标实现的基本保障。薪酬战略既可以处于主要地位，也可以处于支撑和辅助的地位，或者成为企业人力资源管理制度变革的诱因。

6. 确定薪酬水平

（1）薪酬水平的相关理论

①边际生产力工资理论

19世纪末，西方经济学发生了一场"边际革命"，杰文斯和门格尔两位经济学家同时提出了边际效用理论，该理论成为现代西方经济学的主要理论基础。以边际理论为基础，美国著名经济学家约翰·贝茨·克拉克提出了边际生产力工资理论。该理论是目前最广泛流行的工资理论。主要有以下特征：在整个经济社会中，价格和工资不由政府和串通的协议操纵；年年都用的方法生产出同等数量的相同产品；使假定资本设备的数量是固定不变的，但设备的形式可以改变；完全没有分工，对同行业的工人只有单一的工资率（见图5—3）。

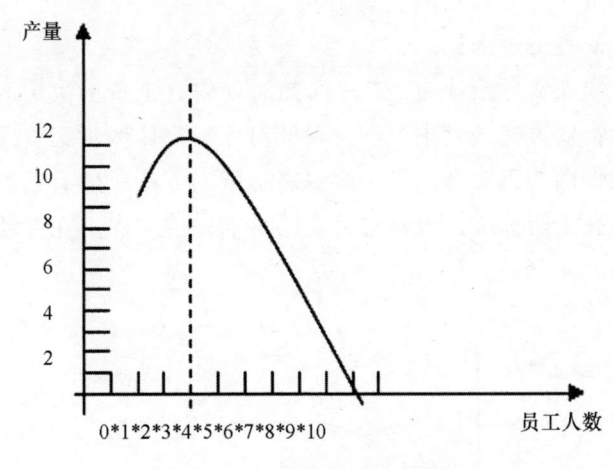

图5—3 边际生产力曲线

②均衡价格工资理论

英国经济学家阿弗里德·马歇尔从劳动力供给和需求两个方面研究了工资水平的决定，创立了均衡价格工资理论。他认为工资是劳动力供给和需求均衡时的价格（见图5—4）。E是均衡点，OP是均衡工资率，OQ是均衡条件下雇用劳动力的数量。

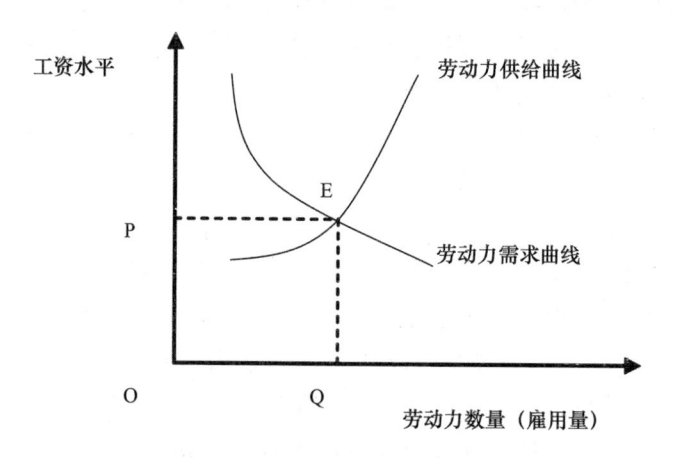

图 5—4 劳动力的供给与需求

从劳动力的需求看,工资取决于劳动的边际生产力。从劳动力的供给看,工资取决于两个因素,一是劳动者及家属的生活费用以及接受培训和教育经费;二是劳动的负效用。

③集体谈判工资理论

集体谈判工资理论认为,在一个短时期内,工资的决定取决于劳动力市场上劳资双方在谈判中交涉力量的对比。集体谈判工资理论实际上也是工会起作用的工资理论。工会提高工资的方法一般有四种:限制劳动供给;提高工资标准;改善对劳动的需求;消除雇主在劳动力市场上的垄断。

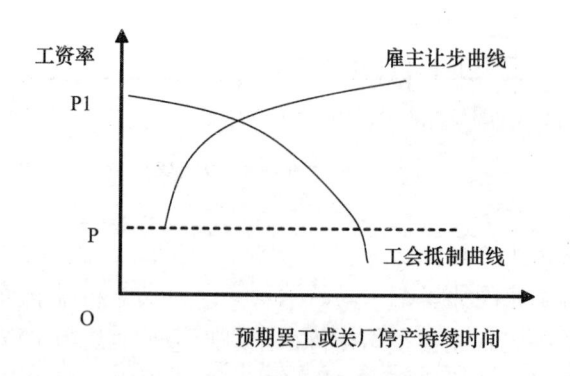

图 5—5 集体谈判的希克斯模式

希克斯提出了集体谈判过程的模式，比较准确地描述了劳动力供求双方的行为轨迹（见图5—5）。谈判开始时，工会方提出新的需求OP1，雇主只同意OP，最终在OP与OP1区间内达成工资率协议。而双方谈判时所提出诸多经济因素是最终决定工资水平的因素。

④人力资源理论

人力资本理论不是工资决定理论，但它对工资有一定影响。人力资本是通过人力资本投资形成的，人力资本投资是多方面的：第一，有形支出，又称为直接支出、实际支出，主要投资形式包括教育支出、保健支出、劳动力国内流动支出或用于移民入境支出等，其中最主要的投资形式是教育支出。第二，无形支出，又称为机会成本，它是指因为投资期间不可能工作，至少不能从事全日制工作而放弃的收入。第三，心理损失，又称为精神成本、心理成本，它是指诸如学习艰苦、令人厌烦；寻找职业令人乏味、劳神；脱离组织、远离朋友等。

工资是人力资本投入的经济产出，所以劳动能力高的劳动者在受教育培训后从事工作的期间，应该比劳动能力低的劳动者获得工资收入多（见图5—6），可以看作两种不同的人力资本投资所形成的工资差别。

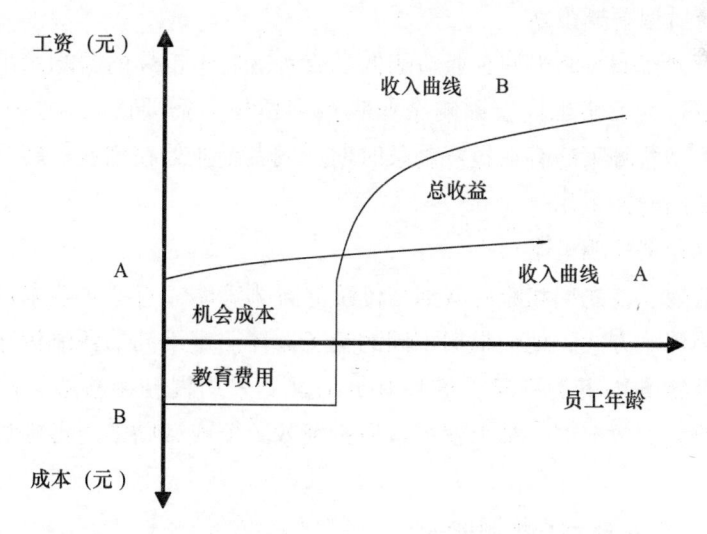

图5—6 两种不同的人力资本投资所形成的工资差别

（2）薪酬策略

企业薪酬战略的总任务和目标的实现，需要企业根据外部产品与劳动力市场的变动情况，选择具有竞争力的薪酬策略。一般来说，企业可以根据自己的情况，选取领先型、跟随型、滞后型和混合型四种不同的薪酬策略。

①跟随型薪酬策略

跟随策略是企业最常用的方式。企业管理者为"跟随型"策略归纳了三点理由：薪酬水平低于竞争对手会引起企业员工的不满，导致生产效率下降；薪酬水平低还会制约和影响企业在劳动力市场上的招聘能力；关注同行业的市场薪酬水平是企业高层决策者的责任，薪酬水平的合理确定不仅关系到企业的外部竞争力，还关系到内部人工成本的合理确定问题。

②领先型薪酬策略

领先型薪酬策略强调高薪用人，突出高回报，以高于市场竞争对手的薪酬水平增强企业薪酬的竞争力。经研究证明，企业采取领先策略之后，求职者的质量有所提高，数量有所上升，跳槽率和缺勤率有所降低。

③滞后型薪酬策略

滞后型薪酬策略强调企业薪酬低于或者落后于市场的薪酬水平及其增速，实行本策略也许会影响企业吸纳和留住所需要的人才。一般来说，滞后型薪酬策略宜在经济萧条时期，或者企业处在创业、转型、衰退等特殊的时期采用。

④混合型薪酬策略

跟随型、领先型和滞后型都是传统的薪酬策略。有些企业采用非传统的薪酬策略方式，他们根据不同的员工群体制定不同的薪酬策略，以便在选择薪酬决策类型时，更具有灵活性。采用混合型薪酬策略的企业，只要它的效益好，员工就可以通过绩效工资或激励工资得到更高水平的报酬。

（二）拟定薪酬管理制度

薪酬管理制度是对企业薪酬管理日常运作的规范描述，对薪酬管理流程关键环节及一些原则性问题的描述将是薪酬管理制度中需要重点阐述的内容。薪酬管理制度与薪酬设计互相影响。薪酬管理制度是对薪酬设计的文字表述，同时，**薪酬管理制度又对薪酬设计的拟定有所制约**。

（三）制作薪酬表单

薪酬管理表单的制作是薪酬管理体系在运作时所需要用到的操作工具，如果缺乏这些表单，企业将无法按照薪酬管理的流程来实现薪酬的有效运作。[①]

（四）实施薪酬福利

迄今为止，薪酬福利的实施模式包括经营者年薪制、团队薪酬制、股票期权制、期股制度、员工持股制度等。

1. 经营者年薪制

年薪又称年工资收入，是指以企业会计年度为时间单位支付薪酬。年薪制是一种国际上较为通用的支付薪酬的方式，它是以年度为考核周期，把薪酬与企业经营业绩挂钩的一种分配方式。

经营者年薪制是指以年度为单位对经营者的基本收入，并视其经营成果分档浮动支付效益年薪的工资制度。企业经营者年薪制使经营者的年薪收入与企业普通职工工资收入分离，经营者在领取应得年薪收入外，不再享受本企业内部的工资、津贴等其他工资性收入，经营者年薪收入与职工工资收入拉开档次，但年薪制不等于高薪制；经营者年薪制集中体现了责任、风险、利益的一致性，不单纯是报酬，更重要的体现为责任，特别是体现了经营者的经营风险性；经营者年薪制不是静态的，而是动态性报酬，是根据生产经营情况、企业经济效益的变化，企业经过严格考核后才能兑现，并且不是固定不变，而是一年一定。

并不是每个企业都可以实行经营者年薪制，其实施条件包括：

（1）现代企业管理制度的建立。

（2）有科学的企业绩效评估机制。

（3）理顺经营者与出资者的关系，以及经营者与企业其他员工的关系；加速完善职业经理人市场，促进经营者职业化、市场化的运行机制；创造一个宽松的宏观经济环境和公平竞争的市场，使企业业绩能够与经营者的劳动付出和经营水平紧密相连。

[①] 秦杨勇：《企业薪酬设计方法与工具》，电子工业出版社2011年版，第55页。

2. 团队薪酬制

团队薪酬是指根据团队业绩而支付给成员的报酬及非货币激励。企业应用团队薪酬时应充分考虑企业所处的发展阶段、团队的类型和规模等因素。

团队薪酬的模式包括：团队宽带薪酬模式设计（基于企业发展、资金状况、团队的类型与数量、市场薪酬水平等因素确定团队宽带薪酬体系）、自助式团队薪酬模式设计（企业可以根据一揽子的薪酬解决方案供团队选择，而团队也可以根据自己的需求、价值等因素提出自己的薪酬方案与管理层进行协商）和目标管理模式设计（设置双目标管理模式，一个是工作目标，另一个是薪酬目标，团队参与工作任务及薪酬标准制定的过程，将团队业绩、个人业绩密切与薪酬体系相联系，让团队成员明确团队工作目标在企业整体目标中的责任，了解团队薪酬在企业资金链中的构成地位，有效地起到成本控制的作用）。

企业应用团队薪酬时应充分考虑企业所处的发展阶段、团队的类型和规模等因素。

（1）企业发展阶段

企业团队薪酬受到企业生命周期阶段即发展阶段的影响。企业在经历始创期、成长期、成熟期、衰退期等不同发展阶段时，其发展目标不同，相应的组织结构、财务状况、管理制度等也会不断调整变化，对团队这种组织架构的要求也各不相同，薪酬政策自然也应符合企业不同发展阶段的要求，以实现人力资源管理的阶段性目标。

（2）团队的类型

团队类型是指在团队不同的具体任务中团队成员之间不同的互动形态。其中较具代表性的是将团队类型划分为三类：平行团队、流程团队、项目团队。

平行团队是为了完成正常组织之外的任务的团队，其成员一般是从不同部门和岗位抽调的人员构成的；流程团队是通过其成员的共同合作来承担某项工作或某个工作流程，一般具有全职性、长期性的特点；项目团队是为了开发一种新的产品或服务而组成的工作团队，其成员的来源、等级、能力和专长都有所不同，在项目期内，要求团队成员"全职"工作。

（3）团队规模

团队规模的大小，对团队薪酬的应用是否有效也有一定的影响。一般团队的理想规模应是3—7人，最多不宜超过25人。

3. 股票期权

期权计划于20世纪70年代诞生在美国，经过20年的探索，在20世纪90年代已经发展成为西方国家普遍采用的企业长期激励机制。在美国，按照是否符合《国内税务法则》有关特殊税务处理的规定，ESO分为两种类型：激励型期权和非法定股票期权。

股票期权，又称购股权计划或购股选择权，即企业赋予某类人员购进本公司一定股份的权利，是指买卖双方按事先约定的价格，在特定的时间内买进或卖出一定数量的某种股票的权利。股票期权设计，实际上就是制订股票期权赠予计划的过程。赠予计划的内容一般包括：股票期权的授予；行权；股票期权的赠予时机和数目；股票期权行权价的确定等。

ESO的授予一般每年进行一次。ESO的授予数量及授予条件由董事会薪酬委员会决定。薪酬委员会通常由3—4人组成，大多数为外部、非雇员董事。年初，薪酬委员会制定出经理的年度目标和相应的ESO授予数量。年末，薪酬委员会根据经理班子是否实现经营目标来决定授予ESO数量。

4. 期股

期股是指企业出资者同经营者协商确定股票价格，在任期内由经营者以各种方式获取适当比例的企业股份，在兑现之前，只有分红等部分权利，股票将在长期兑现的一种激励方式。期股设计，实际就是制订期股计划的过程。期股计划的内容一般包括：确定期股激励的适用范围、对象和主体；期股股份的形式方式及获取方式；期股的红利和期股的兑现；终止服务的处理；期股购买价格等。

5. 员工持股制度

员工持股制度（Employee Stock Ownership Plan，ESOP）是由企业员工拥有本企业产权的一种股份制形式。员工持股制度起源于美国。凯尔索等人设计了"员工持股计划"，实际上是把员工提供的劳动作为享有企业股权的依据。如今，以ESOP为代表的员工持股制度已越来越国际化。现在，欧、亚、拉美和非洲已有 50 多个国家推行员工持股制度。ESOP 的发展，除了政府税收和信贷上的优惠之外，还有其他原因。例如，为了招聘和挽留人才、激励员工、提高生产率等。最为典型的是微软公司。实行了 ESOP 后，员工作为公司的股东，希望这一计划发挥作用，使其股票价格上扬，以便在退休或离开公司时拿到更多的净资产。

企业内部员工股具有下面一些特点：内部员工一般不可以流通、上市、上柜、继承、赠送；内部员工持股自愿原则；内部员工股同其他股份一样同股同权同利，坚持"风险共担、利益共享"的原则。

（五）薪酬管理制度的完善与创新

1. 评价企业薪酬制度

首先要进行薪酬调查。调查前，要对调查人员和被调查者进行必要的培训。调查时，可以采用问卷调查的方式，也可以采取直接面谈的方式，还可聘请专业咨询公司进行。

其次要对调查结果进行分析。了解企业战略、组织结构和工作流程；掌握企业工资总额和有关的财务数据；明确企业薪酬制度的内容和各类员工的薪酬水平。

最后对工资方案进行评价。其中包括对工资方案管理状况的评价，对工资方案明确性的评价，对工资方案能力性的评价，对工资方案激励性的评价，对工资方案安全性的评价。

2. 薪酬制度的完善与创新

在激烈的市场竞争中，企业应当从自身的内外环境和资源条件出发，根据企业薪酬战略决策，注重人力资源管理制度的创新，不断充实和完善内部薪酬体系，保持薪酬制度的公平性和一致性，才能占领人才市场的制高点，赢得产品与服务的竞争优势。

企业要建立以岗位工资为主的基本工资制度和灵活多样的工资支付形式；实行董事会、经理层成员按职责和贡献取得报酬的方法；对科技人员实行收入激励政策，探索进行企业内部员工持股试点；积极实行技术入股，探索技术要素参与收益分配方法；可以试行劳动分红方法；加强企业内部分配基础管理工作；实行人工成本的合理约束；员工民主参与决策和监督。

第二节　锦鹏投资公司薪酬管理体系建设

一　薪酬改革背景："分红制"的由来

作为新型农村集体经济组织，锦鹏投资公司的生产力发展和城镇化水平逐步提高，不仅取得了总体环境、社会治安等方面的好成绩，还使凤凰村的经济得到健康发展，先后获得丰台文明村、北京卫生村、首都文明村等光荣称号。而与锦鹏投资公司高速发展极不匹配的却是其传统落后的利益分配机制，即一直采用的"分红制"的分配方式。

提到"分红制"的由来和渊源又要追溯到农村集体经济的"工分制"了，工分制出现在我国 20 世纪人民公社时期的生产与分配方式，农业生产一般由生产队队员组织，社员以生产队为劳动单位进行劳动并取得报酬。但农业劳动通常在广阔而分散的土地上进行，对劳动者努力程度的监督十分困难。因而，在最终产品收获之前，难以判断每一个工序的劳动质量。所以，生产队普遍采用了"工分制"作为劳动的计量和分配依据。这种"工分制"，以潜在劳动能力为依据；根据性别、年龄为每一个社员指定一个工分标准，按工作天数记录工分数，年底根据每个人的工分数折合成每分多少钱进行分配。

凤凰村历史上也曾经历过这种"工分制"的分配方式，在农村集体经济改革的过程中进行薪酬分配改革时，借鉴了"工分制"年终一起结算的分配思想而采取了现在的"分红制"，具体表现在：在锦鹏社区及公司内上到党委书记、公司董事长，下到一个居委会干事或公司普通员工，无论你是哪种职务级别，每个月只能领取 1600 元的工资，先就是先从集体组织预支的一部分收入，待到年底再进行分红。而所谓的分红，也就是将每人的年薪总额减去已经领取的工资后剩余的差额部分补齐。举例来说，一个部门经理级别的管理人员年薪 6 万元，每月预先领取 1600 元，一年共计 19200 元，年终再一次性领取剩余的 40800 元。

这里要提一下现代企业中的"分红制"概念，是指企业每年年终时，首先按比例提取一部分企业总利润构成"分红基金"，然后根据雇员的业绩状况确定分配数额，最后以红利形式发放的劳动收入。利润分享制（分红制）是对企业税后利润的一种内部再分配，是对工资和奖金的一种补充形式，更多的用于激励内部员工，留住核心骨干人才为企业效力。

想必读者已经可以很清晰地辨别出锦鹏投资公司的所谓"分红制"并不是真正意义上的享受集体经济利益给大家带来的利润分享，充其量可以算作是年薪制分月按比例领取罢了，这种分配方式只是农村集体经济体制改革过程中的一种特殊产物，一种极为传统、落后、不合理的分配方式，用锦鹏投资公司员工自己的话说就是"四不像"。

必须改！如果不按照现代企业管理的薪酬激励机制来改变，锦鹏投资公司是没有出路的！

二　薪酬管理现状调研

针对锦鹏投资公司的薪酬管理现状，管理咨询专家团队结合前期进驻时对锦鹏投资公司的五大业务板块的摸底调查做出的管理诊断报告中关于薪酬的问题，再次围绕薪酬问题做了更为细致的调查，搜集锦鹏投资公司及下属分公司提供的公司薪酬制度，各种与薪酬相关的文件、单据、工资表等资料信息，对此进行分析研究，结合与员工的访谈，初步判断现存问题，还参考财务专家对人工成本与销售成本比、人工成本与总成本比的相关数据进行核算梳理，对公司的薪酬管理问题做了更进一步的诊断，也为下一步薪酬改革方案的设计和有针对性地解决问题奠定基础。

三　问题诊断

（一）薪酬策略问题

缺乏明确的薪酬策略，不同产业、不同类型岗位缺乏明确的薪酬定位与导向。

（二）薪酬体系问题

缺乏集团薪酬体系的统一性和差异性，具体表现在同岗位不同身份员工之间，不同序列岗位之间，不同层级之间，不同行业的下属公司之间等，缺乏统一规范的薪酬体系规划、指导与支持。

（三）薪酬水平问题

缺乏内部公平性，外聘员工与拥有本社区户口的员工薪酬标准差异过大，不同层级之间缺乏合理的差距，仍然简单地以其行政级别代替薪酬级别，员工薪酬晋升通道单一，同时还存在薪酬提升天花板，缺乏外部竞争力，关键岗位的薪资水平在市场上缺乏竞争力，薪酬满意度偏低的现象，最终导致人才外流。

（四）薪酬结构问题

没有针对企业发展不同阶段、不同序列人员制定明确的有针对性的薪酬结构，激励效果大打折扣。

（五）动态调整机制问题

缺乏规范、合理的薪酬标准等级制度和薪酬调整机制，薪酬水平确定和薪酬调整没有明确的依据和标准，调整周期也不固定，有时两年，有时一年。

（六）缺乏激励性

由于缺乏对员工的绩效考核，员工的能力、水平、态度和贡献差异无法透过浮动工资得以体现，奖金发放也是一事一议，没有明确的奖励办法，对员工日常的行为缺乏导向性和激励性。

（七）薪酬发放方式传统、落后

锦鹏投资公司总部及下属10多家分子公司均采用"分红制"方式发放工资，员工对此怨言较大。

通过细致访谈和调研，有两点是让公司高层和人力资源管理者最头疼的。第一，由于锦鹏投资公司在凤凰村撤村建居后首先要安置本村村民就业，因此在锦鹏投资公司内部拥有凤凰村户口的职工占90%，而另外10%则为外聘人员，多为管理类和专业技术类人员，因此在公司内部形成了凤凰村职工和外聘人员两种不同的身份差别，如何调动凤凰村职工的工作积极性，又能以有竞争力的薪酬吸引外聘的高级管理和专业技术类人员加入公司未来发展便成为重点考虑的问题之一。第二，锦鹏投资公司对内部员工从未实施过绩效考核，如果一旦改变薪酬结构，引入绩效考核工资，加大考核力度，对现有员工将会带来怎样的冲击和影响？

四　解决方案

在充分调研的基础上，经过管理咨询专家团队和锦鹏投资公司中高层的充分研讨、论证，确定了本次薪酬改革的原则：以岗定级、以绩定奖、区别对待、分步实施。

（一）通过岗位价值评估，建立内部岗位价值体系，确定岗位所在的薪酬等级，制定以岗位为基础的薪酬体系。

（二）设计调整薪酬结构。在薪酬结构中设计绩效工资，把员工的最终收入与工作绩效挂钩，奖优罚劣，真正发挥薪酬的激励作用。

（三）区别对待内部与外部职工。由于撤村建居后社会保险等因素本村职工与外聘人员完全不同，因此对本村职工与外聘人员设计两套不同的薪酬体系，外聘人员为市场化的薪酬体系，本村职工为略低于市场的薪酬体系，作为过渡时期的薪酬策略，待公司改革平稳过渡、稳步增长后，再考虑统一纳入市场化的薪酬体系。

（四）制定统一规范的《薪酬管理制度》，确定薪酬结构、绩效工资比例、薪酬等级、动态调整原则等内容，并将工资发放方式由"分红制"调整为"月薪制"，有针对性地改变旧有薪酬管理存在的问题。

（五）薪酬体系设计考虑激励性。薪酬专家特别强调在设计薪酬体系时，应考虑到一定的激励作用，要在提高总体水平的同时，体现各个岗位之间的差距，差距范围控制在三五百元，可以考虑运用宽带薪酬。

五 薪酬体系方案设计与实施

管理咨询专家团队根据锦鹏投资公司的实际情况，将薪酬体系分为两个阶段两个部分分别进行设计，一部分在资产总额占锦鹏投资公司主导地位的地产板块——房地产开发公司开展，另一部分在社区党委、居委会、锦鹏投资公司及其他分子公司的薪酬体系设计（即采用"分红制"分配方式）开展。

第一阶段：房地产开发公司的薪酬体系设计管理咨询专家团队首先对房地产开发公司进行了岗位评价、薪酬等级、薪酬水平等一系列薪酬管理制度的改革与实施，并通过辅导培训进行内部的沟通。

（一）实施岗位评价

岗位分析与岗位评价，从来就是人力资源管理中最为基础性的工作，其中，岗位分析又是岗位评价的基础。然而这两项工作，就当今中国企业的整体状况而言，基本上是非常薄弱，甚至是严重缺失的。前期管理咨询专家团队入驻房地产开发公司后，对公司整体情况进行了详细梳理，发现公司目前的岗位设置与评价方式基本是沿袭了同行业公司参照确定的，并没有结合公司实际情况进行岗位分析与岗位评价。前期管理咨询专家团队经过充分讨论，收集各方面意见，运用多种操作工具，完成了工作分析这项基本工作，并且得到了工作分析的结果也就是岗位职责说明书。作为与岗位分析紧密相关的后续步骤，管理咨询专家团队对房地产开发公司全岗位评价，作为确定薪酬体系中岗位工资基数的基础性工作。

（二）评价的必要性分析

岗位评价是介于岗位分析和薪酬制度设计之间的一个必备环节，具体来说，岗位评价对房地产开发公司有重要意义。

1. 衡量岗位间的相对价值

岗位评价作为确定薪资结构的一个有效工具，可以清楚地衡量岗位间的相对价值。岗位评价是在工作分析的基础上，按照一定的客观衡量标准，对岗位的责任、能力要求、岗位性质与工作环境等方面进行系统的、定量的评价。

2. 确定公平合理的薪资结构

此次人力资源体系设计的目标之一是建立一种公正、平等的工资体系，从而将员工在工作中体现的能力、绩效可以在收入上给以相应的回报。目前房地产开发公司需要一种科学的方法来衡量岗位间的相对价值，从而确定一套有良好激励作用的薪资方案。

3. 奠定岗位工资制的基础

通过前期的工作发现，房地产开发公司目前无论采取何种形式的工资结构，都要包含岗位工资。这样才能更有力地强调岗位对公司的贡献。科学、合理地确立岗位工资，需要岗位评价这个有力的支持性工具，因为岗位评价可以衡量各岗位的排序和量化差异，并将之对应到各个职系中相应的职类，从而确定不同岗位间的相对价值。

4. 检验现有工资体系的合理性

进行岗位评价后，我们即可得出每个岗位的分值，可以用目前的每个岗位的工资与岗位得分进行分析，用来检验现有工资体系的合理性，为工资体系的改进提供依据。

（三）岗位评价的操作原则

1. 对事不对人。岗位评价针对的是工作岗位而不是在岗位上工作的人。

2. 一致性。所有岗位必须通过同一套评价工具进行评价。

3. 因素无重叠。岗位评价考察的各项因素，彼此间是相互独立的，各项因素都有其各自的评价范围，这些范围彼此间是不重叠的。

4. 针对性。评价因素应尽可能结合企业实际，这需要在实际评价之前，与评价人员进行充分的沟通，尽可能使各类评价因素切合公司实际。

5. 独立。参加对职位进行评价的人员必须独立地对各个职位进行评价，尽量不要互相讨论。

6. 反馈。对于各个岗位评价的结果，应该及时地进行反馈，让参与评价的人员能够及时了解对该岗位评价的情况，了解产生偏差的原因以及其他人的观点，及时调整自己的思路。

7. 保密。由于薪酬设计的敏感性，岗位评价的工作程序及评价结果在一定的时间内应该保密。当然，在完成整个薪酬制度的设计之后，职位评价的结果应该公开，使全体员工都了解自己的岗位在公司中的位置。

（四）岗位评价的准备工作

1. 确定评价岗位

为了厘清需要评价的岗位情况，管理咨询专家团队专家调阅了前期制定的岗位职责说明书和公司组织结构图，进行了详细分析论证，最终立足于现实情况与未来需求，确定进行全岗位评价，同时将未来预设的若干岗位也列入评价范围。

2. 抽取评委组

一般将参与岗位评价打分的人员称为评委组。评委组的成员在对企业，或者企业的某些部分的了解方面一定要是真正的专家。通常，这些人中的大部分都会来自管理职位，因为他们对企业的了解比较全面。结合房地产开发公司编制情况，管理咨询专家团队只抽取了对公司情况较为熟悉的公司高层和中层管理者中的部门成员，共 11 名。管理咨询专家团队进行了针对性培训，确保评价人员对各个岗位的理解更加深刻，有利于岗位评价的准确性。

3. 组建操作组

这里指的是辅助实施的人员。也可称之为操作组。操作组包括一个或者几个主持人，几个数据录入人员和几个数据分析人员。主持人最好由经验丰富的人来担任，一般都由管理咨询专家团队内专门负责岗位评价的人员来负责。主持人对于引导专家组开展工作有很重要的作用。对于数据录入人员的选择有两个要求，一是录入速度要快；二是值得信赖。数据分析人员应能及时地采用各种方法将已经获得的数据整理成可以直观地反映评价情况的形式。

（五）岗位评价方法与具体操作步骤

1. 岗位评价方法的选定

岗位评价技术自产生以来，已发展出多种办法，目前比较常用的方法有岗位排序法、岗位分类法、要素计点法等（见表5—1）。

表5—1　　　　　　　　　　岗位评价方法

方法	是否量化	评估的对象	比较方法	优点	缺点
岗位排序法	非量化	对职位整体进行评估	在职位与职位之间进行比较	简单、容易操作、省时省力	主观性大、无法准确确定相对价值、适用于小型企业
岗位分类法	非量化	对职位整体进行评估	将职位与特定的级别标准进行比较	灵活性高、可以用于大型组织	对职位等级的划分和界定存在一定的难度、无法确定相对价值
要素计点法	量化	对职位要素进行评估	在职位与职位之间进行比较	可以较准确地确定相对价值	因素的选择较困难、市场工资随时在变化

（1）岗位排序法。岗位排序法是目前国内外广泛应用的一种岗位评价方法。岗位排序法是根据一定的标准（如工作的复杂程度、对组织的贡献大小等）对各岗位的相对价值进行整体的比较，进而将岗位按照相对价值的高低排列出一个次序的岗位评价方法。

（2）岗位分类法。所谓岗位分类法就是制定出一套岗位级别标准，将岗位职责与岗位级别标准进行比对并归到各个级别中去。岗位分类法好像一个多层的书架，每一层都代表着一个等级，而每一个岗位则好像一本书。我们的目标是将这些书按不同的价值分配到书架的各个层次上去，这样，我们可以看到不同价值的岗位分布情况。岗位分类法的关键是建立一个岗位级别体系。建立岗位级别体系包括确定等级的数量和定义并描述每个等级。

（3）要素计点法是目前应用最广泛、最精确、最复杂的岗位评价方法。要素计点就是选取若干关键性的薪酬因素，并对每个因素的不同水平进行界定，同时给各个水平赋予一定的分值，这个分值也称作"点数"，然后按照这些关键的薪酬因素对岗位进行评价，得到每个岗位的总点数，以此决定岗位的薪酬水平。

管理咨询专家团队基于以下原因考虑，认为要素计点法更适用于房地产开发公司的岗位评价工作，因为：要素计点法是一种量化程度较高的岗位评价方法；对评分人员的要求不高，其操作过程通俗易懂，经过简单培训便可执行岗位评分工作；评分结果应用范围广泛，如薪酬设计、职业通道规划、构建岗位胜任模型等。

管理咨询专家团队将在前期工作分析与岗位信息准备的基础上，利用要素计点法开展岗位评价工作，具体实施步骤如下：（见图5—7）

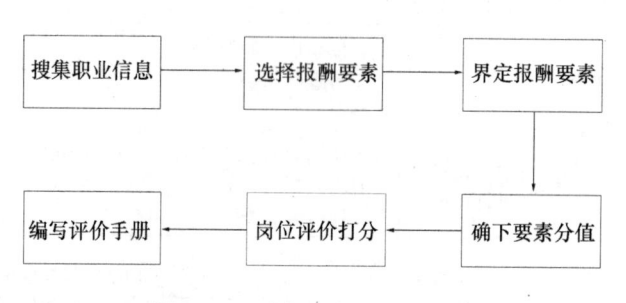

搜集职业信息 → 选择报酬要素 → 界定报酬要素 → 确下要素分值 → 岗位评价打分 → 编写评价手册

图5—7　要素计点法实施步骤

2. 岗位价值评估要素确定

针对房地产开发公司的实际情况，我们综合了华信惠悦因素分析法和翰威特因素分析法，选取能力与经验、工作影响力、工作独立性、沟通技巧、工作控制、思维要求、工作条件七个因素。

要素一：胜任能力。该要素旨在评估通过各种途径所获得的所有必备"技术"，从而更加有效地完成工作任务。由于那些合格员工们的背景之间往往存在着显著差异，经验、固有技能或通过培训而获得的技能以及正规知识均被视为促成个人工作能力的潜在因素。我们将其分为管理能力、专业技能、团队协作性、语言表达能力和计算机操作能力。

要素二：经验学历。工作经验和学历要求，是履行岗位职责的必备要素。从广义上讲，经验学历都可以算作胜任能力的一个组成部分。管理咨询专家团队建议将经验学历作为独立要素使用，已经考虑到房地产开发公司人才队伍建设的实际需求和可持续发展的要求。

要素三：工作性质。包括：一是工作影响力，旨在明确具体行为对实现组织、经营单位或部门目标并最终促成企业成功的潜在影响。二是工作独立性，是指被评估职位在工作问题决策的独立性，主要是考虑到这种决策受到多大程度的约束。这种决策的独立性不仅是管理决策，还包括技术决策。

要素四：有效沟通。该要素旨在定性评估该职位所需具备的人际关系处理技能。同时评估该职位与组织内外的其他人员进行交往时所需的协调与社交技巧的程度。此外，该要素可用于评估履行工作职责与义务所需的沟通水准。

要素五：决策要求。包括思维要求和决策性质两个分项指标。前者是指工作思维复杂度的要求，简单的思维分析要求得分低，反之较高。后者是指决策影响的范围和重要性。

要素六：培养责任。考虑到房地产开发公司后备人才培养中存在的问题和不足，管理咨询专家团队将培养责任列为独立的评价要素，目的是衡量岗位职责中传帮带和人才培养的重要性，以期形成良好的人才培养氛围和导向。

要素七：工作环境。该要素旨在分析可预计的正常工作环境下的精神压力状况。该要素评估由外部所施加的最后期限对此职位所开展的活动的控制力度，即，任职人员所无法影响或控制的工作干扰、工作重点转移及无法确切预计的工作量。

3. 各因素分级与点数确定

为便于统计，将岗位价值评估的总点数定为 1000 分。同时请选定的评估委员会用"德尔菲专家评定法"评出每个因素所占的比重，并进行统计，算出各个因素所占比重的均分，即所占的最终比例，求出对应的点数。由于公司正处于快速发展阶段，因此在知识与技能、影响责任以及解决问题/制定决策方面比较注重，因此在权重上给予更多的分值，因此各因素所对应的权重分数分别为 240、100、140、160、180、80、100。

将各要素的定义及其内部层级相结合，便构成了公司的职位评估框架（见表5—2）。

表 5—2 职位评估框架表

因素	胜任能力	经验学历	工作性质	有效沟通	决策要求	培养责任	工作条件
权重	24%	10%	14%	16%	18%	8%	10%
分数	240	100	140	160	180	80	100

在此基础上,形成如下岗位要素评价明细表(见表 5—3)。

表 5—3 岗位要素评价明细表

评价要素	要素指标（点数）	分项点数	等级标准
胜任能力	管理能力（60）	0	A：不督导任何人
		15	B：需要管理督导 3 人以下一般工作人员
		30	C：需要管理督导 3—10 名一般工作人员或 2 名以上基层管理人员
		45	D：需要管理督导 3 个以上基层管理人员或中层管理人员
		60	E：需要管理督导中层管理人员或高层管理人员
	专业技能（50）	10	A：需要掌握一套固定操作步骤,无特定专业知识要求
		20	B：需要掌握特定专业知识与技能,还会涉及其他领域技能
		30	C：需要熟练运用特定专业知识与技能,并经常涉及运用其他领域技能
		40	D：知识要求全面,并熟练运用于多个领域
		50	E：需要相当的专业研究深度,把深层次技术及学术理论配合及运用
	团队协作性（40）	0	A：单打独斗,从来不需要考虑团队协作来完成任务
		10	B：偶尔需要团队协作来完成任务
		20	C：在本职范围内需要团队协作来完成任务
		30	D：需要跨职能部门的团队协作来完成任务
		40	E：需要在全公司范围内进行经常性团队协作来完成任务
	语言表达能力（50）	10	A：偶尔需要运用汉语写作能力
		20	B：需要运用汉语撰写一般行政文件
		30	C：需要较熟练运用汉语语言文字能力撰写文件、部门总结等
		40	D：需要熟练运用汉语语言文字能力撰写制度文件、研究或论证报告,或者需要使用外语
		50	E：需要非常熟练运用汉语语言文字能力撰写制度文件、综合性研究论证报告、合同或法律条文,或者需要经常使用外语

续表

评价要素	要素指标（点数）	分项点数	等级标准
胜任能力	计算机操作能力（40）	0	A：一般不需要具备计算机操作能力
		10	B：需要具备简单的计算机操作能力
		20	C：需要具备常用的计算机操作能力
		30	D：需要具备熟练的计算机操作能力
		40	E：需要具备开发计算机程序或软件的能力
经验学历	经验要求（50）	10	A：经过简单培训即可上岗
		20	B：半年到一年工作经验
		30	C：一年到三年工作经验
		40	D：三年到五年工作经验
		50	E：五年以上工作经验
	最低学历要求（50）	10	A：大学专科以下
		20	B：大学专科
		30	C：大学本科
		40	D：硕士
		50	E：博士
工作性质	工作影响力（70）	0	一等：工作本身影响面小，自己工作的好坏几乎不直接影响其他人的工作
		10	二等：工作活动带有标准化程序作业的形式，其工作不完成会影响其他人工作进度
		30	三等：需处理变化的情形及问题，影响本职能部门的整体工作
		50	四等：工作本身影响到各职能部门之间的配合
		70	五等：影响整个公司的运作
	工作独立性（70）	0	一等：独立性差，几乎所有问题都需要报告上级
		10	二等：需要一定的独立处理甚至指导他人，但一般问题基本都要上报处理
		30	三等：权限范围内有一般决定权，但受上级监控力度较大
		50	四等：具有基于制度规定下的重要决策权限，在执行过程中具有独立性
		70	五等：制定公司的整体政策，基本不受上级控制，独立性较大

续表

评价要素	要素指标（点数）	分项点数	等级标准
有效沟通	企业内部（90）	50	A：内部沟通对象基本不出部门，内容也比较简单
		60	B：内部沟通对象较多，但内容较为简单
		70	C：沟通对象多且内容复杂
		80	D：沟通对象多且内容复杂，需要引导、说服别人，或在专业上提出意见
		90	E：需要汇总、整合内部各种不同意见，在此基础上果断有效地处理重大内部问题
	企业外部（70）	0	A：工作基本没有外部接触
		10	B：有一定外部联系，但频率不高、内容简单
		30	C：外部联系多且频繁，内容有一定复杂性，但联系对象固定
		50	D：以对外联络为主，需要主动联系不同对象，但内容和性质较为固定
		70	E：外部联系对象多且频繁，能够代表需要较高的技巧
决策要求	思维要求（90）	10	A：按照简单现成的方法思考并处理数据
		30	B：选择方法对信息进行重新加工处理
		50	C：不仅要重新组织数据，还要运用不确定的分析方法得出逻辑性的结论
		70	D：经常需要逻辑思维能力和方法进行创新与发展
		90	E：提供理论、方法或手段，解决公司难题并获得公认
	决策性质（90）	10	A：自动性决策——在工作中仅仅执行指示或指令
		30	B：日常性决策——主要是执行，但要选择完成工作的方式
		50	C：解释性决策——在本部门限定的范围内理解和开展工作
		70	D：规划性决策——在职能部门内决策重要的规划，并且执行与企业战略、政策相符的行动方案和纲要
		90	E：政策性决策——作出用以影响公司运营和发展的大政方针
培养责任		0	A：不负有培养其他员工的责任
		20	B：对3名以下一般工作人员负有培养责任
		40	C：对3—7名一般工作人员或1名以上基层管理人员负有培养责任
		60	D：对7名以上员工或3名以上基层管理人员或中层管理人员负有培养责任
		80	E：对半数以上员工或基层以上管理人员负有培养责任

第五章 薪酬管理体系建设

续表

评价要素	要素指标（点数）	分项点数	等级标准
工作条件	工作负荷（40）	0	A：按正常时间上下班
		10	B：偶尔需要早到或加班
		20	C：每周都需要加班，但可以自行安排或预先知道
		30	D：每周加班3天以上，且多数情况下无法自行安排或提前知道
		40	E：经常性加班，且无法自行安排或提前知道
	工作环境（30）	10	A：非常舒适，没有不良感觉
		15	B：不舒适时间占到全部工作时间的15%—25%
		20	C：不舒适时间占到全部工作时间的26%—50%
		25	D：不舒适时间占到全部工作时间的51%以上
		30	E：极不舒适时间占到全部工作时间的51%以上
	危险性或职业病（30）	10	A：没有危险性，也不大可能造成职业病
		15	B：可能造成轻微伤或可能造成轻微职业病，但不至于影响正常生活和工作
		20	C：可能造成不致损害劳动能力的重伤
		25	D：可能造成损害劳动能力的重伤或可能造成严重职业病，会影响正常的生活和工作
		30	E：可能造成死亡或引发死亡的职业病

4. 岗位要素评价打分

管理咨询专家团队从公司中层以上管理者中抽取11名评估委员会委员，召开了公司岗位评价会。在管理咨询专家团队进行辅导培训的基础上，组织评委对公司全部岗位进行了逐一评价打分（见表5—4）。

表5—4　　　　　　　　　岗位评价样表

序号	评价要素	要素指标	董事长	总经理	运营副总	工程副总	营销副总	……
1	胜任能力	管理能力						
		专业技能						
		团队协作性						
		语言表达能力						
		计算机操作能力						

续表

序号	评价要素	要素指标	董事长	总经理	运营副总	工程副总	营销副总	……
2	经验学历	经验要求						
		最低学历要求						
3	工作性质	工作影响力						
		工作独立性						
4	有效沟通	企业内部						
		企业外部						
5	决策要求	思维要求						
		决策性质						
6	培养责任							
7	工作条件	工作负荷						
		工作环境						
		危险性或职业病						

5. 评估过程步骤及要求

（1）接收评估文件

每位评委将收到两份文件：岗位评估打分表；岗位评价要素权重及要素指标明细表。

（2）分岗位打分

评委需比照岗位评价要素权重及要素指标明细表，依次将每个岗位、每个要素的得分填入对应栏目内，做到对应准备，打分完整。岗位评价对岗不对人，评委应全面考虑岗位的实际情况，而不是考虑目前在岗人员的情况。岗位打分的过程是评委们对岗位评估因素的认知过程，因此每个标杆岗位的每一因素都应仔细评价。主要应考虑：均值和差距是否合理、是否体现岗位激励。对于任何岗位的评分结果，评估组成员对于明显有偏差的地方可以现场提出，经充分讨论后可重新进行评估打分。

并不是每个因素都分成若干个子因素，但每个因素或子因素的评分标准分为五个等级。在为每个子因素打分的时候，应先选定合适的档级，然后打分。该分数应大于低一档级的分数，小于或等于本档级的最高分。将所有因素打分相加即为总得分。

参加岗位评定的委员必须独立地对各个职位进行评价,不要互相协商,有疑问应向主持人和管理咨询专家团队人员咨询。打分时间约为40分钟。

第一张表评委打完之后进行校对,考虑到适应情况要有个过程,管理咨询专家团队提前准备相关备份表格,以便评委必要时换表重打。

岗位评价的结果将直接作为确定岗位工资的基本依据,明确要求评委应该本着对公司发展负责的态度,认真履行评价职责。

(3) 结果提交

打分结束后,评委将签名后的"岗位评价表"放在本人面前,由管理咨询专家团队人员统一收回。为消除评价过程中的不确定因素,管理咨询专家团队统计完分数时,将采取去掉一个最高分和最低分等方法予以校正。

6. 岗位评价结果

为减少岗位评估过程中的偏差,经过管理咨询专家团队分析并与公司领导沟通,组织11名评委对46个岗位先后打了3轮次,并根据实际情况并从专业角度对打分结果进行了适当修正,在此过程中根据公司领导建议增加1个预设岗位(前期部职员)对比测算打分,并将最终结果提交公司领导层进行审核,最后确定的各岗位得分排序表(见表5—5)。

表5—5　　　　　　　　各岗位得分排序表

序号	评价岗位	平均分(除最高分、最低分)
01	董事长	841.11
02	总经理	818.33
03	运营副总经理	657.56
04	工程副总经理	646.78
05	营销副总经理	633.5
06	预算部经理	559.44
07	前期部经理	557.78
08	研发部经理	556.67
09	工程部经理	548.89
10	……	……
总分数		20328

(六) 岗位评价结果运用

为了使最终的要素评价得分能和岗位工资直接挂钩，必须首先确定薪酬总额规模，在此基础上得出单位要素得分对应的工资水平，并推算出每个岗位的工资基数。

1. 确定岗位工资比例

基于调和型薪酬模式，管理咨询专家团队为公司设计的薪酬体系由三部分组成：一是固定工资，包括岗位工资和补充工资（技能工资、学历工资、加班工资、工龄工资）；二是浮动工资，包括绩效工资和总经理即时奖励；三是津贴福利。所有人员的薪酬模块构成按照岗位工资：基本工资：技能工资：绩效工资：福利津贴 = 30%：10%：10%：40%：10%的比例执行。

2. 确定薪酬规模

为提高薪酬体系竞争力，更好地保留和吸引人才，公司平均薪酬水平应逐步向市场平均水平靠拢。考虑到公司的实际发展情况，建议以当前市场25分位水平作为目标，每年总薪酬水平提高约10%，争取三年内达到目前的市场25分位工资水平。根据公司提供的相关数据，计算出2012年公司实际薪酬规模。首次调整后的实际薪酬规模计划设定为：2012年度薪酬规模 + 2012年度薪酬规模 × 10% = 2013年度薪酬规模。

3. 确定单位要素得分对应月岗位工资水平

根据单位要素计点分值，可以测算单位分值对应的月岗位工资基数：薪酬总额 × 岗位工资比例 ÷ 12（月）÷ 要素计点总分

4. 确定各岗位对应的月岗位工资基数

由各岗位得分乘以单位要素得分对应月岗位工资水平，即得各岗位对应的月岗位工资基数（见表5—6）。

表5—6 各岗位工资基数表

序号	评价岗位	得分	岗位工资基数（元）
01	董事长	841.11	薪酬总额 × 岗位工资比例 ÷ 12（月）÷ 841.11
02	总经理	818.33	薪酬总额 × 岗位工资比例 ÷ 12（月）÷ 818.33
03	运营副总经理	657.56	薪酬总额 × 岗位工资比例 ÷ 12（月）÷ 657.56

续表

序号	评价岗位	得分	岗位工资基数（元）
04	工程副总经理	646.78	薪酬总额×岗位工资比例÷12（月）÷646.78
05	营销副总经理	633.5	薪酬总额×岗位工资比例÷12（月）÷633.5
06	预算部经理	559.44	薪酬总额×岗位工资比例÷12（月）÷559.44
07	前期部经理	557.78	薪酬总额×岗位工资比例÷12（月）÷557.78
08	研发部经理	556.67	薪酬总额×岗位工资比例÷12（月）÷556.67
09	工程部经理	548.89	薪酬总额×岗位工资比例÷12（月）÷548.89
10	……	……	……

注：岗位工资基数四舍五入取整数。

（七）岗位工资和基本工资对照表

1. 岗位工资等差

为了适应岗位工资的变动调整，更好体现岗位工资的激励性和灵活性，管理咨询专家团队吸收借鉴了宽带薪酬的理念，以岗位工资基数为依据，每个岗位薪等设5个浮动薪级。首次调整工资时，建议公司选择岗位工资基数（即薪级中位数）作为套改标准，也可以视情况选择其他档次作为套改标准（见图5—8）。

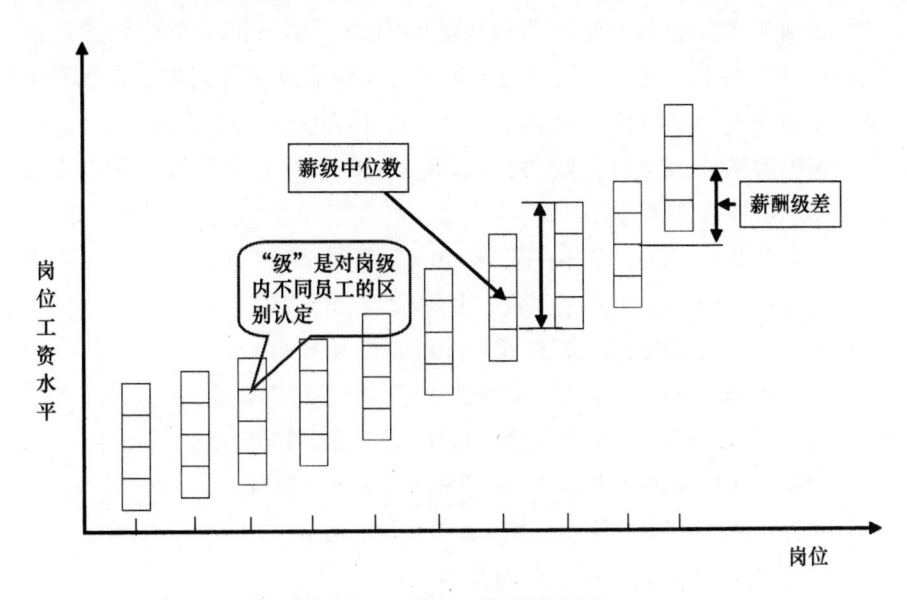

图5—8 岗位工资等级差图

其中的岗级：依据岗位评价结果确定的岗位职级；薪级中位数：与岗级对应的标准基准工资水平；薪级级差：相邻两个薪级之间的工资水平差距。

为了体现不同岗位的激励效果，根据要素计点法得分结果，以200—900分为七个薪等，每个薪等对应四个薪级，且每个薪等内设不同的薪级级差（见表5—7）。

表5—7　　　　　　　　　薪级级差表

职等	得分范围	薪等	岗级级差（元）
一等	200—300	一等	50
二等	301—400	二等	100
三等	401—500	三等	150
四等	501—600	四等	200
五等	601—700	五等	250
六等	701—800	六等	300
七等	801—900	七等	350

2. 基本工资水平确定

如前所述，基本工资占薪酬总额的10%，则该部分单位要素计点法对应的月基本工资单位水平为：单位要素得分对应月岗位工资水平×基本工资与岗位工资模块比6.7元×（10%∶30%）＝2.2元。

根据要素计点法得分结果，以200—900分为七个等级，并以中位值确定该等基本工资水平：

一等：200—300，基本工资＝250×2.2元＝550元；

二等：301—400，基本工资＝350×2.2元＝770元；

三等：401—500，基本工资＝450×2.2元＝990元；

四等：501—600，基本工资＝550×2.2元＝1210元；

五等：601—700，基本工资＝650×2.2元＝1430元；

六等：701—800，基本工资＝750×2.2元＝1650元；

七等：801—900，基本工资＝850×2.2元＝1870元。

3. 各岗位对应的岗位工资与基本工资

综合以上计算方法，可以得到公司所有岗位对应的岗位工资和基本工资（见表5—8）。

表5—8　　　　　　各岗位对应的岗位工资与基本工资表

岗位	岗位工资薪等	岗位薪级工资					岗级级差	基本工资（元）
		1	2	3	4	5		
董事长	7	4935	5285	5635	5985	6335	350	1870
总经理	7	4783	5133	5483	5833	6183	350	1870
运营副总经理	5	4580	4830	5080	5330	5580	250	1430
工程副总经理	5	3906	4156	4406	4656	4906	250	1430
营销副总经理	5	3744	3994	4244	4494	4744	250	1430
预算部经理	4	3348	3548	3748	3948	4148	200	1210
前期部经理	4	3337	3537	3737	3937	4137	200	1210
研发部经理	4	3330	3530	3730	3930	4130	200	1210
工程部经理	4	3278	3478	3678	3878	4078	200	1210
营销部经理	4	3240	3440	3640	3840	4040	200	1210
……	……	……	……	……	……	……	……	……

至此，管理咨询专家团队完成了房地产开发公司的薪酬体系设计，并在随后薪酬体系执行的过程中又给予了指导和调整，取得了良好的效果。

第二阶段：社区党委、居委会、锦鹏投资公司及其他分子公司的薪酬体系设计。管理咨询专家团队在完成房地产开发公司的薪酬体系设计之后，便将视角转向更为复杂的另一部分即社区党委、居委会、锦鹏投资公司及其他分子公司的薪酬体系设计。并通过《薪酬管理制度》确定薪酬体系、薪酬结构、薪酬等级、调整原则、薪酬核算与发放等内容，对旧有的不合理的薪酬制度做了大幅度调整和改变。

（一）制定薪酬体系

将社区党委、居委会和锦鹏投资公司全部纳入统一薪酬体系中，根据各单位各岗位的性质和工作特点，将所有职位分为管理和员工两个职系（见表5—9）。

表5—9　　　　　　　　　　职位职系

管理职系	集团公司高层和中层管理人员、分子公司总经理和副总经理
员工职系	管理职系之外员工

（二）制定薪酬结构（见图5—9）

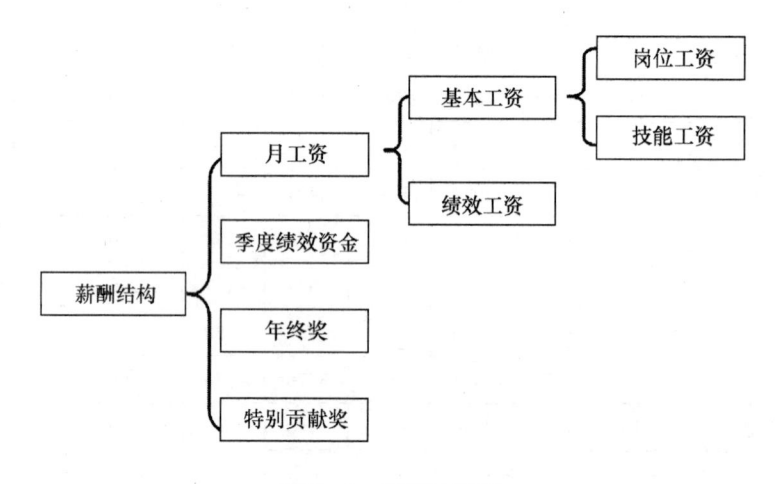

图5—9　薪酬结构图

1. 月工资组成

根据员工在任职岗位上体现的职位价值和工作技能完成所规定的工作，每月所获得的工资收入。（月工资＝基本工资＋绩效工资）

（1）基本工资

根据公司经济发展、社区管理、矛盾协调及重大事项的贡献，并参照同行业工资标准及消费水平等条件，确定员工的基本工资级别和水平；并在员工任职岗位上体现的岗位价值和技能水平所完成的工作，每月获得的基本工资收入。（基本工资＝岗位工资＋技能工资）

（2）岗位工资

根据员工在任职岗位上所体现的职位价值、工作技能贡献，并全面优秀合格完成所规定的职责，获得的岗位工资收入。

（3）技能工资

根据员工在任职期间所体现的职称、岗位技能等资格水平所获得的技能工资收入。

(4) 绩效工资

以公司整体营利状况、绩效结果为依据，以不同岗位员工的个人综合工作表现、目标完成情况、管理水平、行为、态度、结果为基础，进行月度绩效考核结果评估，除基本工资外所发放的工资。（绩效工资 = 月工资×绩效比例）（见表5—10）。

表5—10　　　　　　　　绩效工资比例对照表

职系	职级	基本工资：绩效工资	绩效比例
管理职系	总经理	6:4	40%
	副总经理	6:4	40%
	经理（销售业务类）	6:4	40%
	经理（非销售业务类）	7:3	30%
员工职系	经理级以下员工（销售业务类）	7:3	30%
	经理级以下员工（非销售业务类）	8:2	20%

2. 季度绩效奖金

季度绩效奖金：以每季度的绩效考核平均分值为依据，除月工资外所发放的绩效奖金。季度、年度绩效奖金按以下系数计算（见表5—11）。

表5—11　　　　　　　　　绩效系数参照

等级	评定等级	评定标准分值	评定绩效系数
优秀（不超过总人数的10%）	A	95—100分	1.15
良好（不超过总人数的20%）	B	90—94分	1.10
中	C	80—89分	1.00
合格	D	60—79分	0.95
不合格	E	60分以下	0.90

3. 年终奖

根据集团公司整体经营状况、绩效结果，所有部门和单位进行年度为一周期所发放的年终奖金（见表5—12）。

表 5—12　　　　　　　　不享受年终奖表

时间	不享受年终奖范围
离职后	12 月 31 日前离职人员
月度内	1. 月度内旷工 1 天（含 1 天）以上者；年度旷工超过 2 天以上者 2. 月度发放通报批评 1 次以上者 3. 年度事假超过 1 个月以上者

4. 特别贡献奖

由党委决议通过后，对个别员工或团体部门、单位特别嘉奖所发放的相应奖金。可经党政企管理层一致认可，所做的业绩指标提前或超额完成，做出实际的重大贡献并符合公司价值观，零投诉并获内外部客户、当地村民公开表扬信函，由党委决议一致通过后，公开进行统一发放的表扬信（通过公开书面表扬通知或信函方式）。

5. 其他规定

（1）公司每年在 2 月、3 月进行一次薪资调整，根据经营状况和年度考核结果，进行级别、薪资的调整，予以不同奖励。

（2）公司对司机、保安等特殊岗位，可进行相应补贴。

（三）调整薪酬发放方式

将工资发放方式由"分红制"调整为"月薪制"，彻底改变旧有薪酬管理存在的问题和弊端。

薪酬改革方案设计完成后，征得党委和公司同意，很快就得到了实施，和绩效考核管理体系同步实施，真正起到了正向的激励作用，员工的薪酬水平也得到了大幅度的提升，员工满意度也大大增强，但任何改革都不可能一步到位，锦鹏投资公司的薪酬管理同样需要循序渐进，才能既尊重历史，又考虑现实，将现代管理逐步融入新型社区集体经济组织这一特殊组织中来。因此，虽然管理咨询专家团队将社区党委、居委会和公司统一纳入一个薪酬体系中来，由于撤村建居后社会保险等因素导致本村职工与外聘人员完全不同，因此对本村职工与外聘人员设计两套不同的薪酬体系，外聘人员为市场化的薪酬体系，本村职工为略低于市场的薪酬体系，作为过渡时期的薪酬策略，待公司改革平稳过渡、稳步增长后，再考虑统一纳入市场化的薪酬体系。

第六章 财务管理体系建设

第一节 财务管理概述

一 企业财务管理概述

（一）财务管理的产生与发展

1. 财务管理的萌芽时期

15—16世纪，意大利出现了财务管理的萌芽。此时在意大利出现了类似于基金的商业组织，它们的运作方式是邀请公众入股，筹集资金后从事商业经营。随后围绕基金管理出现了红利分配和股本回收的活动，产生了最早的财务管理活动。17世纪初到18世纪末，随着资本的原始积累，金融信贷行业的兴起，企业生产规模的扩大，股份公司迅速发展，并成为一种典型的经济组织形态。19世纪末20世纪初，各种各样的证券开始在市场上发行和流通，各公司适应新的经济活动成立了财务管理部门，此时公司财务管理作为一项独立的职能，开始从企业管理中分离出来，形成了专业化的财务管理。

2. 传统财务管理阶段

19世纪末20世纪初是传统财务管理阶段，也称为筹资阶段。此时西方国家的资本市场渐趋壮大，随着股份公司的发展，各公司纷纷面临如何筹集资金扩大生产经营的问题，加之此时市场上的投资银行、商业银行、储蓄银行和保险公司等中介机构的迅速发展，公司财务管理的焦点是企业的资金来源、企业的筹资方式以及与公司成立、兼并及证券发行有关的法律事务。

3. 内部管理阶段

20世纪30年代，西方国家出现了严重的经济危机，企业资金周转困难，支付能力下降，企业面临诸多挑战，此时企业的财务管理从筹集资金向如何运用好、管理好企业资金转变，企业内部的资本预算、资金决策和控制成为财务管理的重点。

4. 投资管理阶段

第二次世界大战之后，西方国家经济迅速恢复，企业逐渐向国外发展，跨国公司纷纷建立，同时资金运用日趋复杂，市场竞争加剧，通货膨胀和紧缩时常发生，利率频繁波动等，这些都给企业投资带来了巨大的风险。在企业财务管理中，投资管理不断得到重视。20 世纪 60—70 年代，资本结构理论的发展标志着财务管理进入一个崭新的发展阶段，财务管理理论得到了很大的发展。20 世纪 80 年代，财务管理开始侧重于不确定性条件下企业资产定价方面的问题。

5. 新时期的发展阶段

20 世纪 90 年代以来，经济全球化的进程引起了财务管理的重大发展，财务管理的投融资技术和方法日趋多样化和复杂化，更加重视国际政策、汇率变动和投资风险等。

进入 21 世纪，随着计算机、互联网、电子商务技术的发展以及经济一体化进程的推进，财务管理有了更新的突破。互联网和电子商务等的运用极大地提高了公司和消费者的效率，改变了公司的经营模式和居民的消费形式，同时企业也面临着更激烈的竞争和风险，此时，财务管理的重点是如何在新形势下规避风险，防范外汇风险和通胀问题。

（二）企业财务管理的含义

企业财务管理是组织企业财务活动，处理企业财务关系的一项经济管理工作，对企业的发展具有重大作用。从广义上说，企业财务管理是企业根据发展需要，制定相应的财务管理目标，运用财务管理的方法和原则实现企业目标以及价值增值的管理活动。具体来说，企业财务管理是企业获得资金和有效使用资金的管理活动，是对企业资金供需的预测、组织、协调、分析、控制，核心是企业的资金。随着企业再生产过程的不断发展，企业资金处于高速的流动中，企业财务管理地位越来越凸显。

企业财务管理是对企业财务方面各种活动以及各部门财务关系的管理，是对企业资金的管理。在企业的生产经营过程中，实物商品或服务在不断变化，它们的价值形态也不断发生变化，由一种形态转变为另一种形态，这样就形成了企业的资金运动，企业的资金运动构成生产经营活动中的一个重要方面,这就是企业的财务活动,而企业的财务活动与各方面的经济利益关系密切。

1. 企业财务活动

企业财务活动包括投资、筹资活动以及资金的营运和分配活动。

企业投资活动是组织企业生产经营的基础,是指企业根据项目资金需要投出资金的行为。投资活动可以分为对外投资和内部投资,即投资购买其他公司的股票、债券,与其他企业联营,投资外部项目以及对内购置固定资产、流动资产等;投资活动也可以分为长期投资和短期投资。企业投资活动对企业的经营具有根本性的影响,所以企业投资决策的制定需要慎重。投资需要考虑投资规模、投资方式、方向以及投资结构等。

企业筹资活动是企业进行投资的前提,是为了满足企业发展需要而筹集资金的行为。企业筹集的资金可分成两大部分,一是企业权益资金,即通过吸收直接投资,发行股票,内部留存收益等方式取得;二是企业债务资金,即通过向银行借款,发行债券,融资租赁等方式取得。企业筹资活动需要根据公司发展的需要预测筹资规模,保证投资所需的充足资金,另外还要确定合理的筹资渠道和方式,选择有效的筹资结构以应对筹资风险。

企业营运活动是指企业在日常的生产经营中发生的一系列资金收付行为。企业需要采购原材料,从事生产和销售活动,同时还要支付工资和其他管理费用等;除此之外,企业通过销售商品获得收益,收回资金;如果企业资金不能满足日常经营的需要,即周转不开,企业还需要筹措资金,这些都是企业资金的营运。企业财务管理的内容就是加速资金周转,提高资金使用效率。

企业分配活动是指企业利润的分配。企业首先要依法纳税,其次要弥补亏损,提取公积金和公益金,最后企业还需要向投资者支付利润。企业需要依据法律的有关规定,合理确定分配规模和分配方式,确保企业获得最大的长期效益。

2. 企业财务关系

企业财务关系是指企业在组织财务活动过程中与各有关方面发生的经济关系。财务管理需要正确处理和协调财务关系。

财务关系包括:①企业与投资者之间的财务关系,即企业投资者向企业投入资金，企业向投资者支付投资报酬的经济关系；②企业与债权人之间的财务关系，即企业向债权人借入资金，并按照合同规定支付利息和归还本金的经济关系；③企业与受资者之间的财务关系，即企业以购买股票或直接投资的形式向其他公司投资所形成的经济关系；④企业与债务人之间的财务关系，即企业将其资金以购买债券、提供借款或商业信用等形式出借给其他企业所形成的经济关系；⑤企业与客户之间的财务关系，即企业购买供货商的商品或原材料，向消费者销售商品或提供服务所形成的经济关系；⑥企业与政府之间的财务关系，即政府通过向企业收缴各种税款所形成的经济关系；⑦企业各部门之间的财务关系，即企业各部门在日常生产经营活动中相互提供产品和劳务所形成的经济关系；⑧企业与职工之间的财务关系，即企业向职工支付报酬所形成的经济关系。

二　企业财务管理的价值理念

财务管理的价值理念贯穿于财务管理的整个体系，是企业财务管理预测、分析、决策的基础，主要包括：货币时间价值、风险报酬、利率与通胀以及现金流转。

（一）货币时间价值

货币时间价值理念是财务管理最基本的理念，财务管理活动是围绕着资金的运动而开展的，在一个理想化的完美资本市场中，资金在资本市场中会不断升值，即资金会随着时间的延续而不断增值，这就是货币的时间价值，也是资金的时间价值。现在的一元钱不如将来的一元钱有价值，树立起这样的价值理念，可以帮助人们更好地管理资金，减少资金浪费，提高财务管理的效率和效益。

（二）风险报酬

俗话说风险越高报酬越高。企业的任何投资都会有风险，不同活动投资的风险和收益是不相同的，财务管理需要把握风险报酬中的机遇，做好风险与收益博弈中的均衡决策，更好地发挥财务管理的作用。

（三）利率与通胀

利率的变动会影响企业的投融资决策。在当今经济全球化和一体化的进程中，资金流动更加频繁，利率的波动更加无法捉摸，利率对财务管理的影响越来越大；另外，通货膨胀会使物价上涨，影响到企业的采

第六章 财务管理体系建设

购成本、人工成本和运营成本等，给企业财务带来一定的压力，也成为财务管理的一个方面。

（四）现金流

企业的现金流对企业的运作至关重要。企业的现金流不仅能保证企业的正常运转，还可以通过自身增值来提升企业的价值。在财务管理中，必须保证企业的现金流量足以偿还债务和购置为其经营目标所需要的资产，现金流量的充足与否将影响到公司的发展。

三 企业财务管理的环境分析

企业财务管理的环境是指对企业财务活动和财务管理产生影响的内外环境的总称。企业的运行必然在一定的环境下进行，企业财务管理的投资活动、筹资活动、资金运营和分配活动必然受到环境的影响；企业成本高低、利润的大小以及资金需求量的多少也受到环境的影响；企业的兼并、破产与重组同环境的变化更是有着千丝万缕的关系。企业财务管理的环境主要包括经济环境、法律环境和社会文化环境三个方面。

（一）经济环境

经济环境是影响企业财务管理的最重要的环境，其内容十分广泛，包括经济体制、金融体系、经济周期、经济发展水平、宏观经济政策及通胀水平等。

1. 经济体制

经济体制是指一国经济结构和组织管理活动的方式、组织形式与机构的总称。计划经济体制下，国家统筹企业资本，企业没有独立的理财权力，仅仅是一个核算单位，企业财务管理活动内容单一，方式简单。我国现行的经济体制是社会主义市场经济体制，企业面对市场从事一切生产经营活动，自负盈亏，不断增强市场竞争力，企业拥有自主筹资投资的权力。企业财务管理内容丰富，形式多样，包括科学合理地寻找运用资本，最大限度地降低企业资源消耗。

2. 金融体系

金融体系是指由金融市场、金融机构、金融工具以及资金供应者和需求者所构成的资金集中与分配系统。

金融市场是指资金供应者和需求者双方通过各种金融工具融通资金的场所，金融市场的环境正是基于金融市场的特定规则而构筑的财务环境。根据不同的分类标准可以将金融市场划分成不同的类型，按照融资期限可以分为短期货币市场和长期资本市场；按照证券发行和流通可以分为一级市场和二级市场；按照交易方式可划分为现货市场、期货市场和期权市场；按照交易区域可划分为国际市场、国内市场和地区市场；按照交易种类可划分为资金市场、外汇市场和黄金市场等。

金融机构是指专门从事金融产品交易或货币信用活动的中介组织。我国主要的金融机构可以分成银行类和非银行类。前者包括中央银行、商业银行、政策性银行。央行主要制定、执行和监督相关金融政策及其完成情况，维护金融市场的稳定，防范金融风险；商业银行主要以盈利为目的，办理各种存款，发放贷款或者转账结算业务；政策性银行是指贯彻、执行、配合国家的政策，为国家经济发展、宏观调控、社会进步开展政策性金融活动的机构。我国的非银行性金融机构主要包括保险公司、证券公司、农村信用合作社以及典当行等。

金融工具是资金供应者将资金转移给资金需求者的凭据和证明，如各种票据、证券等。不同金融工具具有不同的资金市场，具有不同的法律效力和流通功能，企业必须选择适合自身的金融工具。

金融市场直接制约着企业的投资和融资活动，同时也可以防范和分散企业风险。企业运用金融工具在各种金融交易场所或者金融机构进行资金交易，最后形成市场上的各种交易参数，如证券价格、证券指数、市场利率等，这些都对企业的财务活动具有一定的影响，同时，企业如果充分利用金融工具，选择合理的金融交易参数进行投资，可以分散企业的投资风险，获得更多的企业利润。

3. 经济周期

经济周期是指社会经济增长规律性地交替出现高速、低速、停滞，有时甚至负增长的几个发展阶段。面对企业不同的发展阶段，理财过程中需要采取不同的财务策略，以便更好地促进企业的长远发展。

4. 经济发展水平

企业财务管理的发展与经济发展水平是密切相关的，两者呈现强烈的正相关关系，经济发展水平越高，财务管理水平越好。财务管理水平的提高将推动企业成本的降低、效率的改进、效益的提高，促进经济水平的提高；反之，经济发展水平的加快，将改变企业的发展战略、财务理念、管理模式以及管理手段，从而促进企业财务管理水平的提高。财务管理应当以经济发展水平为基础。

5. 宏观经济政策

经济政策是国家或地区制定的针对宏观经济发展的调控政策和手段，例如财政政策和货币政策。经济政策对企业财务管理有着较大的影响。例如，国家的产业鼓励与限制政策直接影响着企业的投资行为；金融政策中货币的发行量、信贷规模影响企业投资的资金来源和预期收益；财税政策会影响企业的资本结构和投资项目的选择；价格政策会影响投资方向和回收期等。

我国已经在财税体制、金融体制、外汇体制、外贸体制、计划体制、价格体制、投资体制和社会保障制度等方面进行了改革。这些都影响着企业财务管理的发展。

6. 通胀水平

通胀水平对企业财务管理的影响主要表现在三个方面：一是通胀引起资金占用的大量增加，从而增加企业的资金需求；二是通胀引起企业利润虚增，造成企业资金由于利润分配而流失；三是通胀引起利润上升，加大企业的权益资金成本。

企业面临通货膨胀需要采取积极的财务措施应对。在通胀初期，企业可以采取投资、与客户签订长期购货合同、获得长期负债等措施规避风险，实现资本保值；在通胀的持续期内，企业可以采用比较严格的信用条件，减少企业债权，或者调整财务政策，防止资本流失等。

（二）法律环境

财务管理的法律环境是指企业和外部发生经济关系时所应遵守的各种法律、法规和规章。企业的财务活动，无论是筹资、投资还是资金运营和分配都会和企业外部发生经济关系，此时需要遵守相关的法律法规。

从宏观方面来看，关于企业组织的法律法规有《中华人民共和国企业所得税法》《公司法》《全民所有制工业企业法》《合伙企业法》《个人独资企业法》以及《全民所有制工业企业法》等。从微观层面来看，企业投资、筹资相关的法律法规主要有《证券交易法》《证券法》《金融法》《合同法》以及《企业财务通则》等；企业资金运营和分配的相关法律法规主要有《企业法》《企业财务通则》和《企业财务制度》等。

法律环境对企业的影响力主要体现在企业组织形式、公司治理结构、投融资活动、日常经营以及收益分配等方面。

（三）社会文化环境

社会文化环境是指教育、科学、文学、艺术、新闻出版、广播电视、卫生体育、世界观、理想信念、道德习俗以及同社会制度相适应的权利义务观念、道德观念、组织观念、价值观念以及劳动态度等。财务管理是企业的一种社会经济活动，必然会受到社会大的文化环境的影响。社会文化的各个方面对企业财务管理的影响程度和影响方式都是不尽相同的。

第二节　房地产企业财务管理

一　房地产企业财务管理的内涵

（一）概念及特点

房地产企业，是指进行城市土地及房屋综合开发、经营和管理，具有独立法人资格实行自主经营、独立核算、自负盈亏的经济组织。由于房地产行业的特殊性，财务管理在企业管理中占有重大的地位。房地产行业的财务管理是指在生产经营过程中，各企业对所需各种资金和生产资料的筹集、使用、耗费、收入和分配等进行预测、计划、控制、核算、分析和考核，并正确处理企业内部各种财务关系的一项经济管理工作。

如前所述，房地产企业财务管理的核心同样是资金运作，概括地说就是会计所反映和监督的内容，是在经营活动过程中可以用货币表现的经济活动。由此，房地产企业财务管理的内容是由企业资金运作过程决定的，资金的运作包括资金的取得、使用、耗费、收入和分配，即以价值形式反映企业对生产资料的取得和占用、人力和物力的消耗、生产成果的实现和分配以及由此形成的企业内部的财务关系。具体来说，房地产企业财务管理的内容主要包括：对企业资金筹集的管理；对企业资金投资运用的管理；对企业成本及费用的管理；对企业利润分配的管理。这部分将在下一小节详细介绍。

房地产企业的财务管理具备以下几个突出特点：

1. 在筹资活动方面，金额比较大，筹资难度大

房地产企业的行业性质以及开发管理决定了房地产活动需要大量资

金的投入。首先，土地价格高以及建筑行业原材料和人工成本等费用的提升要求企业开发投入的资金数量很大；其次，房地产开发建设需要经历从征地、土地开发、房屋建设、竣工交付使用等阶段，所需时间往往两年或更长，开发经营过程具有长期性的特点；同时，开发资金的周转期较长，周转率偏低，需要企业通过各种融资手段来筹集开发资金，并进行项目的滚动开发，这些都造成了企业开发资金筹集任务十分繁重。

2. 在投资活动方面，开发风险大，投资决策需慎重

由于房地产企业活动的资金投入量大、管理周期较长、房地产使用周期长等特点，所以在较长的开发经营周期中，存在着许多不确定的因素，如政策因素等，对开发企业投资项目的成败和企业的经济效益起着很大的影响作用，房地产开发行业具有较大的风险。另外，房地产开发敏感性强，但调整能力差，也对企业在进行项目开发投资决策时的准确性提出了更高的要求。房地产企业的财务管理人员需要具备高度的风险意识和前瞻思维，做好投资决策分析，提出投资决策分析的准确性，尽量减少投资决策的失误给企业造成的损失，以便为企业经营者投资项目决策提供及时和可靠的信息，有效地分散风险，降低风险。

3. 在成本管理方面，经营活动独特，管理工作复杂

在成本构成方面，房地产企业成本主要由土地征用及拆迁补偿费、前期工程费、基础设施费、建筑安装工程费、公共配套设施费和开发间接费等构成，但各成本项目的具体内容因具体产品的不同而有所不同，即使是同类型开发产品也因时因地而变，使得房地产的成本构成显得十分复杂；在成本核算方面，房地产企业开发建设的对象具有单件性特点，是可以独立地组织施工的开发建设项目，成本计算对象是独立的设计文件，其中，开发项目的成本核算对象是每一独立编制设计概算或施工图预算所列的单项开发工程，在同一开发地点、开竣工时间相近、结构类型相同的群体开发项目构成，另外，规模较大、工期较长的开发工程可以按照一定区域或部位划分成本核算对象；在成本结算方面，房地产开发建设的长期性造成了成本结算的复杂性，住宅区的建设往往要经历几年的时间，从进度安排上一般是先建住宅，后建配套设施，所以，许多房地产的开发住宅已建成而配套设施尚未投入使用，或住宅已经销售且已住人，而诸如绿化、道路尚未完工，在这些情况下，有些无法进行成本分摊计算，只能按已出售住宅的计划成本，将未完成的配套设施

的建造费用作为预提费用的办法来处理,而当住宅成本构成中所包括的全部成本项目都已完成,要对那些应分摊的成本费用按诸多的受益对象进行分配时,还需拟定具体的分配方法、分配额的计算,成本项目的分配、归集、再分配、再归集直至最终计入受益对象,这一系列的工作需根据开发产品的具体情况具体分析处理。

4. 在利润分配方面,收入核算复杂繁琐,分配需合理

房地产企业开发具有投资大、周期长等特点,其会计核算方法,包括收入的核算与其他行业有很大差异。由于房地产企业开发投资大、周期长,其收入短期内无法确定,房地产企业往往在产品开发完毕,开发成本基本确定后才根据销售情况结转收入和开发成本,才可能产生利润,而此前的销售收入全部作为预收账款,开发成本全部作为存货处理,企业的账面一般反映亏损。有的企业为了达到延缓交税的目的,根本不结转收入和成本,待房屋销售完毕才进行结转,这时才可能形成利润。房地产行业会计核算的特点,再加上房地产开发企业以项目型公司为主,因其投资的间歇性,致使其利润形成也带有间断性的特点,盈亏波动幅度很大。

(二)房地产企业财务风险

从广义上来讲,房地产企业财务风险贯穿于企业经营管理运营的各个方面。例如企业外部的政策环境以及内部管理的不完善都会影响到企业的收益而最终导致企业发生大的财务风险。从狭义上来讲,房地产企业财务风险是企业的负债导致的财务风险,这也是由房地产企业开发的特点决定的。房地产企业需要大量的资金投入,而企业的资金大部分来自银行的贷款,从而加大了企业负债的压力,这就是企业的筹资而引起的风险。企业的筹集资金一部分是来自所有者的投资,另一部分来自企业的贷款,而且银行是最大的债权人,但是如果减少银行以及个人的贷款和借款就会使企业的营运过程比较简化,而且现金流以及企业盈利的机会和盈利额将会减少,所以,房地产企业大量地从银行进行贷款,而且在我国当前的市场经济形势下,贷款已经成为很多企业为了加速盈利以及加快发展很必要且很常见的手段。

房地产企业开发管理是一个综合性的概念,受到很多因素的影响,包括企业运营的各个环节、企业自身的管理因素以及企业外部的影响因素等,而这种影响最终反映在企业的财务状况中,产生一系列财务管理

的风险。而正是由于这一系列无法预计的因素，导致财务风险的研究更加困难。

二 房地产企业财务管理的内容

(一) 筹资活动

房地产企业的筹资活动，也称为融资活动，即房地产资金的融通，是通过信用形式，主要是银行信用形式获得资金的过程。房地产资金运作的重要特点是具有足额的不动产做后盾和房地产自然增值性。

房地产企业的筹资活动具有许多风险。一是企业到期不能偿债时，由股本或资本金抵债的风险；二是由于负债而可能导致企业股东的利益遭受损失的风险。所以房地产的筹资需要慎重。在学术界，许多学者探讨了房地产企业资本结构的影响因素以及最佳资本结构。资本结构的选择受资产结构、公司规模、非债务税盾、成长性、波动性、产品独特性、获利能力以及行业特性、宏观经济以及制度环境等因素影响，而最佳资本结构即企业所筹集资金的综合资金成本最低，同时企业总价值最大的资金结构。企业的综合资金成本最低，也就是企业各种资金的加权平均资金成本最低，并且在追加筹资时边际资金成本最低。

房地产企业的筹资渠道包括银行贷款、房地产信托、机构投资者及合作开发融资、金融租赁、房地产投资基金、夹层融资、企业债券以及与建筑承包商合作融资八种。

1. 银行贷款

银行贷款的筹资形式是指以银行为经营主体，按信贷规则运作，要求资产安全和资金回流，风险取决于资产质量的筹资。它是一种基于信贷形式的间接融资，是市场信用经济的融资方式。房地产企业目前的银行贷款主要包括以下方式：土地使用权抵押贷款、自有财产（股权）抵押贷款、担保贷款；而可拓展的银行贷款融资手段包括项目封闭融资、公司综合授信、纯信用免担保抵押贷款、在产品、存货抵押贷款、开发企业之间的相互担保等。

银行贷款一直是房地产开发资金的主要来源，由于房地产开发企业贷款的责任链条和追索期长，信息不对称，由少数决策者对项目的判断支配大额资金等特点，房地产企业贷款存在很大的风险，同时，对于银行来说，为了保证自身经济利益，在对企业提供贷款时需要核实企业资本情况，合理控制信贷风险，一般不愿冒太大的风险，因为银行借款没有利润要求权，所以对风险大的企业或项目不愿借款，哪怕是有很高的预期利润，而对实力雄厚、收益或现金流稳定的企业愿意提供贷款。信贷融资需要发达的社会信用体系支持。

2. 房地产信托

信托业务是一种以信用为基础的法律行为，是指由委托人依照契约或遗嘱的规定，为自己或第三者（即受益人）的利益，将财产上的权利转给受托人（自然人或法人），受托人按规定条件和范围，占有、管理、使用信托财产，并处理其收益。目前信托主要有三种方式拓宽房地产融资渠道：一是传统的贷款，这和上述商业银行贷款一样；二是阶段性股权融资，信托公司持有开发商部分股权，开发商承诺在约定的时间以溢价方式将股权回购；三是房地产投资信托基金，即交易方式的信托产品，它是由房地产投资信托基金公司负责对外发行受益凭证（股票、商业票据或债券），向投资大众募集资金，之后将资金委托一家房地产开发公司负责投资标的开发、管理及未来的出售，所获利润在扣除一般房地产管理费用和买卖佣金后，由受益凭证持有人分享，其中，发行的受益凭证可通过证券公司公开上市流通，且投资者享有不必缴纳公司税费、享受有限责任、集中管理、自由进出转让等优惠条件，但是这种方式流动性差。

总之，房地产信托计划的融资方式可以降低地产公司整体融资成本，节约财务费用，而且期限弹性较大，有利于地产公司持续发展，在不提高公司资产负债率的情况下可以优化公司结构。

3. 机构投资者及合作开发融资

机构投资者及合作开发融资是指当投资公司的自有资金充足，由于投资渠道不健全而处于闲置状态，并且乐意提供流动资金贷款、信托、股权投资等投资方式时，房地产企业与其合作开发的融资方式，此种方式对项目的要求多是资金回笼快，融资时间在1—2年，一般资金成本在15%左右。

在证券市场不景气，房地产市场尤其是普通住宅市场被看好的情况下，随着对房地产的了解，投资公司将涉入房地产行业。这种合作方式是一种分散和转移筹资负担的比较好的方法。首先，合作开发的形式是多种多样的，可以是股权融资也可以是债权融资；其次，投资物包括货币、资产、管理。这种方法对于缓解发展商自身资金压力、转嫁风险和降低风险大有益处。这种资金比较适合房地产开发公司融资额度在2000万—1亿元人民币。

4. 金融租赁

金融租赁，指由出租人根据承租人的请求，按双方的事先合同约定，向承租人指定的出卖人，购买承租人指定的固定资产，在出租人拥有该固定资产所有权的前提下，以承租人支付所有租金为条件，将一个时期的该固定资产的占有、使用和收益权让渡给承租人。房地产行业金融租赁是指通过金融租赁平台，房地产开发企业、金融租赁公司与股份制商业银行联合进行融资，主要操作为"售后回租＋保理"。

金融租赁的过程是房地产开发公司把开发好的物业出售给金融租赁公司，又将该项资产从金融租赁公司租回。首先，房地产开发企业在保留对资产的占有权、使用权和控制权的前提下，将固定资产转化为货币资本，在出售时可取得全部价款的现金；其次，金融租赁公司回租给房地产开发企业，并收取租金应收款，同时，金融租赁公司根据房产项目的质量以及租金应收款的风险程度，收取2%—5%的融资租赁费用，金融租赁公司将房地产开发企业的租金应收款"打包"卖给银行；最后，银行在以买断房地产开发企业的租金应收款为基础，为金融租赁公司提供租金应收款的催收和信用风险控制等服务。

房地产企业通过金融租赁的融资形式，一方面获得了充足的资金，并将其充抵新开发项目的资本金或者投资其他任何项目；另一方面通过"售后回租"，房地产开发企业仍可经营原来的房地产项目，形成现金流，通过"每年还本，每季还息"的办法，在融资租赁到期时，依照合同向金融租赁公司赎回原来的房地产项目。

5. 房地产投资基金

房地产投资基金是一种主要投资于房地产或房地产抵押有关公司发行的股票的投资基金。按照是否直接投资于房地产可以将其划分为两类：一类是直接投资房地产公司发行的股票；另一类是间接投资房地产业的基金，即房地产抵押基金，该基金主要是通过投资房屋抵押市场而间接投资房地产。

房地产基金将房地产投资作为基金投资的重要目标，集中众多投资者的零散资金，交由投资专家进行投资，其表现形式包括投资公司、信托或合伙企业。

6. 夹层融资

夹层融资是指在风险和回报方面介于是否确定于优先债务和股本融资之间的一种融资形式。对于公司和股票推荐人而言，夹层投资通常提供形式非常灵活的较长期融资，这种融资的稀释程度要小于股市，并能根据特殊需求作出调整。而夹层融资的付款事宜也可以根据公司的现金流状况确定。

在房地产领域，夹层融资常指不属于抵押贷款的其他次级债或优先股。夹层融资最大的优点是灵活性，对房地产企业而言，在贷款渠道变窄，贷款门槛变高的情况下获得资金；对投资人而言，夹层投资人既可获得类似债权的固定回报，又可获得类似股权的分红，还可将债权转换为股权，类似于优先股或是可转债。同时，夹层融资的费用也是很高的。

7. 企业债券

企业债券通常又称为公司债券，是企业依照法定程序发行，约定在一定期限内还本付息的债券。当企业债券的发行人在企业的运营中急需中长期的巨额资金时，发行债券成为一种重要的融资渠道。

房地产企业的开发一般需要巨额的资金投入，发行债券是房地产企业的重要融资手段。公司债券的发行主体是股份公司，但也可以是非股份公司的企业发行债券，但是国家严格控制企业债券的发行，所以我国能发行债券的企业主要是上市公司和一些中央级垄断企业。一般的房地产企业靠发债解决融资问题不是很现实。

8. 与建筑承包商合作融资

随着房地产行业的发展和市场经济的推进，在建筑行业，许多有经济实力的承包商愿意用各种方式合作融资，以争取建设任务。虽然国家重点调控房地产企业建筑商垫资开发的现象，但还是可以小范围尝试其他更灵活的合作融资方式。

房地产筹资流程的制定大致可以分为五个阶段，即：a. 分析投资决策。房地产开发项目前期所做的投资决策分析确定了项目的投资结构，包括有单一的公司投资、合伙开发等，投资结构的选择将影响项目筹资的结构和资金来源的选择，反之，筹资结构的设计在多数情况下也将会对投资结构的安排作出调整，因此，房地产开发项目前期所做的投资决策分析是与公司筹资紧密联系在一起的。b. 分析筹资决策。筹资决策是指项目投资者将决定采取何种筹资方式为项目开发筹集资金，它取决于投资者贷款资金数量上的要求、时间上的要求、筹资费用上的要求以及诸如债务会计处理等方面要求的综合评价，投资者必须明确开发项目筹资的具体目标和要求。c. 确定筹资结构。首先需要完成对项目风险的分析和评估，要求项目投资者对项目有关的风险因素进行全面分析判断，确定项目的债务承受能力和风险，进而设计出切实可行的筹资方案。d. 进行筹资谈判。投资者起草筹资方案，并根据筹资方案与银行等筹资渠道进行谈判，在谈判过程中对项目的投资结构及相应的内容进行调整。e. 执行筹资计划。开发项目筹资的具体执行内容包括签署融资文件、执行投资计划、投资资金使用控制、筹资风险控制。

（二）投资活动

房地产企业的投资活动按照不同的分类标准划分为不同的类别，包括长期投资和短期投资、对内投资和对外投资等。从广义上讲，投资可分为对内投资和对外投资两大类，而从狭义上讲，投资一般指对外投资。我国会计准则所指的投资，就是仅指狭义投资中的权益性投资和债权性投资，不包括固定资产投资、存货投资等对内投资。

房地产投资是将资金投入房地产综合开发、经营、管理和服务等房地产业的基本经济活动中，以期将来获得不确定的收益。由于房地产企业开发的独有特点，其投资活动存在的最大难题就是投资风险的控制。房地产投资领域中的投资风险，是指房地产投资者的期望目标与实际经营状况之间发生的差异，从而给房地产投资者造成经济损失的可能性。包括：市场竞争风险、购买力风险、流动性和变现性风险、利率风险、经营性风险、财务风险、社会风险、自然风险等。

房地产企业在投资之前需要对各种风险进行分析，这样才能保证企业的利润收入。对房地产投资风险的分析方法包括：①常规的房地产投资风险分析方式。这种方式是指对影响投资方案的各种不确定因素的分析，如土地价格、材料价格、建设工期，等等。常规的房地产投资风险分析的方法包括调整贴现率（对高风险的投资项目，采用较高的贴现率去计算净现值，然后根据净现值法的规则，来选择方案）、回收期的风险修正（一种为了补偿风险而缩短标准投资回收期的办法，如在政局不稳定的地区，投资回收期的标准应短于稳定地区；技术复杂的项目回收期的标准应短于技术简单的项目）以及期望净现值（根据各种不同情况求净现值的期望值来评价项目）等。常规的房地产投资风险分析方式是一种静态分析，考虑的影响因素较少，为使采用的数学模型尽可能简洁，减少计算量，传统方法只考虑少数几个因素，而对其他因素做一个理想化的假设；同时，没有考虑各因素的相关性。②房地产投资风险的灰色模糊多级评价方法等。房地产投资的风险问题具有信息不完全和概念不明确的特点，因而，运用灰色模糊多级综合评判理论对房地产投资风险的多级指标体系进行综合评判的方式适用性更广，评价结果更加客观可信。利用这种方式，房地产投资者在进行房地产项目投资决策时，需要对四大因素（投资成本、投资周期、投资效益、投资风险）和若干小因素进行综合分析和评价。

在对房地产企业投资的各种风险进行评价的基础上，企业需对房地产投资的风险进行管理，以期获得更高的收益。

在风险损失发生之前，企业需要识别项目所涉及的风险类型，充分估计风险损失的大小，采取预控手段，力求免除、消除或减少风险以保证预期经济目标的实现；风险损失发生时，企业需要采取各种措施降低风险损失带来的危害性；风险损失发生过后，企业需要采取各种措施尽力弥补风险损失，达到令人满意的复原。

根据各自不同的发展状况，不同的房地产企业的投资风险管理策略也各不相同。风险管理的策略主要包括：①风险回避。即选择相对风险小的投资项目或者放弃那些相对风险较大的投资项目。这是一种较为保守的处理房地产投资风险的方法，能够将风险控制在很低的水平内，但是通常大大降低获得高额利润的机会。企业通常应根据自己能够承受的风险水平来衡量选择风险回避的策略，不应一味地回避风险，从而丧失应该获取的风险利润。②投资组合。即投资者依据房地产投资的风险程度和年获利能力，按照一定的原则进行恰当的项目选择、搭配投资各种类型的房地产，以降低投资风险的房地产投资策略。即"将鸡蛋放到不同的篮子里"的策略，企业将资金分别投入到不同的房地产开发项目，整体投资风险就会降低，其实质就是用个别房地产投资的高收益去弥补低收益的房地产损失，最终得到较为平均的收益。房地产投资组合的关键是如何科学确定既可以降低风险又可以获取较高的投资收益率的投入不同类型房地产资金的合理比例。③投资分散。即通过开发结构的分散，达到降低风险的目的，一般包括投资区域分散、投资时间分散和共同投资等方式。④风险转移。风险转移即投资主体将其可能发生的风险损失有意识地转嫁给与其有相互经济利益关系的另一方承担。房地产企业常用的一种做法是通过保险（房屋保险、产权保险、房屋抵押保险和房地产委托保险）转移风险。

（三）成本管理

房地产企业成本是指房地产企业为开发一定数量的商品房所支出的全部费用。构成房地产开发企业产品的开发成本，相当于工业产品的制造成本和建筑安装工程的施工成本。如要计算房地产开发企业产品的完全成本，还要计算开发企业（公司本部）行政管理部门为组织和管理开发经营活动而发生的管理费用、财务费用，以及为销售、出租、转让开发产品而发生的销售费用。按照构成内容，房地产企业成本划分为土地开发配套成本、建筑安装工程成本以及期间费用三大类。

土地开发成本的高低主要体现在投资项目的面积所占比重。在投资项目中，并非所有的土地都用来开发商品房并进行销售，由于规划的要求，一部分土地需要开发公共基础设施，同时，安置拆迁户也会需要大量的资金投入，因此投资项目的商品产出率必然地小于百分之百。建筑安装工程成本有刚性的统一预算定额，一般占总成本的40%—60%，然而新工艺、新材料的设计，对材料的选择、设备的选型、工量的增减、材料价格的认定、对施工队伍的选择等，这些因素都直接影响单位建造成本。其间费用是指由于房地产投资回收期长、投入量大的特征所产生的资金占用成本，即利息支出。在开发过程中，由于资金占用量大，单纯依靠企业的自有资金是无法满足资金供给需要的，大量资金要依靠银行贷款，这就必须导致利息支出占成本的一定比例，建设周期越长、利息支出越大。

由于房地产开发的独特性，企业要想获得尽可能多的利润需要对项目进行系统的成本管理。一个开发项目需要经过从策划、设计、招标、施工到营销等阶段。每个阶段的内容不一样，成本控制的方法也不一样。因此房地产企业的成本控制需要分阶段、分步骤，在技术上、经济上、管理上进行系统的成本控制。

房地产开发决策是其成本控制的初始环节，也是其关键所在。房地产开发决策阶段主要发生的费用是机会分析费、市场调查分析费、可行性研究费、决策费等。

在房地产项目投资决策前需要进行可行性研究，可行性研究是作为开发项目投资决策的依据，结论的可靠性和准确性是决定项目成败的关键，对筹集资金的成本和控制项目财务费用有着极其重要的影响，对编制设计任务书、进行工程设计、设备订货和施工准备等前期工作具有十分重要的指导作用，同时对房地产开发项目全寿命期成本控制有决定性作用，是保证开发项目以最少的投资耗费取得最佳经济效益的科学手段。

企业在对项目的建设规模、产品方案、新技术应用、设备方案、建筑设计方案以及项目实施进度等进行可行性研究并基本确定的基础上，需要估算开发项目所需资金总额并测算建设期各年资金使用计划。

房地产开发前期准备工作阶段包括许多内容，其中对成本管理控制起决定作用的主要是规划设计阶段、招投标阶段。

设计是房地产成本控制的重要环节，优秀的设计方案是商品房开发的重要卖点，可以吸引消费者的注意力，增加市场营销的动作能力，提高房屋的销售，从而达到成本控制的目的。房地产企业项目设计采用招投标制，通过设计招标竞争，对提高设计质量、最大限度地减少设计变更、缩短设计周期、提高设计概算和施工图预算的准确性，具有重要的实际意义。确定好总体设计之后，需要对其进行优化。例如层高的控制，在满足规范的情况下，层高如果每降低0.1m，就可节约成本1.1%；适当地采用大进深户型，可以达到提高容积率，增加建筑面积的效果；针对地形、地貌起伏较大的情况，要做到因地制宜、合理利用。另外，精心设计，仔细地会审图纸，减少设计变更等。

房地产开发项目的招标投标是指房地产开发商设定"开发项目建设"这一标的，招请若干单位进行报价竞争，由开发商从中选择优胜者，并与之达成协议，签订合同，按合同实施。房地产开发企业在招投标过程中所采取的各种控制成本的措施和方法包括推行工程量清单计价、进行设计与施工招标、进行标底的编制与审查、选择精干的监理企业和优秀的施工企业，等等。

工程施工阶段是房地产开发企业及工程设计意图最终实现并形成工程实体的阶段，也是最终形成工程产品质量和项目使用价值的重要阶段。这一阶段影响项目工程成本造价的可能性为5%—25%，项目工程师控制造价的有效方法是施工阶段全过程中促使施工方采用先进的施工组织新技术和科学的施工方案，督促其按照施工组织设计实施，严格管理增加工程量的变更签证发生，尽量缩短施工周期，降低工料消耗。因此，施工阶段对工程造价控制起着重要作用。

工程费用计划是确定工程项目投资控制总目标的基础上，根据项目的技术经济特点和项目的展开程序，对工程费用的使用所做的具体策划和统筹安排。编制一份科学合理的工程费用计划，是落实项目投资目标、控制工程实际支出的首要条件。同时，由于人们对客观事物的认识是一个逐步深化的过程，也由于工程项目实施中影响因素众多，有必要在工程建设的全过程中，对投资目标进行跟踪检查，对工程费用计划目标值与实际支出进行定期分析比较，发现偏差，采取针对性的控制措施。工程费用计划的控制措施包括：组织措施（从投资控制的组织管理方面采取的措施）、经济措施（检查投资目标分解是否合理，资金使用计划有无保障，会不会与施工进度计划发生冲突，工程变更有无必要，是否超标等）、技术措施以及合同措施（主要指索赔管理）。

工程施工阶段是房地产开发企业及工程设计意图最终实现并形成工程实体的阶段，也是最终形成工程产品质量和项目使用价值的重要阶段。因此，施工阶段对房地产开发项目投资成本控制起着重要作用。房地产开发施工阶段主要成本控制措施包括：认真执行财经纪律和企业内部财务管理的各项规定；做好成本预测，挖掘内部潜力，采取措施，进行成本控制；加强现场签证管理，杜绝不合理现象的产生；加强合同管理，控制工程投资成本；认真做好成本分析与考核工作，促进降低开发项目成本任务的完成；竣工决算阶段的投资控制，主要指决算的准确性；推行分阶段决算，提高决算的层次性和合理性。

在市场营销阶段，市场营销策略是成本控制的有效手段。房地产营销是交易过程满足顾客对土地或房屋需求的一种综合性营销活动，也是把土地或房屋转换成现金的一种流通过程。房地产营销的目标和核心在于通过运用既定的程序以及随机的技巧，促进房地产交易迅速达成，使房地产商品尽可能快地实现其价值。

在市场营销阶段，成本控制主要包括房地产开发项目的定价策略、广告策划两个方面。

房地产开发项目定价过程中常采用全营销过程定价策略，即是指开发的楼盘或小区从预售开始到售完为止的全过程定价策略，包括低开高走定价策略、高开低走定价策略以及稳定价格策略。

房地产项目广告策划的费用预算主要包括以下四个方面的内容：广告调查费用（广告前期市场研究、广告效果调查、广告咨询费用、媒体调查费用）、广告制作费用（照相、制版、印刷、录音、摄影、方案创作、美术设计、广告礼品等直接制作费用）、广告媒体费用（购买报纸和杂志版面、电视和电台播出频道和时段、租用户外看板等其他媒体的费用）和其他相关费用（与广告活动有关的公共活动、SP活动、直效营销等费用）。房地产广告预算最常用的方法是销售百分比法（企业根据目前或预测的销售额的百分比决定广告费用的大小）、竞争对手法（按竞争对手的大致广告费用来决定本企业的广告费用支出）、目标任务法（根据所要完成的促销目标决定必须执行的工作任务，然后估算每项任务所需的促销支出）等。

（四）利润分配

房地产开发的利润分配是企业财务管理的一个有机组成部分，是指依据企业战略的要求和内、外环境状况所进行的全局性和长期性谋划。合理的利润分配政策对于房地产企业的筹资、投资有重大影响。房地产企业项目利润分配主要有两种形式：第一，现金形式。采用这种分配方式的房地产开发企业往往手中持有大量现金，暂时没有合适的投资项目，或者由于房地产市场形势不好，投资人以现金形式分配利润，落袋为安，以防止投资风险。采取这种分配形式，不利于企业扩大投资规模，在需要资金时，增加融资成本，不利于企业的长远发展。第二，转增资本金。采用这种分配方式的房地产开发企业有着强烈的发展欲望和长远的发展规划，或者是房地产形势良好，企业本身有较好的投资项目，企业急需开发资金的情况。它们往往将利润转增资本，这种分配形式不需要支付现金，可以充分发挥企业内源融资的功能，将利润形成的现金用于扩大再生产。不仅有利于生产规模的扩大，促进企业的长远发展，而且可以改善企业的资本结构，降低融资成本，降低财务风险。

三 房地产企业财务管理的意义

企业的财务管理与企业的经济效益息息相关，实践证明，企业管理乱，首先是财务管理乱；企业效益差，首先是财务管理差。房地产行业是资金密集型的高风险行业，面对激烈的竞争，房地产企业要实现长期的发展，获得持续性核心竞争能力，必须提高财务管理水平。

首先，企业资本的运营是评价企业经营好坏的一个重要指标，对房地产企业的财务体系进行统一管理，有利于资本的良性循环，体现最大化的企业价值。其次，房地产企业强调财务管理的关键作用，并不是否定企业其他方面的管理所发挥的重要作用，通过财务管理的中心地位，统一思想和目标，实现企业目标。如果没有其他的配套管理，财务管理是不会有任何效果的，但要是没有财务管理的帮助，其他管理工作也会缺乏方向；最后，从长远角度来说，房地产企业的财务管理，不单单只是强调降低成本、费用及开支。在这个意义上的房地产企业财务管理中的成本管理是成本效益的管理，控制那些管理不善的成本，将效率低的成本降下来，减少不必要的开支。由此改善管理的组织结构，不断提高开发项目的质量和品质、市场竞争力和经济效益。

第三节　锦鹏投资公司财务管理体系建设

农村集体经济组织财务管理是巩固和发展农村集体经济的基础，村级财务管理工作的好坏，直接关系到农村集体经济发展、农村社会稳定以及党群干群关系。管理咨询专家团队通过建立健全制度、规范工作流程、加强监督管理等财务管理手段，有效提升公司财务管理水平，尤其是通过财务制度的建设，来有效地提高财务管理的效率，并有效实施财务控制。

一　财务管理存在问题

通过对锦鹏投资公司财务副总经理、房地产开发公司财务经理进行的访谈。主要围绕锦鹏投资公司和分子公司基本财务状况，财务部门主要日常工作和工作流程，公司经营管理和财务管理的基本状况，目前公司财务工作存在的问题和漏洞等方面展开。随后按照锦鹏投资公司的要求重点对财务情况进行进一步了解，并与财务工作联系紧密的预算部、前期部主要负责人进行了访谈了解。管理咨询专家团队通过访谈和对资料的归集整理，以及对公司财务报表的符合性测试和分析性复核，评估了公司现行财务制度、人员结构是否合理，确定建立财务管理制度及体

系的基本原则。通过调研访谈与分析,将锦鹏投资公司存在的财务管理问题做如下总结:

(一)财务部是两套班子一套人马,财务受双重管理

公司财务体制与财务组织结构定位不准,结构不明确,导致集团对公司的财务活动缺乏有力的监督。

(二)财务制度执行力度不够,没有达到预期的效果

公司制定了财务方面的相关制度,日常做到记账、算账,日常收支,费用报销,工作基本能够顺利开展。财务制度执行力度不够,没有达到预期的效果。

(三)预算的编制依据不充分,编报缺乏合理性

公司目前虽对各项费用的支出均有预算管理,但预算制度存在无法量化和审核的状况,预算的编制依据不充分,编报缺乏合理性,没有真正达到控制成本的目的。

(四)对部分款项支出的审核仅限于形式复核

公司目前大额工程支出有相关合同或复印件,财务部也设专门人员对合同进行归集整理,但对工程款项支出的审核仅限于形式复核,部分工程款存在提前支付的情况,未做到真正有效的控制。两套班子对日常费用的审批周期较长,部分业务费用分类不够准确。

(五)公司税收政策较为复杂,财务管理较弱,存在潜在风险

由于公司税收政策较为复杂,而各种潜在风险在企业起始阶段并不明显,待企业规模化、资本化经营后由风险演变成的危害会逐渐扩散,影响企业的可持续发展。

二 解决方案

通过对锦鹏投资公司目前财务现状的汇总分析,公司总体财务运行情况较为顺畅,但是公司在资本结构、流动资产管理、税收筹划、财务分析、风险控制等方面需要加强,针对上述问题,管理咨询专家团队提出以下解决对策:

(一)公司要树立财务管理为核心的企业管理理念

财务部门要在每个项目的起始阶段开展分析、策划工作,具体包括对新项目的可行性进行风险预测,论证成本与收益,并相应提出有效的方案措施,为公司领导提供决策依据。

第六章　财务管理体系建设

（二）公司管理层应强化财务管理意识，提高财务管理人员的执行力

加强员工自身的法律意识，要求财务部门做好真实性、完整性的会计工作，用真实完整的会计信息，来指导公司决策及未来发展。

（三）设独立内审机构，加强预算审核机制，加快财务信息系统建设

定期进行内部审计，加强预算编制的审核机制，强化审计监督工作，以约束经营者行为，维护公司及合作者的利益，使公司高效发展。运用网络资源使公司管理层掌握市场信息，将财务管理下渗至各组织管理部门，乃至每个经营环节，保障财务信息的真实性、完整性、准确性。公司应强化应收账款、存货的日常管理，在工作开始之初应严格按照规定操作，为今后的规范工作打下良好基础，强化控制成本，明确产出与投入的关系，更要控制好存货余额。目前公司存货较高，郭庄子项目账面存货有4个亿，而存货占用资金是有成本的，占用过多会使利息支出增加并导致利润的损失；各项开支的增加更直接使成本上升。加强存货管理，就要尽量在各种存货成本与存货效益之间作出权衡，达到两者的最佳结合，保障企业的销售活力。

（四）优化资金结构，加强款项审核

财务报表显示公司营运资金结构单一，正在进行的C9[①]项目是一项规模大、周期长、对资金需求不断增加的综合类房地产项目，随着公司工程进度的展开，资金投入增加，自有资金将无法满足项目资金的需求，而借入资金的进入可以改善现有资金结构单一的状况。借入资金的正确使用可以给公司带来一定的收益，按相关规定条件借入资金的利息可以在税前列入成本费用，能够有效提高自有资金的使用效果。借入资金比例恰当（当资金成本最小化）可以使资金结构趋于合理，因此平衡自有资金与借入资金的比例至关重要，控制好因借入资金过高而增加的财务风险，或因没有充分利用借入资金经营而影响自有资金的收益水平。

（五）合理运用税收筹划手段，有效节约公司资金

目前房地产企业所得税的征收方式为开发项目未完工前按预计计税

---

① C9项目是丽泽金融商务区于2012年招拍挂的公建项目，锦鹏投资公司在竞争中最终中标。

毛利率计算预征企业所得税，待完工结算后按实际毛利率计算企业所得税。由于计税毛利率比实际平均毛利率低，因此，需根据开发项目完工的确认条件，选择最佳的完工时间点，据此计算企业所得税。因此合理推迟竣工结算时间，将延迟缴纳的税款转化为企业无息贷款，获取资金使用的时间价值，减轻资金紧张压力。在土地增值税核算中房地产开发费用有两种扣除办法，利息支出如果能够按转让房地产项目计算分摊并提供金融机构证明的，准予按税收有关规定据实扣除，其他开发费用按土地成本和开发成本之和的5%以内计算扣除；如果不能提供金融机构证明，房地产开发费用按土地成本和开发成本两项之和的10%以内计算扣除。因此，应比较两种办法的扣除金额情况，选择对企业有利的扣除方式。

三　方案设计与实施

管理咨询专家团队在对锦鹏投资公司的财务管控方面有了总体认识后，结合锦鹏投资公司属于新型集体经济组织的实际情况，围绕集体经济组织财务管理的范围和重点展开了具体的实施。

（一）制定了锦鹏投资公司财务管理的整体目标

严格执行国家及集团公司制定的各项开支范围和标准，遵守国家财经纪律，切实加强财务管理，筹集集团公司及其所属企业发展所需资金，控制风险，加速资金周转，保持以收抵支和偿付债务的能力，通过合理有效地使用资金，实现集团及其所属企业价值最大化。

（二）建立健全财务管理制度，有效控制财务风险

先后建立和完善了《资金筹集管理》《资产营运管理》《流动资产管理》《对外投资管理》《固定资产管理》《财务收入和支出管理》《生产经营与费用管理》《所得税管理》《利润及利润分配的管理》《财务工作监督检查》《财务信息管理》等十七项财务制度，从制度层面提升锦鹏投资公司的财务管理水平，有效地控制了财务风险。

第七章 流程梳理优化

第一节 流程管理体系建立

部门工作流程是在部门职责说明书的基础上，结合部门完成工作的具体步骤，梳理并编制部门工作流程。工作流程汇编主要以工作流程图和流程描述相结合的形式呈现，反映该部门完成此项工作所需要的流程，以及与其他部门的联系，确定每一步骤的具体时点，达到精简工作流程，提高工作效率，缩短工作时间的目的。

一 确立流程标准模板

管理咨询专家团队考虑锦鹏投资公司的实际情况，结合管理咨询专家团队成熟的流程管理经验，在原有的流程图基础上建立了新的工作流程图模板，新的流程图既体现了部门之间的起承转合、相互配合或制约的关系，又体现了流程节点所需的时间，相较于之前的流程说明更加规范、明确、实用。新版工作流程对于提高工作效率，严格控制办理时间，提供优化和标准的作用。

二 流程梳理优化
（一）确定流程目录

关键管理流程的构建有利于企业运营效率的提升，因此，建立针对关键业务和管理的工作流程成为流程梳理的重要前提。在向各部门管理层说明流程梳理的时候，管理咨询专家团队要求：明确各分子公司最重要的若干件事是怎样的，从哪里开始、到哪里结束，中间经过了哪些环节，每个环节都做些什么事情、怎么做的、用到了哪些表格表单、产生了什么结果等，这样一番轮流反复的培训、沟通下来，管理咨询专家团队很快梳理出来每家公司的流程目录，结合锦鹏投资公司当前的突出问题，以分子公司及部门为单位，开始了流程的梳理和优化，建立起从集团公司到分子公司范围内的核心流程管理体系。通过这些设计优化工作，试图解决以前只依靠"自己人"把控关键环节的问题，为从以"人"为核心的人治管理方式向以"职责、流程、制度"为核心的组织管控管理方式的转变（见表7—1）。

表7—1　　锦鹏投资公司下属房地产开发公司的流程目录

序号	部门	流程名称	完成时间
1	运营部	运营管理流程	
2	研发部	研发部工作流程	
3		设计变更单及主要材料、设备确认单流程	
4	前期部	前期开发手续（内部管理）流程	
5		市政综合配套流程	
6	预算部	预算管理流程	
7		招标工作流程	
8		结算流程	
9		合同审批管理流程	
10	工程部	工程变更洽商审批流程	
11		工程部处理工程问题工作流程	
12		工程进度控制管理流程	
13		施工产值审批流程	
14	营销部	售楼业务工作流程	
15	人事行政部	合同下发及管理流程	
16		费用支出申请报销流程	
17		绩效考核管理流程	
18		考勤管理流程	
19		招聘管理流程	
20		办公耗材管理流程	
21	财务部	费用预算确定流程	
22		费用支出报销流程	
23		合同付款管理流程	
24		合同预算确定流程	
25		会计档案管理流程	
26		销售类业务管理流程	
27		货币资金管理流程	

（二）流程优化研讨培训

在流程梳理过程中，因为要明确每项流程、每个步骤所需时间和责任部门及岗位，日后还要展开考核与监督，这似乎在平静的湖面上扔下一块石头一样开始变得不平静，一些部门的"本位主义"原则引发了一些人员的抵触情绪，通过内部的沟通和培训使大家认识到与管理咨询专家团队充分地配合和理解是至关重要的，于是，管理咨询专家团队组织了一场流程优化研讨培训，在会议上对流程梳理过程中产生的相关问题做了如下总结：

1. 管理基础薄弱

通过对各个部门流程的梳理，突出反映各部门不仅对本部门的业务条线不能精准掌握，更是对相关部门的职责划分和工作顺序模糊。部门经理都无法说出本部门的流程接驳点，和其他配合部门的流程对比中，要么相互重叠，要么都不管，深刻地反映出公司管理上的漏洞。

2. 对时间节点不予确认

这是此次部门工作流程梳理的重点环节，要求每个工作节点均标注几个工作日完成，部门对此非常抵触，以各种理由推脱无法标注，以工程部最为明显，工作节点除极个别外，均未标注所需时间。

3. 时间节点能拖就拖

部门经理不理会以正常时间为标准，反以最长时间为说辞，5个工作日以上比比皆是。

对于以上问题，管理咨询专家团队一一做了解释和回答，并将流程梳理的要求、意义、价值所在再次进行强化，已取得大家充分的了解和配合，对于时间节点过长的问题在请示了决策层以后给出了内部流程一律不超过5个工作日的硬性规定，至此，流程优化工作进度得以顺利推进。

（三）编写部门工作流程

管理咨询专家团队根据流程目录，结合锦鹏投资公司管理现状及存在的问题，在各分子公司、各部门与企业高层、各相关业务部门、各岗位进行了充分、深入、细致的沟通，先后梳理了包含总公司及下属的物业、建材、小额贷款、园林绿化等14家分子公司在内的近百项管理和业务流程，并根据各自的实际情况不断进行微调和修订，以保证既满足企业高层对内部流程管理的需要，同时满足各分子公司、各部门进行相关业务开展和处理的需要,确保流程的适用性(见表7—2)。

表7—2　　　　　　房地产开发公司绩效考核管理流程

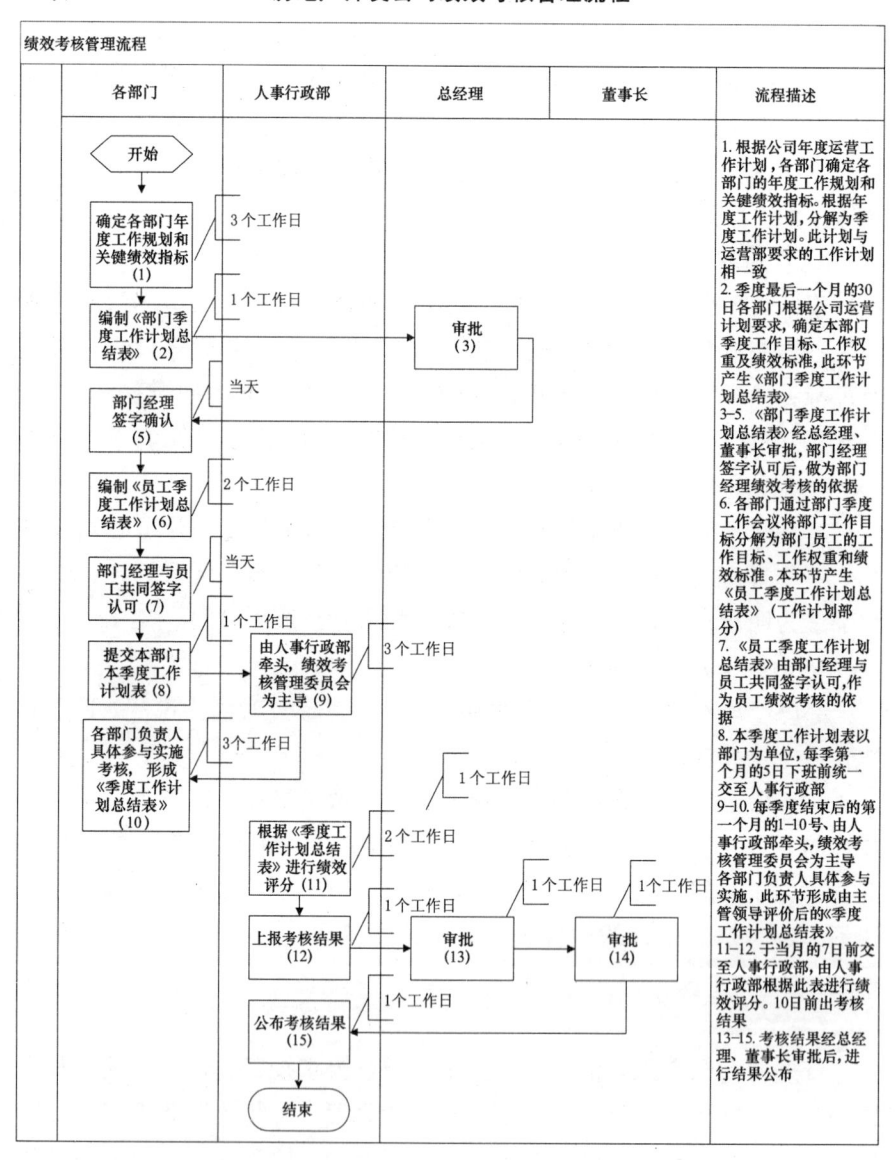

绩效考核管理流程					
各部门	人事行政部	总经理	董事长	流程描述	
开始 → 确定各部门年度工作规划和关键绩效指标(1) → 编制《部门季度工作计划总结表》(2) → 部门经理签字确认(5) → 编制《员工季度工作计划总结表》(6) → 部门经理与员工共同签字认可(7) → 提交本部门本季度工作计划表(8) → 各部门负责人具体参与实施考核,形成《季度工作计划总结表》(10)	3个工作日 / 1个工作日 / 当天 / 2个工作日 / 当天 / 1个工作日 由人事行政部牵头,绩效考核管理委员会为主导(9) 3个工作日 根据《季度工作计划总结表》进行绩效评分(11) 2个工作日 上报考核结果(12) 1个工作日 公布考核结果(15) 结束	审批(3) 1个工作日 审批(13) 1个工作日	审批(14) 1个工作日	1.根据公司年度运营工作计划,各部门确定各部门的年度工作规划和关键绩效指标。根据年度工作计划,分解为季度工作计划。此计划与运营部要求的工作计划相一致 2.季度最后一个月的30日各部门根据公司运营计划要求,确定本部门季度工作目标、工作权重及绩效标准,此环节产生《部门季度工作计划总结表》 3-5.《部门季度工作计划总结表》经总经理、董事长审批,部门经理签字认可后,做为部门经理绩效考核的依据 6.各部门通过部门季度工作会议将部门工作目标分解为部门员工的工作目标、工作权重和绩效标准。本环节产生《员工季度工作计划总结表》(工作计划部分) 7.《员工季度工作计划总结表》由部门经理与员工共同签字认可,作为员工绩效考核的依据 8.本季度工作计划表以部门为单位,每季第一个月的5日下班前统一交至人事行政部 9-10.每季度结束后的第一个月的1-10号,由人事行政部牵头,绩效考核管理委员会为主导各部门负责人具体参与实施,此环节形成由主管领导评价后的《季度工作计划总结表》 11-12.于当月的7日前交至人事行政部,由人事行政部根据此表进行绩效评分。10日前出考核结果 13-15.考核结果经总经理、董事长审批后,进行结果公布	

156

第七章　流程梳理优化

（四）流程实施

周密而细致的流程梳理结束后，更重要的是流程的执行与实施，因此，管理咨询专家团队针对流程的实施要点，开始有针对性地进行内部培训与辅导，辅之以内外部的考核与监督。并为此编制了《流程工作手册》，进一步明确流程所涉及的岗位职责、问责的权重，并列出每项流程所用到的表格表单，责任到岗，加大流程控制和监督的力度，为进一步规范管理流程提供了标准。

第二节　锦鹏投资公司制度管理体系建设

利益具有的诱惑力，会导致个人作出利己主义行为的选择，这已经成为企业管理的基本假设。靠得住的只有制度，在一个良好设计的体制之下，受利益诱惑者要么没有牟取私利的机会，要么慑于体制的威力不敢牟取私利，结果是保证人人成为正人君子。

西方有句谚语："总统是靠不住的。"有A、B两个公司的总经理乘同一架飞机出差旅行，飞机不幸失事，两个都遇难而亡，但这两个公司的结局却截然不同，A公司由于缺乏完善的企业规章制度，群龙无首，管理混乱，终于破产倒闭；而B公司在总经理遇难以前就建立了良好的制度，所以在缺失总经理的情况下，企业依然能按照制度规范运行，受到的影响很小。这充分说明了制度的重要性。大到一个国家、小到一个企业组织都不能过分依赖个人，其成功的运作必须依靠完善的制度规范。完善良好的管理制度是一切成功企业的共同特征，通观全球，概莫能外。

制度把企业的大量管理工作规范化、标准化，使繁琐变得简单，使杂乱变得有序，为企业在激烈的市场竞争中生存和发展奠定了坚实的基础。制度是企业兴衰成败的生命。成功的企业源于卓越的管理，卓越的管理源自优异的制度。任何希望出类拔萃的企业，都必须建立健全各种管理制度。

在锦鹏投资公司成立之初，已经完成了基础制度的制定，但经过了多年实践，有很多制度已经不合时宜，需要重新修订和补充，才能逐步建立适合企业实际并且优于竞争对手的一整套公司制度。

管理咨询专家团队对锦鹏投资公司现有的制度资料进行了搜集阅读，还通过对中高层管理者及基层员工进行了走访调查，多方位、多角度审视公司在制度层面存在的问题。

一　现行公司制度存在问题诊断

（一）制度体系建设问题

1. 公司制度不全面，关键的制度并未建立，且缺乏体系

公司在经营发展的过程中，根据工作需要，也逐步建立起了一些制度，例如行政管理制度、经营计划管理制度等，一方面旧有的制度需要与时俱进调整更新；另一方面需要完善增加相关制度以适应公司新的发展要求，使公司的日常管理及对分子公司的组织管控透过制度体系实现无缝对接。总之，需建立系统的制度体系，加强锦鹏投资公司的总体管理。

2. 制度内容体系的建设方面存在诸多问题

其中包含制度功能性缺失；缺乏普遍性的制度，就一类问题的具体事项重复出台制度；在一个职能部门内部，分享制度缺失；新业务、新市场、新风险控制制度建设滞后；制度层级体系不清晰，制度名称体系混乱；总公司与分子公司制度内容存在相互矛盾；约束性制度较多、激励性制度较少等。

（二）制度执行力较差，有制度无落实

公司各项制度流程由于缺乏宣贯和培训，导致了制度执行力较差，有制度无落实。制度作为落实管理的基础，与制度设计相比，制度落实更为重要。只有通过严格的制度落实管理，实行以"制度管人"的管理方式，才能使制度真正落地，管理有效。

1. 缺乏制度执行环境和积淀

从锦鹏投资公司发展历程看，其前身是农村集体所有制下的经济组织，公司内部从管理层到基层员工大都是有着复杂的地缘、血缘关系或者劳苦功高的资深老员工，撤村建居改制后，因为要率先解决本村村民的就业问题，将他们安置在各个分子公司，员工多数脱胎于"村民"，其在旧有的"瓦片经济"历史环境影响下进入新的企业，尽管认识到了制度的重要性，但普遍缺乏可传承的有效制度建设实践而导致执行难。因此，制度执行难有其客观因素，也是特定发展时期的特定表现。

具体表现为：内部和跨部门推诿拖沓、论资排辈、错综复杂、懈怠消极、各自为政、事不关己高高挂起、牢骚抱怨、挑三拣四、自以为是等现象比比皆是，这些都严重影响和阻碍着锦鹏投资公司迈向现代企业管理转变的步伐。

2. 制度本身存在难执行的因素

一方面因为制度本身质量不高，具体表现为制度不符合实际情况、内容有缺失、职责不明晰、流程不通畅、规定不明确、缺乏奖惩、修订不及时等问题；另一方面是因为制度不能形成体系（这点在本节一开始的制度诊断就已表明），制度制定的不同步，或制度之间不协调、相互矛盾，往往导致一个制度的执行缺乏相关制度的支撑，使制度难以执行。

3. 对制度认同度不同

造成这种情形的原因主要有以下三个方面：一是制度制定过程中协调不足，导致辅助、协同部门不认同制度，敷衍执行；二是制度执行比原来要付出更多代价，损害既得利益（潜规则），使执行者不认同制度，抵制执行；三是制度执行过程中尤其是在初期往往会出现成本增加、效率下降、摩擦升级、矛盾频繁等情形，导致一些人降低对制度的认同度。

利益是认同之本，只要存在利益区隔，就存在不同的认同度。在实践中，当分子公司在申请一笔资金要投资的时候，由于要符合资金审批制度与流程，周密的调研、繁琐的签字、审批，最后不得不错失良机的时候，他们就会对制度不认同了。建立制度不难，坚持执行制度很难，而使制度强化为制度文明更是难上加难。推进制度文明，不单单是一个长期宣传教化的过程，而是依制度生存的每一个个体不断以自己的实际利益作代价与制度进行重复博弈的结果。只有当人们一次又一次从遵守制度中得到不断扩大的实际利益时，人们才会真正从心底里认同制度的合法性，从而自愿接受它，认真执行它，坚决捍卫它。

4. 制度认知不到位

从锦鹏投资公司的实际情况看，对制度的认知不到位主要表现在以下两个方面：一是员工对制度的知晓和了解不完全。原因在于缺乏内部统一的制度发布平台，而基层又缺乏对制度的全面宣传和贯彻；二是由于知识、能力、岗位的不同，员工对制度中的具体规定存在不同的理解，在执行过程中出现偏差。

5. 缺乏监督惩处

缺乏制度监督主要表现在监督机构、监督意识和监督机制三个方面。在监督机构方面，主要是组织机构不健全，监督机构缺失，制度执行几乎完全依赖部门和员工的觉悟。监督意识方面，主要有缺乏监督意识、出了问题方才想起监督不够、没有防患于未然。在监督机制方面，缺乏规范、有效的监督、防范和责任追究机制，只根据违反制度后造成后果的严重程度进行主观判断。

二 制度体系建设与执解决方案

（一）制度体系建设原则

管理咨询专家团队对社区党委、居委会、锦鹏投资公司的制度进行了全面系统的诊断后，分层级、分模块、分阶段对制度体系进行了梳理，在原有制度基础上分别列出应该补充完善或修订的制度（见图7—1）。并列出时间表，和客户共同完成制度建设的体系文件，并确立了公司规章制度建设要牢牢抓住的四个基本原则：

一是继承创新。规章制度建设要坚持继承与创新相结合，注意吸收过去的先进经验，适应锦鹏社区及锦鹏投资公司当前新的形势和新的任务，充分把握稳定与更新的平衡，切实服务于社区及公司的生产与经营。

二是科学规范。规章制度的修订和制定必须遵循规范的流程，保证规章制度内容的合理性，确保规章制度的质量，单个制度的质量是整个规章制度体系的基础。

三是独立统一。社区党委、居委会、锦鹏投资公司及分子公司的制度既相对独立又相互统一，避免自相矛盾，在统一的基础上，考虑各分子公司的业务具有一定程度的特殊性，采取适度授权管理。

四是有力执行。不仅要加强规章制度的内容建设，更要加强规章制度的执行监督，让规章制度落在实处，实现由"人治"向"法制"转变的目标，继而将企业带向良性、健康、有序发展的轨道上来。从制度上保障"四办事"原则的实现：按标准办事，按制度办事，按流程办事，按表单办事。

第七章 流程梳理优化

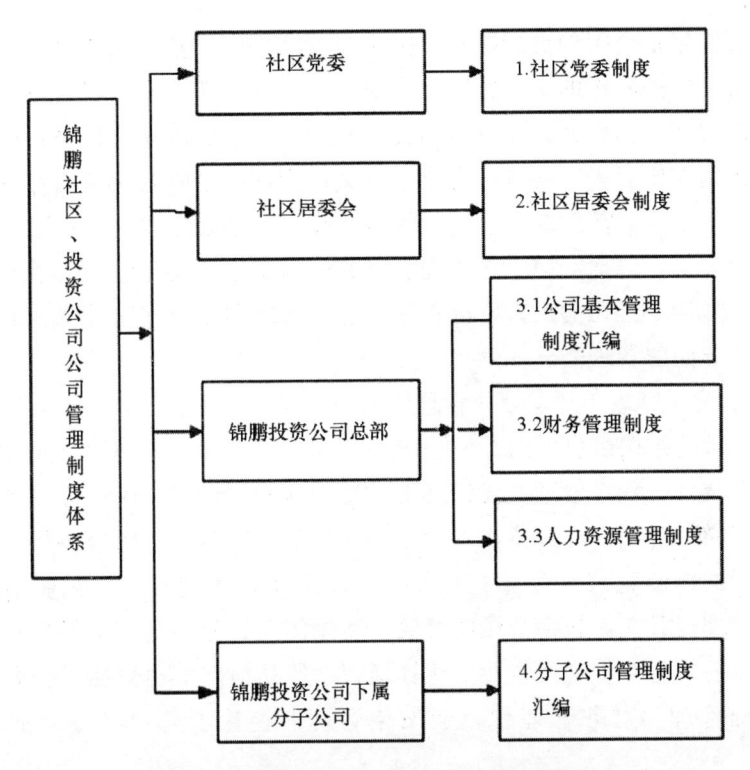

```
                    ┌──────────────┐    ┌──────────────────┐
                 ┌─▶│   社区党委    │───▶│  1.社区党委制度   │
                 │  └──────────────┘    └──────────────────┘
锦               │
鹏               │  ┌──────────────┐    ┌──────────────────┐
社               ├─▶│  社区居委会   │───▶│ 2.社区居委会制度  │
区               │  └──────────────┘    └──────────────────┘
、
投               │                      ┌──────────────────┐
资               │                   ┌─▶│3.1公司基本管理   │
公               │                   │  │    制度汇编      │
司               │  ┌──────────────┐ │  └──────────────────┘
公               │  │              │ │  ┌──────────────────┐
司               ├─▶│锦鹏投资公司总部├─┼─▶│ 3.2财务管理制度  │
管               │  │              │ │  └──────────────────┘
理               │  └──────────────┘ │  ┌──────────────────┐
制               │                   └─▶│3.3人力资源管理制度│
度                                      └──────────────────┘
体
系               │  ┌──────────────┐    ┌──────────────────┐
                 │  │锦鹏投资公司下属│    │ 4.分子公司管理制度│
                 └─▶│   分子公司    │───▶│      汇编        │
                    └──────────────┘    └──────────────────┘
```

图7—1　锦鹏社区、投资公司管理制度体系

（二）制度体系建设

为贯彻集团化管控，使公司及下属企业采取统一化的管控标准，使管理手段和方法理论化、系统化，便于今后集团管理的工作开展，管理咨询专家团队将集团化管控成果以《锦鹏投资公司管理体系手册》和《房地产开发公司管理体系手册》的形式展现。

1. 编制北京锦鹏置业投资管理公司管理体系手册

以翔实的管理诊断结论为依据，通过基础管理、落地执行、管理提升、程序管理和下属企业程序管理五个方面，形成管理体系手册（见附录5）。

手册的结构由锦鹏投资公司的诊断及方案文件、基础管理文件、落地执行文件、管理提升文件、程序管理文件、下属企业基础管理文件、下属企业程序管理文件七部分构成。诊断及方案文件包括锦鹏投资公司管理调研情况及结果分析、管理现状与问题分析、管理解决对策；基础管理文件包括公司的部门职责、岗位职责及相应的基础管理制度；落地执行文件包括公司的岗位竞聘、后备干部管理、人才梯队建设及员工职业生涯管理；管理提升文件包括公司的绩效、薪酬体系；程序管理文件包括部门工作流程、财务管理及企业文化管理；下属企业基础管理文件包括下属企业的部门职责、岗位职责及相应的基础管理制度；下属企业程序管理文件包括部门工作流程、财务管理及企业文化管理。手册从横向上也囊括了公司的人力资源管理、财务管理和企业文化管理，涵盖了公司各方面的管理需求。

2. 编制房地产开发公司管理体系手册

手册的结构由房地产开发公司的基础管理文件、落地执行文件、管理提升文件、程序管理文件四部分构成（见附录6）。基础管理文件包括公司的部门职责、岗位职责及相应的基础管理制度；落地执行文件包括公司的岗位竞聘、后备干部管理、人才梯队建设及员工职业生涯管理；管理提升文件包括公司的绩效、薪酬体系；程序管理文件包括部门工作流程、财务管理及企业文化管理。手册从横向上也囊括了公司的人力资源管理、财务管理和企业文化管理，涵盖了公司各方面的管理需求。

房地产开发公司作为锦鹏投资公司下属企业中具代表性的核心企业，为项目团队重点梳理的对象，《房地产开发公司管理体系手册》对于锦鹏投资公司下属企业的管理具有示范指导意义。在房地产开发公司形成了以夯实管理基础为前提，构建中基层竞争机制为核心的动态人事管理体系。

管理咨询专家团队还通过后续的行业标杆对标学习、岗位资格认证考试体系、校园招聘体系、知识技能竞赛、中基层竞聘实施等活动，形成锦鹏投资公司特有的管理模式，即在编制基础管理文件的基础上，形成岗位任职资格考试为外核、规范各项管理制度和规定为中间层，建立企业文化和绩效考核机制为内核的管理模式。基本实现明确岗位职责，规范公司用人的效果。

（三）制度落地执行解决之道

管理咨询专家团队从制度执行环境和积淀、制度本身质量、制度认同、制度认知、制度监督奖惩机制等几方面分析了锦鹏投资公司制度执行难的原因，找到原因就可以对症下药，管理咨询专家团队在解决执行难方面制定了针对性的策略，取得了良好的成效。

1. 建立和推行制度文化，营造制度执行氛围

借助《企业文化报》这一内部的宣传平台，大力宣传贯彻制度，将制度文化作为企业文化的重点内容建设。

2. 建立健全制度体系，提高制度制定质量，增强制度的可执行性

从整体上构建制度体系框架，对社区党委、社区居委会、总公司及各分子公司的制度做全面系统的制度体系搭建，并对社区安全、稳定、和谐及公司经营、市场、采购、质量、成本、财务、人力资源等各方面和相互关系有一个全面的制度安排，通过编制《锦鹏投资公司管理体系手册》《房地产开发公司管理体系手册》及《分子公司制度汇编》，全面制定职责、流程与制度，使管理标准化、制度化、规范化，并制定3—5年持续的制度建设规划，持续改进和修订以期不断完善，逐步形成相互支撑的制度体系，实现制度基本全覆盖、有章可依，满足制度执行的基本需要。

3. 提高制度认知

管理咨询专家团队通过制度公告形式多元化、开展系列制度培训宣贯等方式提高制度认知度，为执行制度奠定认知基础。如通过《企业文化报》刊载、《社区宣传栏》、公司内部看板公示等多种形式"广而告之"，将制度显性化，让员工多途径了解制度。同时对制度进行系统分类和整理，针对不同职能（党委、居委会、公司）、部门以电子版和纸质版并行的方式予以发布，使之成为员工日常工作必备的案头参考工具书，便利员工学习和执行制度。此外，管理咨询专家团队分批对各单位开展制度培训与宣贯，也使大家形成了统一认知，促使员工增强制度意识和遵守制度的自觉性，为规章制度实施打好基础。

4. 建立规章制度执行的保障监督机制

按照制度化管理的要求，建立规章制度实施的保障和监督机制。分别采取了以下措施：成立问责部门，协同审计部门对内行使日常检查、监督、问责的权利，对违反规章制度的行为按照有关规定及时查处，保证规章制度的严格执行；制定《企业责任问责制度》（见附录7），建立规范、细化、明确的责任追究机制；将规章制度规定的权利、义务和责任纳入业务流程、岗位职责和问责制度，并将制度的贯彻执行纳入部门和个人的绩效考核指标体系，由人力资源部门进行统一的考核，强化规

章制度的约束机制，透过绩效考核引导员工正确执行制度的行为习惯。

在管理咨询专家团队制定制度、监督机制、考核考试等一系列组合办法出台后，锦鹏投资公司内部上下掀起学习制度的热潮，以前违反规定的申请再找书记签字，书记摆摆手说"我说了也不算，要制度说了才算"，锦鹏投资公司已经建立起一套适合自己的制度，并不断修炼内功，使人的积极性发挥到极致。制度决定未来，相信未来锦鹏投资公司在制度体系这一组织核心竞争力之一的推动下，必将走向更加广阔的未来！

第八章 企业文化建设

20世纪80年代，企业文化作为一种全新的管理理论，诞生于经济高度发达的美国。但实际上，企业文化在美国的提出，最直接的原因则是日本经济的发展。20世纪50年代，"第二次世界大战"后的日本经济发展迅速，到了70年代，美国的企业日益受到来自日本的挑战，美国的国际市场逐渐被日本企业所蚕食，对此美国感到非常恐慌和惊诧，他们急于了解究竟是什么原因造成了日本的"奇迹"，也渴望学习其成功的秘诀，于是，在20世纪70年代末80年代初，掀起了一场日美管理学习热潮。1980年，美国《商业周报》首先提出了"corporate culture"的概念。20世纪80年代中期，"corporate culture"被引进到中国。通过对企业文化内涵的理解，再结合中国企业文化建设的实践，我们认为，企业文化是企业在其日常运作的实践过程中所形成的专属于该企业的一套文化体系，既囊括了物质内容，又囊括了精神内容。

第一节 企业文化的概述

一 企业文化的特征

（一）人文性

工业文明诞生于西方，企业管理的传统思想带有浓厚的西方科学主义色彩。传统的管理思想把企业看作单纯的经济组织，把生产过程看作单纯的物的运作过程，管理的主要对象是物，人被看作为生产产品和提供服务的工具，相对于企业所提供的产品和服务来说，人是作为附属品而出现的。比如在"计件制"工作中，人就是完全被作为生产物品的机器而出现的，人在其中没有任何的自主性可言，完全是作为异化的物存在的。这其中的见物不见人的片面性随着经济社会的发展，越来越成为阻碍企业进步的桎梏,而企业文化理论这一充满东方人文色彩的管理哲学应运而生,有效地弥合了西方传统管理思想的先天不足。企业文化作为一种管理哲学,是以人为中心的,这也是企业文化与传统的以物为中心的管理思想的根本区别。企业文化的人文性,就是从企业文化的角度来看,企业内外的一切活动都是为了人的发展,而不是仅仅为了"经济"的发展。从企业外部看,企业生产经营的最终目的是满足广大人民的需要,是促进人类社会的发展,企业文化强调人的社会性。从企业内部来看,企业应该是使员工能够发挥聪明才智和自主性,实现事业追求、和睦相处、舒畅生活的大家庭,使员工体会到企业并不仅仅是市场中的"厮杀",而是一个充满了人文气息的所在。企业文化注重群体精神,倡导平等、友善、信任、互助、合作的人际关系,注意人的自尊和自我实现精神诉求。

(二)渗透性

企业文化的渗透性,是指企业文化的发展过程,既是一个普遍性的进化过程,又是作用于企业方方面面的渗透过程。企业文化的渗透性在于其影响的潜移默化性,一个人在一个文化特征鲜明的企业中,其人格特征也会在不经意间深深地烙上企业文化的烙印。一个文化特征鲜明的企业,其运作过程中的每一个环境,都会体现出企业文化的影子。企业文化的核心是价值观念,它是无形的,因而它的存在、传播和作用需借助于各种具体形式和载体,如企业的各种活动、制度和物质环境。

(三)稳定性

企业文化的稳定性是相对于其变异性而言的,企业文化的形成不是一朝一夕的事情,而其一旦形成,就具有某种稳定性。因此,可以说企业文化同时兼具稳定性和变异性,变异性主要体现的企业文化的可塑性。企业文化的形成呈现出长期性,其作用具有延绵性。一个企业一种积极的企业文化一旦形成,它就会成为企业发展的灵魂,不会因企业产品的更新、组织机构的调整和领导人的更换而发生根本性的变化,它会长期在企业中发挥作用。当然,稳定也是相对的,根据企业内外经济条件和社会文化的发展变化,企业文化也应不断地得到调整、完善和升华。

也可以从企业不同的发展时期来看待企业文化,一般而言,在企业的成立初期,企业文化在深刻的变化之中,企业领导人在这一时期会努力打造一个适合于企业自身情况的文化；在企业发展到一定的规模以后，企业文化就会呈现出稳定性，甚至变得刻板僵化，阻碍企业的发展。

（四）独特性

不同的社会、不同的民族、不同地区的不同企业，其文化风格各有不同，即使两个企业在管理组织、环境、制度手段上可能十分相近甚至一致，在文化上也会呈现出不同的特色和魅力。这是由企业生存的社会、文化、经济等外部环境，以及企业所处的行业的特殊性、自身经营管理特点、企业家素养风范和员工的整体素质等内在条件决定的。当然，在企业文化的个性特点之外，不同企业的文化也具有相同之处，存在着共同性。特别是在某一特定地区、某一特定文化背景下的企业在企业文化上更有相似性。由于共性文化一般情况下都是众所周知的，因而共性文化的培育和传播相对容易；而体现着企业个性的文化的培育和传播就相对较难，个性文化一旦形成，就会产生巨大的感召力、凝聚力和对外的辐射力。

在传统的企业管理理论中，往往总是试图寻找一种适合于一切情况的企业运行模式。这种共性化的管理模式尽管不应完全抛弃，但它的确是导致以往"一刀切"弊病的原因之一，而企业文化理论则更强调把握企业的个性特征，强调按照企业自身的特点进行有效的管理。实际上，任何企业都有自己的特殊品质。从生产设备到经营品种，从生产工艺到经营规模，从规章制度到企业价值观，都各有特点。即使是生产同类产品的企业，也会有不同的文化设施、不同的行为规范和技术工艺流程，所以，每个企业的企业文化都具有其鲜明的个体性、殊异性特色。任何一般的、空洞的企业文化，都不可能有持久、强大的生命力。

企业文化的重要特点是企业的文化个性，没有个性就没有企业文化。

（五）非强制性

这是针对企业文化的作用而言的。企业文化不是强制人们遵守各种硬性的规章制度和纪律，而是强调文化上的"认同"，强调人的自主意识和主动性，也就是通过启发人的自觉意识达到自控和自律。

当然，非强制性中也包含了某种"强制"，即软性约束。对于少数来讲，由于主流文化发挥作用，即使他们并未产生认同或共识，也同样受到这种主流文化氛围所产生的非正式规则的约束。"非强制性"是对企业文化产生认同的人员而言的;"强制性"则是针对企业文化未产生认同的人员而言的。可见,企业文化与传统管理对人的调节方式不同,它是一种内在的文化自律与软性的文化引导。

二 企业文化的功能

（一）企业价值导向功能

一般来讲,任何文化都是一种价值取向,规定着人们所追求的目标,具有目标导向的功能。如果把经济比喻为"列车",那么文化就是其"轨道"。没有轨道,列车将不能正常运行,正是轨道规定着列车将开往哪个方向。回顾历史,同样是火药,西方用它来炸山开矿,旧中国却用它来做爆竹敬神;同样是罗盘针,西方用它航海,旧中国却用它来看风水,这是不同文化价值观下不同文化各自发挥其导向功能的结果。由此我们也可以看到企业文化价值导向功能的重要性。特别值得一提的是,企业文化是一个企业的价值取向,规定着企业所追求的目标。

企业文化的所有内容都是在价值观的基础上产生的,都是价值观在不同层次、不同角度、不同方面和不同时期的体现和具体化。价值观在企业文化中的地位,使它不仅决定着企业的发展方向,而且决定着企业的特征,是企业生存和发展之本。价值观的核心作用远远大于技术和组织结构的作用,因而许多企业家都十分重视企业价值观的建设。美国麦肯锡管理咨询公司的研究人员在对多个企业进行考察和研究后得出结论,任何一种明智的管理都涉及7个变量。它们是:结构、战略、体制、人员、作风、技巧和共有价值观,其中共有价值观是其核心。企业价值观对企业的发展具有重要的意义,尤其是在知识经济这种文化经济时代,企业价值观作为企业和全体员工的价值目标和行为取向,在企业文化和企业发展中具有重要的导向作用。

每个成功的企业都有自己独特的价值观,这是企业形成自身核心竞争力的重要"支点"。如杜邦公司将"通过化学,用更好的产品来提高生活水平"作为自己的企业价值观,这种通过在化学工程中不断地实现产品创新,以提高消费者生活水平的价值理念,使杜邦公司在长期的经营中成就斐然。日本索尼公司以"做开拓者,不模仿别人,努力做看似不可能的事情"作为企业宗旨,最终成为世界上最具竞争力的消费电子产品企业之一。又如我国知名企业北京同仁堂的"济世养生""炮制虽繁必不敢省人工,品味虽贵必不敢减物力"的企业宗旨;杭州胡庆余堂的"戒欺"的价值信条,都体现了这两家医药企业独特的价值取向,这也是这两家企业之所以赢得广大顾客信赖,并长期保持独特魅力和兴盛不衰的重要原因。

(二) 激励功能

管理的核心是人,管理的目的是要把蕴藏在人体内的聪明智慧和才能充分挖掘出来。企业文化能够最大限度地激发员工的积极性和首创精神,使他们以主人翁的姿态,关心企业的发展,贡献自己的聪明才智。在企业文化的激励下,员工积极工作,将自己的劳动融入集体事业中去,共同创造,分享企业的荣誉和成果,本身又会得到自我实现及其他高层次精神需要的满足,从中受到激励。所以,一种积极的企业文化具有良好的激励功能,能够使员工士气步入良性循环轨道,并长期处于最佳姿态。

激励机制是指激励主体运用激励杠杆调动激励客体积极性的相关制度和工作方式。现代人力资源管理理论认为,科学的激励机制应建立在以人为本的基础上,即建立在尊重人、满足人的需要的基础上。在组织内部制定和执行某些政策、法规以及采取某些措施,能够激发组织和个人的工作干劲儿,并起到规范行为、引导方向等作用,同时也是调节组织运行,调动人的积极性的重要手段。有效的激励机制能启动人的积极性、主动性,发挥人的创造精神和潜能,使之充满内在的活力和动力,朝着组织所期望的目标而努力。

领导者设计某种特定的外部和内部刺激来启动和完成员工们的动机运行机制,鼓励人们完成管理者交给的任务。因而激励机制在企业文化中起着动力作用,在进行企业文化建设过程当中,要着重注意激励机制的构建。人既有物质需求又有精神需求。根据激励对员工个体的作用方式,可以把激励分成物质激励和精神激励。物质激励是最常用的激励措施,但物质激励不足会影响员工的积极性,物质激励过度又会让人不思进取,还容易出现边际递减现象。

优秀的企业文化把人看作最重要的资源,以人为中心、致力于人的不断完善和全面发展,使员工看到了企业的存在对自己的重要意义,看到了自己在企业中的重要价值,从而产生一种崇高的使命感,以高昂的士气自觉地为企业发展、为实现自己的人生价值而努力工作。在以人为本的企业文化气氛下,员工对企业的贡献能够及时得到肯定、赞赏和奖励,能使员工产生极大的荣誉感和满足感,从而激发其以极大的热情不断进取、创造性地工作,在为企业创造价值中实现自身价值。同时,由于企业的价值观是被全体员工所认同和提倡的,员工之间会形成相互信任的融洽氛围,产生信任激励。

(三)凝聚功能

企业文化像一根纽带,能把员工个人的追求和企业的追求紧紧联系在一起。企业文化具有一种内在的凝聚力和感召力,使每个员工产生浓厚的归属感、荣誉感和目标服从感。企业文化的这种凝聚功能尤其在企业的危难之际和创业之时更显示出其巨大的力量。首先,从物质利益方面考虑,企业文化使个人与企业利益紧密结合。优秀的企业文化使得员工认同企业价值观,个人的理想、目标追求与企业发展宗旨、目标紧密结合起来,员工个人的利益和前途也就和企业的发展紧密结合起来。这样,员工就会对企业产生一种强烈的向心力,将分散的个人力量凝聚成为整体的力量。除此之外,企业文化也是员工的精神寄托。良好的企业文化提倡培养人才、尊重人才、充分利用人才,员工在企业中有家的温暖和归属感。员工的精神寄托于企业、在感情上依赖于企业、在行动上忠实于企业,把自己的命运与企业的命运紧密结合,从而产生强大的凝聚力。企业文化支撑机制的引导和凝聚作用,把员工的个人行为紧紧地同企业发展联系到了一起,让员工明白的命运自己与企业的息息相关,从而为企业文化的进一步贯彻实施打下坚实的基础。

(四)约束功能

企业文化对员工行为具有无形的约束力。它虽然不是明文规定的硬性要求,但它以潜移默化的方式,形成一种群体道德和行为准则以后,某种违背企业文化的言行一经出现,就会受到群体舆论和感情压力的无形约束,同时使员工产生自控意识,达到内在的自我约束。

企业文化不仅包括制度文化层面的企业规章制度,而且包括精神文化层面的企业思想作风、企业伦理道德、企业价值观念以及行为文化中的企业行为方式。这就决定了企业文化的约束功能既体现在规章制度上的硬性约束,又体现在道德规范上的软性约束。

（五）品牌功能

品牌是企业为使自己的商品区别于其他企业商品所作的特殊标志，是企业形象特征最明显的外在表现。品牌不仅最能体现企业文化和企业显著利益，它还是维系企业员工利益的重要纽带之一。将企业精神注入企业品牌之中，可使企业员工意识到自己的工作对企业的意义，更自觉地关注企业共同利益市场的开拓与维护。企业的品牌，是一个企业最大的无形资产，是企业增加收入的核心要素，是市场竞争优势的代表。企业竞争从产品的竞争演化到文化的竞争，特别是表现在品牌文化的竞争，这已被当代的商业竞争的实例所证实。产品的市场竞争优势来源于产品的差异性，品牌文化可以带给产品独特的个性。当产品的功能和质量成为一种普遍的进入市场的基本要求，品牌文化便成为产品创造独特价值的主要手段，市场竞争进而演化成品牌文化的竞争。品牌个性化，如何创造差异性，是企业赢得竞争优势的关键之一。品牌个性化可以使品牌变得富有情趣，也可以使品牌充满活力和朝气。品牌个性化使品牌文化可以适应细分市场表达社会角色和满足情感的需要，充分创造品牌的差异性，从而给所依附的产品带来差异化，为企业带来利润和竞争优势。

三 企业文化与企业竞争力

（一）企业文化为企业竞争力提供良好的内部环境

企业文化从员工的角度出发协调企业内部关系，为培育核心竞争力提供良好的氛围。先进独特的企业文化是企业的一种无形资源，它将企业全体员工紧紧地凝聚在一起，造成孕育企业核心竞争力的强有力的推动力。企业文化是支持企业在激烈的市场竞争中搏击的精神支柱。企业文化无影无形，却已渗透到企业的每个角落，浸润着企业的每一个细胞，让人随时随处都能感受到它的存在。只有在正确的经营理念的基础上才能真正有效地使人员、技术和资金发挥作用。企业的凝聚力越来越要靠员工对企业使命、企业宗旨和企业价值观体系的矢志不渝来维持。

企业文化决定着企业的整合能力，为核心竞争力的形成提供黏合剂。企业文化是增强合作意识、锻造团队精神的利器。企业管理重点应由行为控制转向观念塑造，下大力气培育企业精神、企业哲学等先进群体理念；在管理手段上，既要重制度约束和经济、行政手段的运用，更重思想引导、精神激励。打造企业核心竞争力，客观上要求企业内部各部门之间、企业员工之间消除大的原则性的分歧，尽可能减少内部冲突所耗散的能量，使企业员工为了企业共同的目标和利益能够不计前嫌，齐心合力；要求企业领导尊重并耐心倾听、慎重考虑不同意见，在企业管理中尽量发挥集体智慧，搞好协作，做到无论是对待内部合作还是外部市场竞争都能够胜则举杯相庆，败则拼死相救。

通过构建企业文化，激发员工的积极性与创造性。现代企业理论认为，企业不是冷冰冰的机器的组合，而是充满人文气息的团体。员工不再是工业社会之初死板的机器人，也不再是工业社会发展阶段的单纯的行为人。知识经济背景下的员工是有着独立的思考能力、活跃的价值取向的思想人。企业核心竞争力的创新需要员工富有活力的思维来保障。以人为本、服务于人，是知识经济时代企业的主流价值取向，是知识经济社会发展的基点和根本目的，也是知识经济时代企业的立身基础。在企业文化建设中，人的因素渗透着并主导着企业文化各子系统，是企业文化建设的核心。企业人力资源管理应该尊重员工的人格、信仰与观念，制定公开、公正、透明的员工聘用标准，除了为员工提供生活需要之外，还要搭建员工个体事业发展的平台，使他们享受到工作的自由与尊严，让每个人都感觉到只有在本企业中才能充分发挥自己的作用，最大限度体现他们人生的价值。借此来实现员工自我主体性与其对企业高度忠诚观念的有效结合，造就一支相对稳固的员工队伍。企业强大的凝聚力与员工的工作热情必然有利于企业核心竞争力的培育。

（二）企业文化为核心竞争力的创新提供不竭的动力

企业文化建设是一个动态的开放的系统，在适应外部市场变化过程中，企业文化通过实践不断发展和完善，并有所突破和创新。知识经济的核心是知识的创造和知识的运用，与此相适应，企业必须弃旧图新，对传统的企业理念进行发掘、整理和扬弃。在知识经济时代，知识正取代资本成为企业成功的首要因素，速度成为企业制胜的关键。知识的快速更新将成为新时代企业的基本素质和要求，知识资本将成为企业成长的关键性资源。企业的竞争，归根到底是知识的竞争，是智力的竞争。企业要想生存与发展就必须强化知识管理，更好地开发、利用和共享知识，而学习正是获得知识的最佳途径。

学习已经成为终生的需要，企业为了确保自身的竞争优势，夯实企业核心竞争力,借助于企业大学这一形式为员工提供各种形式的培训,一方面弥补了社会上职业教育的空当,另一方面,还可以根据企业自身的需要来设定学习项目,训练员工,借此来确保自身持续发展的能力。

(三)企业文化为培育企业核心竞争力打造"品牌"利器

品牌是培育企业核心竞争力的重要支撑,一个没有品牌的企业难以形成持续的竞争力。21世纪随着技术壁垒的降低,产品日益同质化,企业之间的竞争将从价格竞争、产品竞争过渡到品牌竞争。市场竞争日益加剧,作为企业无形资产的品牌越来越显示出无穷的生命力。纵观世界500强,不难发现,他们都拥有响当当的品牌和过硬的服务。品牌和服务的魅力不是凭空产生的,也并非大量投放广告的结果,而是建立在浓厚的企业文化氛围和强大的核心竞争力基础之上的。企业要想创立知名品牌,必须注重自身两个方面素质的提高。一是企业核心竞争力,二是企业文化。企业文化和核心竞争力交织在一起,催生出优秀的品牌和优秀的服务。

品牌是依靠企业长期的历史积淀和企业员工长期自觉维护形成的。而企业员工头脑中的品牌意识离不开企业文化沃土的培植。品牌的背后除了质量与质量硬碰硬的较量之外,就是软性的文化与文化的较量。企业在注重产品质量的同时,必须重视品牌的文化附加值,注重增加品牌的文化底蕴。产品和服务的高质量是企业品牌在市场竞争中获胜的基础。质量是产品的灵魂,是企业的根本。而质量的高低不是企业在自己的实验室里所能够决定的,应根据消费者的感觉来判断。品牌文化是企业文化的外在体现,是企业文化的重要方面,塑造和提升丰富而独特的品牌文化是锻造企业核心竞争力的重要前提。可口可乐、奔驰等世界品牌无不是因其独特的企业文化和品牌文化纵横四海。

为了能使品牌具有较强的识别效应和较广的辐射范围,企业不仅要从追溯历史文化、展望未来文化并使其超越地理和民族文化上下工夫,还要从研究商品的特点、考虑市场的影响力、适应消费者的心理等方面入手,加强与顾客的情感联系,强化品牌形象感染力。除了向产品质量成本要效益外,还应通过企业文化建设来打造品牌的文化力,从而达到扩大影响、实现管理出效益的目的。

此外,企业文化还是整合企业要素、锤炼核心竞争力的黏合剂。核心竞争力是知识的获取、处理、交流、共享等一系列动态性过程。核心竞争力的管理过程,实际上是一个无限的知识流整合过程。而企业文化则是知识整合和其他生产要素整合的黏合剂,是知识创新的推动力。面对迅速变化的外部环境,企业文化的沟通、协调、凝聚功能,可以积极、有效地防止管理惰性和内耗,使松散的结构形成一个有机的系统,形成对手难以模仿的凝聚力。独特的企业文化,整合创造着独特的核心竞争力。企业文化在构建企业核心竞争力中的作用,不仅限于在现实经营中所起的作用,它还对企业组织结构调整、产品结构调整、发展方向、发展速度、发展水平等产生深远的影响。

由此可见,企业文化是企业竞争的最高境界。当代经济的竞争越来越从表层的人、财、物之争,科技之争,发展为更深一层就是企业文化的竞争,"企业核心竞争力"的竞争,归根到底是企业文化的竞争。从构建企业文化入手开发"企业核心竞争力",是现代企业应对挑战、寻求优势的根本道路。

四 企业文化的建设

(一) 建设原则

1. 与企业战略相结合长期渐进的原则

从战略的高度来考虑企业文化的建设,推行企业文化本质上是为了提高企业的竞争力,为企业的长远目标和战略服务。企业文化建设是一个长期、渐进、艰苦的过程,一个优秀的企业文化的形成往往需要几年甚至十几年的积累与沉淀,需要企业上下几代人的共同努力。新的企业文化的建设一定会在原有组织内部兴起一场变革,有时甚至是革命性的,它必然会影响到现有人员的既得利益,遭到既有利益者一定的阻碍,甚至是反抗,但是为了企业的长久发展,却又不能不实行。所以应该树立长期渐进的观点,并且要有克服各种阻力和困难的心理准备,有计划、分阶段地完成企业文化的再造。

2. 领导主导原则

领导者在企业文化建设中的作用举足轻重,不仅在发起和设计时起领导作用,而且在实施过程中要积极地组织和推动,起主导作用。企业文化作为一种上层建筑的表现形式,应该从上到下贯彻实施,首先要达到领导层对这一问题的共识,领导层充分认识到企业文化建设的重要性,才会重视企业文化建设,从而使企业文化实施得以顺利进行。所以，要充分发挥企业高级、中级管理层对企业文化的推动与示范作用，领导的亲自参与推行至关重要。

3. 动态完善原则

在企业发展的不同阶段，受外界环境和内部条件的约束与影响，企业的文化也将表现出不同的内涵与外延，是一个动态完善和调整的过程。设计流程必须是开放的。

4. 人本主义全员参与的原则

企业文化的设计全过程需要发动企业全体员工参与、认可。全面推行企业文化建设，需要本着以人为本的原则，用文化管理来推动公司的进一步发展。员工在企业文化建设中扮演着双重的角色：他们既是企业文化建设的主体，是推动者和参与者；也是企业文化建设的客体，是接受者和被改变者。因此，必须要与员工进行充分的沟通，得到员工的理解与支持，激发员工的主动性与积极性，由"要我改"变成"我要改"，真正发挥主体作用，成为企业文化变革的支持者与实践者。

5. 注重实效的原则

企业文化建设过程中最大的危险就是流于形式，搞花架子。不能为了搞企业文化而搞企业文化，如果只是走走过场，那么还不如不做。要让企业文化深深地扎根于每个员工的心中，使员工在日常的工作当中潜移默化地向企业文化靠拢。所以在设计企业文化的过程当中，要认认真真地去做，不做表面文章，并注重实施执行的过程中及时地收集反馈信息，发现问题，解决问题，修改设计方案，保证企业文化建设体系具有可操作性和可行性，以保证建设效果。

（二）企业文化实施的方法和形式

要使企业员工真正认同企业文化，在思想和行动上与企业文化保持一致，需要较长的过程，并且在这一过程中，需要采用多种形式来灌输和强化，采用多种方法来推动和控制。

1. 进行系统的企业文化教育培训

对员工进行系统培训，是灌输企业文化的主要方法，培训应从上到下分层次进行；编制培训手册，包括企业文化主要理念内容（企业价值观、企业最高目标、企业哲学、企业宗旨等）、员工行为规范、企业重要制度等，这是培训和自学的主要教材；采取多种培训方式，比如教师授课、干部宣讲、员工自学、小组讨论以及到优秀企业参观访问等，使大家心领神会，内化为个人的思想，外显为预期的行为。

2. 宣传鼓动沟通理解

在实施企业文化时，要做好宣传鼓动工作，取得沟通理解，不仅在企业内部是这样，对外也要做好这方面的工作，创造一种利于企业文化建设的舆论环境。

3. 发挥领导示范带头作用

企业文化建设中，管理层的领导示范作用至关重要。领导的一举一动都会引导员工的行为取向，领导的行为如果符合企业文化的内涵，那么公司员工将自觉地向企业文化靠拢。在企业文化自上而下的贯彻实施过程中，要充分发挥管理层，尤其是中层管理干部的模范带头作用。

4. 深入讨论制定相应的整改措施

在实施企业文化的过程中，企业的各项政策和制度要与企业文化相适应，其中没有体现企业文化的地方要补充，与企业文化建设不相符的地方要改正，制定出整改措施，达到理念和制度的更新。

5. 创建特色活动情景强化

创造多种企业风俗及活动，形式多样地强化企业文化建设，使企业文化深入人心。比如演讲比赛、自编自演身边事的新年晚会、拓展训练、生日活动。

6. 企业文化人格化

身边的优秀事迹更有教育意义，它所起到的作用是一般的号召所不能比拟的。企业文化在实施过程中，应该将抽象的概念变成实实在在的、栩栩如生的事例。将公司内的优秀员工、典型事例概括升华，形成文字，使企业文化的内容人格化，这样更易于员工理解和接受。

7. 实行相应的奖惩措施

每年有一个固定时间——企业文化活动周进行企业文化建设先进个人和先进集体的评比和表彰；对企业文化建设活动中没有达标的机关科室、车间进行批评；对违反规定，严重违背企业文化的员工进行相应的处罚。通过奖励和惩罚，使企业文化建设这个软管理的环节变成硬指标，使各个团体和个人高度重视并身体力行。

（三）企业文化建设步骤

企业文化建设是一项复杂的系统工程，也是一个循环往复和不断发展的动态过程。企业文化建设的基本程序，主要有调研、设计、实施、完善等，在对企业现有文化的变革中，企业文化的设计与实施两个环节尤为重要。

1. 启动

企业文化建设的启动，标志着企业致力于构建新的企业文化的开始。主要任务有两项：一是落实企业文化建设前期工作的人、财、物保障；二是宣传发动，如召开企业文化建设启动大会，在企业中营造有利于深入开展工作的氛围。

2. 调研

企业文化调研，是以企业发展、企业生产经营为中心，对企业的文化因素以及企业文化生成与发展的内外环境进行考察，为以后对既有文化的梳理和新文化要素的提出提供依据。企业的内部环境是企业文化的"土壤"，任何企业文化的生成和发展，都与自身的文化历史、经济状况、行业特点、企业素质等内在因素密切相关。企业外部环境是企业文化生长的"气候"。要设计和实施新的企业文化，必须全面深入地了解企业文化的内外环境，把握企业员工对本企业文化的认识和态度。企业文化的调研，应当坚持目标性原则、全员参与性原则、系统性原则和动态性原则，保证调研工作的科学合理组织。企业文化调研的方法，有文案调查法、观察法、专题研讨法、访谈法、问卷调查法等，根据调研工作的实际可以综合采用多种调研方法。调研工作完成后，应作出基本结论，为企业文化建设的下一步工作打下基础。

3. 设计

企业文化的设计，是企业文化的规划者在企业文化调研的基础上，对将要建设的新文化的有关内容作出设想、描述、选择、筹划，为未来的企业文化制定蓝图。企业文化的设计，对企业的变革和发展有重大影响，涉及大量复杂细致的工作，不仅是企业文化建设者的工作重点，也是企业决策层的关注焦点。

4. 实施

企业文化设计后，就要创造条件付诸实践。即把企业文化所确定的内容全面地体现在企业经济活动、员工行为和一定的物质形态上，同时采取必要的手段，强化新理念，使新型的企业文化要素逐步得到普遍认同。企业文化的实施要做好以下工作：一是积极创造适应新的企业文化运行的条件，如推进企业改革、开展员工培训等。二是加强精神灌输和舆论宣传，使企业形成浓厚的舆论氛围，让员工潜移默化地接受新的价值观，并用以指导自身的行为。三是发挥企业领导者的带头作用，为员工作出示范表率。四是利用制度、规范、礼仪、活动等进行强化，使员工在实践中感受到企业文化的引导和控制作用。五是对正确的行为进行激励，对不正确的行为进行纠正或作出处罚，使员工在持续的影响中逐步形成新的行为习惯。

5. 完善

企业文化需要在实践中不断得到巩固，并且随着企业经营管理实践的发展、内外环境的改变，企业文化还需要不断充实、完善和发展。企业文化的完善提高，既是企业文化建设一个过程的结束，又是下一个过程的开始，是一个承上启下的阶段。

企业文化是企业中不可缺少的一部分，优秀的企业文化能够营造良好的企业环境，提高员工的文化素养和道德水准，对内能形成凝聚力、向心力和约束力，形成企业发展不可或缺的精神力量和道德规范，能使企业产生积极的作用，使企业资源得到合理的配置，从而提高企业的竞争力。现代企业越来越重视人在企业发展中的重要作用，所以，打造独具特色的企业文化，牢牢把握企业文化建设的着力点，对增强企业的综合实力具有十分重要的意义。

在凤凰村刚刚完成撤村建居的背景下，锦鹏投资公司的企业文化需要在转化原有优秀传统与创新之间寻求一个最佳的平衡点，使企业在保持传承的基础上，对文化与品牌加以优化，使企业更加具有活力，更加符合时代的要求。管理咨询专家团队从该角度出发，保留公司原有的深厚的文化积淀，在此基础上根据公司的性质、业务、品牌受众分析等加以补充、创新，最终提炼出了锦鹏投资公司的企业文化理念体系，对企业集团文化整合起到了核心灵魂的作用。

第二节　锦鹏投资公司企业文化建设

关于锦鹏投资公司的企业文化，几乎没有人能一以贯之地说明白企业文化是什么或怎么样，有什么特点，将来准备往哪个方向发展、怎样建设。中国企业的普遍情况都是这样。即便是那些深明企业文化的意义、从事企业文化工作的人甚至"专家"，在谈论企业文化的时候，也往往是只见树木、不见森林。所以，面对企业文化建设这个问题，首先要确立企业文化清晰的理念，建立系统的企业文化思维和工作内容体系。这个问题如果得不到解决，工作将很难展开。

管理咨询专家团队从以下几个方面着手解决该问题：

一　企业文化的层次结构

（一）企业物质文化

企业物质文化是由企业员工创造的产品和各种物质设施等构成的器物文化，是一种以物质形态为主要研究对象的表层企业文化。主要是指企业生产的产品和提供的服务，是企业与社会、消费者首先接触的部分，是企业文化最直观的表现。企业物质文化首先赋予产品当中。企业文化范畴所说的产品文化应包括三层内容：一是指人们对产品的理解和产品的整体形象；二是与产品相关的产品质量与质量意识；三是指产品设计中的文化因素。由此得出，现代产品的整体概念由核心产品、形体产品和附加产品三个层次组成。

作为体现企业文化、凝聚使用价值的复合体，产品是一种"概念"，产品是一种文化，有良好的企业文化，必定拥有优质的能打动消费者心弦的产品。企业的物质文化还体现在企业的环境设备、企业容貌上。企业容貌是企业文化的表征，是体现企业个性化的标志，它包括企业的名称、企业象征物和企业空间结构、布局等。企业生产环境的优劣，直接影响企业员工的工作效率和情绪。优化企业生产环境，为企业员工提供良好的劳动氛围，是企业重视人的需要、激励人的工作积极性的重要手段。改善生活娱乐条件，能使员工保持心情舒畅，增强企业的认同感和归属感，有利于提高企业的向心力和吸引力。

（二）企业精神文化

企业精神文化，是指企业在生产经营过程中，受一定的社会文化背景、意识形态影响而长期形成的一种精神成果和文化观念。它是企业物质文化、行为文化的升华，是企业的上层建筑，是一种更深层次的文化现象，在整个企业文化系统中，它处于核心的地位。它包括企业精神、企业经营哲学、企业道德、企业价值观念、企业风貌等内容，是企业意识形态的总和。

当代企业的价值观的一个最突出的特征就是以人为中心，以关心人、爱护人的人本主义思想为导向。过去，企业文化也把人才培养作为重要的内容，但只限于把人才培养作为手段。西方的一些企业非常强调在职工技术训练和技能训练上投资，以此作为企业提高效率、获得更多利润的途径。这种做法，实际上是把人作为工具来看待，所谓的培养人才，不过是为了改进工具的性能，提高使用效率罢了。当代企业的发展趋势已经开始把人的发展视为目的，而不是单纯的手段，这是企业价值观的根本性变化。企业能否给员工提供一个适合人发展的良好环境，能否给人的发展创造一切可能的条件，这是衡量一个当代企业或优或劣、或先进或落后的根本标志。德国思想家康德曾经指出，在经历种种冲突、牺牲、辛勤斗争和曲折复杂的漫长路程之后，历史将指向一个充分发挥人的全部才智的美好社会。随着现代科学技术的发展，现代和21世纪文明的真正财富，将越来越表现为人通过主体本质力量的发挥而实现对客观世界的支配，这就要求充分注意人的全面发展问题，研究人的全面发展，无论对于企业中的人，还是对全社会，都有着极其重要的意义。

企业精神是现代意识与企业个性相结合的一种群体意识。每个企业都有各具特色的企业精神，它往往以简洁而富有哲理的语言形式加以概括，通常通过厂歌、厂训、厂规、厂徽等形式形象地表达出来。一般来说，企业精神是企业全体或多数员工共同一致，彼此共鸣的内心态度、意志状况和思想境界。它可以激发企业员工的积极性，增强企业的活力。企业精神作为企业内部员工群体心理定势的主导意识，是企业经营宗旨、价值准则、管理信条的集中体现，它构成企业文化的基石。企业精神源于企业生产经营的实践之中。随着这种实践的发展，企业逐渐提炼出带有经典意义的指导企业运作的哲学思想，成为企业家倡导并以决策和组织实施等手段所强化的主导意识。企业精神集中反映了企业家的事业追求、主攻方向以及调动员工积极性的基本指导思想。企业家常常以各种形式在企业组织过程中得到全方位强有力的贯彻。于是，企业精神又常常成为调节系统功能的精神动力。企业精神总是要反映企业的特点，它与生产经营不可分割。企业精神不仅能动地反映与企业生产经营密切相关的本质特征，而且鲜明地显示企业的经营宗旨和发展方向。

企业的发展需要全体员工具有强烈的向心力，将企业各方面的力量集中到企业的经营目标上去。企业精神恰好能发挥这方面的作用。人是生产力中最活跃的因素，也是企业经营管理中最难把握的因素。现代管理学特别强调人的因素和人本管理,其最终目标就是试图寻找一种先进的、具有代表性的共同理想,将全体员工团结在企业精神的旗帜下,最大限度地发挥人的主观能动性。企业精神渗透于企业生产经营活动的各个方面和各个环节,给人以理想、信念,给人以鼓励、荣誉,也给人以约束。企业精神一旦形成群体心理定式,既可通过明确的意识支配行为,也可通过潜意识产生行为。其信念化的结果,会大大提高员工主动承担责任和修正个人行为的自觉性,从而主动地关注企业的前途,维护企业声誉,为企业贡献自己的全部力量。

(三)企业行为文化

企业行为文化是指企业员工在生产经营、学习娱乐中产生的活动文化。它包括企业经营、教育宣传、人际关系活动、文娱体育活动中产生的文化现象。它是企业经营作风、精神面貌、人际关系的动态体现,也是企业精神、企业价值观的折射。从人员结构上划分,企业行为中又包括企业家的行为、企业模范人物的行为、企业员工的行为等。

1. 企业家的行为

企业的经营决策方式和决策行为主要来自企业家。一个有卓越才能的企业家应该具有:(1)有领导能力,有丰富的想象力、判断能力和坚忍的意志;(2)有监督和管理才能;(3)有丰富的业务知识,善于把握时机做出具有战略意义的重大决策和创新;(4)目光远大,不斤斤计较眼前利润的多少,而是注重于对整个企业发展的全局性设想。作为企业家,是整个企业的统帅,既要决策,又要指挥。因此,企业家必须统观全局。但若不分巨细,事必躬亲,必会消耗企业家过多的精力而影响他对全局的决策。企业家首先要学会宏观性的思维方式。那些具体的环节和事务,可委托他人或具体职能部门去做。只有有所不为,才能有所为。高明的企业领导总是处于高峰时准备应付低潮。企业家应当与新闻界、科技界、信息情报界、文化界的人士多交朋友,在社交中获取信息。企业家必须具有创新性。企业家不仅需要企业生产什么、怎样生产、为谁生产等基本决策权,而且要对生产要素新的组合、新产品开发、新工艺采用、新市场开辟、新原料获得、新组织建立等问题进行决策,所有这些都需要有创新的勇气。

2. 企业模范人物行为

企业模范人物是企业的中坚力量,他们的行为在整个企业行为中占有重要的地位。在具有优秀企业文化的企业中，最受人敬重的是这些集中体现了企业价值观的企业模范人物。这些模范人物大都是从实践中涌现出来，被职工推选出来的普通人，他们在各自的岗位上做出了突出的成绩和贡献，因此成为企业的模范。企业的模范行为可以分为企业模范个体的行为和企业模范群体的行为两类。企业模范的行为总是在某一方面特别突出，而不是在所有方面都无可挑剔。所以，对企业模范不能求全责备，不能指望企业员工从某一企业模范身上学到所有的东西。一个企业中所有的模范人物的集合体构成企业的模范群体。企业模范群体的行为，是企业模范个体典型行为的提升，在各方面它都应当成为企业所有员工的行为规范。

3. 企业员工的行为

企业员工是企业的主体，企业员工的群体行为决定企业整体的精神风貌和企业文明的程度，因此，企业员工群体行为的塑造是企业文化建设的重要组成部分。有人把企业员工的群体行为塑造简单理解为组织职工思想政治学习、企业规章制度学习、科学技术培训，开展文化、体育、读书以及各种文体活动。诚然，这些活动都是必要的、不可缺少的，但员工群体行为的塑造不仅仅限于此，至少还得包括以下三个方面的内容：第一，激励全体员工的智力、向心力和勇往直前的精神。在企业中形成一种勤于学习和善于钻研的好风气，为企业创新做出实际的贡献。第二，把员工个人的工作同自己的人生目标联系起来．这是每个人工作主动性、创造性的源泉，它能使企业的个体产生组合并超越个人的局限，发挥集体的协同作用，进而产生出 $1+1>2$ 的效果。第三，每个员工都必须认识到：企业文化是自己最可宝贵的资产，它是个人和企业成长必不可少的精神财富，以积极处世的人生态度去从事企业工作，以勤劳、敬业、守时、惜时的行为规范指导自己的行为。从事企业工作就像从事其他一切经济活动一样，必须有一种精神力量和内在动力去推动。

4. 企业制度文化

企业制度文化是企业文化的重要组成部分，是人与物、人与企业运营制度的结合部。它既是人的意识与观念形态的反映，又是由一定物的形式所构成。同时，企业制度文化具有中介性，表现在它是精神和物质的中介。制度文化既是适应物质文化的固定形式，又是塑造精神文化的主要机制和载体。正是由于制度文化的这种中介的固定、传递功能，它对企业文化的建设具有重要作用。企业制度文化是企业为实现自身目标对员工的行为给予一定限制的文化，它具有共性和强有力的行为规范的要求。企业制度文化的规范性是一种来自员工自身以外的，带有强制性的约束，它规范着企业的每一个人，企业工艺操作规程、厂规厂纪、经济责任制、考核奖惩制度都是企业制度文化的内容。

二 制定锦鹏投资公司企业文化手册

管理咨询团队通过上述工作确立了锦鹏投资公司企业文化建设的理论和目标，清晰企业文化建设的逻辑，明确企业文化建设的工作体系，最终制定了锦鹏投资公司的企业文化手册（见附录8）。

（一）确立企业文化建设的理念和目标

企业文化建设有三重境界：第一层是确立价值主张，美化企业形象；第二层是提升组织效能，强健竞争力量；第三层是建设精神家园，安顿心灵归宿。换句话说，企业文化建设的最浅层次是提出一套"说法"以面对员工、公众和社会，同时要做出必要的企业形象美化公众；第二个层次是把企业文化落到实处，转化为员工的精神作风和队伍的战斗力，而不仅仅停留在说法和形象上；最深层次是在终极价值上—人为本，使员工在这份事业和这个人群中找到精神家园、实现心灵归宿。

（二）清晰企业文化建设的逻辑

追求远大理想的企业，首先必须塑造一群有品质的人，然后才能造就有品质的事业。在这一基本理解下，锦鹏投资公司企业文化建设的工作逻辑渐行清晰：1. 从传统的公司文化中提炼出优良的文化基因，继续发扬传承；2. 基于当前和未来的新形势、新要求，设计和导入适应未来发展需要的新文化；3. 建立一套企业文化运行体系和机制，通过这套体系和机制的运行，把优良的文化传统和新形势下的文化要求贯彻落实到组织和员工的日常行为中去，实现对锦鹏投资公司人的塑造，最终造就伟大的集体和伟大的事业。

（三）明确企业文化建设的工作体系

企业文化建设从哪些方面着手、做些什么、怎样做、如何保障效果等。大体来说，企业文化工作体系包括三大模块：企业文化内容体系、企业文化运行体系和企业文化监测评价体系。管理咨询专家团队围绕这三个模块对企业文化建设的工作体系进行了详细、系统的设计。

通过上述工作，锦鹏投资公司的企业文化建设工作变得理念清晰、目标明确。同时，锦鹏投资公司的相关工作人员对企业文化的认识也有了进一步提高。

三 提炼优秀传统文化，传承精神薪火

对任何一个有历史的企业来说，企业文化建设的必备内容是，从企业的成长岁月和顺逆经历中去发掘和提炼出智慧和意志、经验与教训，然后升华为宝贵的文化精神遗产，以资后人记取、代代相传。

管理咨询专家团队对锦鹏投资公司的文化根脉和精神薪火进行了解读与领悟，并将其总结为拼搏进取、勤劳勇敢、坚定信心。

（一）拼搏进取：弘扬艰苦奋斗、务求实效的精神，贵在奋斗

凤凰村、锦鹏投资公司的前辈通过他们的奋斗，为今天的企业积累了宝贵的财富与资本。现在，企业正在一些全新的产业领域上发展，无论是房地产开发，还是金融和物业，都正处在探索阶段，如何再创一流的企业是时代赋予公司的责任和使命。因此，锦鹏投资公司全体员工就应该在精神上鼓足干劲，在行动上真抓实干，树立远大的目标，并为之不懈努力，将祖辈们拼搏进取的奋斗精神延续下去。

（二）勤劳勇敢：勤奋上进，有勇气，有胆量

勇敢的人开凿自己的命运之路。如今企业身处在激烈的市场竞争环境下，想要生存和发展壮大，就必须依靠锦鹏投资公司全体员工勤劳勇敢挣脱困境。勇气与胆量不是与生俱来的，也不是一朝一夕形成的，而是在长期的磨砺和不懈的锤炼中造就的。回顾企业的发展历程，是几代人孜孜不倦的勤奋创业，磨炼出了勤劳勇敢的优秀品质，为凤凰村、锦鹏投资公司创造了无数光辉的历史。因此公司就应该继承这种优秀的品质，克服困难，不怕辛苦，顽强地为公司共同的事业不懈努力。

（三）坚定信心：励精图治，满怀信念与热情

随着凤凰村渐渐失去赖以生存的土地，公司离开了曾经专精的产业，转而迈向充满机遇与挑战的新行业。面对行业的陌生与经验的不足，公司应该树立信心，坚定信心。迸发出工作的激情，群策群力带领锦鹏投资公司全体员工在新的行业中出类拔萃。

（四）明确使命，勾画愿景

心有鲲鹏遨天地，功名气节合自成。伟大的理想是伟大事业和伟大组织的魂魄；使命、远景和目标是企业决策的方向和前进的旗帜，是感召和协调组织成员行动、激发大家生命热情和工作意义的号角。

数十年来，锦鹏投资公司从无到有，经营范围不断扩充，盈利能力逐年增强，一步步发展强大，许多既定目标已超额实现。在新的环境和形势下，应该用什么样的理想和目标来感召锦鹏投资公司的人继续勇往直前呢？锦鹏投资公司迫切需要对自己新时期的使命和愿景作出清晰的定位和系统的表达。

第三篇
落地实施与有形成果

第九章 不拘一格用人才

第一节 人才培养体系概述

人力资源是指一定范围内人口总体所具有的劳动能力的总和，是在一定范围内具有为社会创造物质和精神财富、从事体力劳动和智力劳动能力人们的总称。人力资源还可以定义为对一定范围内的人员，通过投资开发而形成的具有一定体力、智力和技能的生产要素资源形式。人力资源是企业中最重要的资源，是企业在激烈的竞争中能够胜出的有力武器。现在企业间的竞争说到底就是人才的竞争，企业离不开高技能、高素质的人才，人才的培养离不开企业有效的人力资源管理，有效的人力资源管理又离不开一个科学合理的人才培养体系。企业人力资源管理工作的目的就是通过各种方法来有计划地组织各种活动，发挥员工的潜能，提高员工的专业技能，最终实现企业良好发展的目标。但就目前的情况来看，大部分企业人力资源管理中的人才培养体系还不是很健全，亟须构建一套科学、合理的人才培养体系。

一 企业人才培养体系的要求

根据现阶段企业人才培养体系的现状及存在的问题，企业在构建人才培养体系时应满足下面几个要求。

（一）要坚持科学人才观，重视人才的培养。当前形势下，高素质、高技能的人才对企业的帮助很大，但是这类人才很缺乏，所以一定要坚持科学的人才观，对高素质、高技能的人才要足够重视，并加以培养，为企业的发展奠定基础。

（二）人才培养体系的构建要符合规律和特点。不同的企业需要不同的人才，在对员工进行培养时要充分考虑企业的要求，结合自身企业的具体要求为员工量身订制合理的培训计划。培养过程中要遵循"先校园培养、再企业培训"的规律，注重培养员工的职业素质、专业知识、实际操作能力，更重要的是培养员工的创造力。

（三）要发挥企业所从事行业的主体作用。高素质、高技能人才是针对于一个行业来说的，最后再具体到某个特定的企业。员工一旦离开了企业所属的行业，他也就失去了价值。所以，在构建人才培养体系时要充分发挥行业、企业的主体作用，结合行业的新技术、企业的生产对员工进行相关的培训，力争在实践中培养人才。

二 企业人才培养体系构建的方法措施

企业人才培养体系的构建，有着许多方面的方法和措施。总结一些成功的企业所搭建的人才培养体系，笔者认为应当注重如下方法和措施。

（一）要从思想上重视人才培养。要想构建一个科学合理的人才培养体系，为企业培养高素质、高技能的人才，首先企业领导应从思想上重视这个问题，并把这样的思想具体落实到实际行动上。企业领导要将企业的发展与人才的培养紧密结合起来，人才培养从员工培训开始做起，并挑选有发展潜力的员工进行重点培养。

（二）行业展望，制订详细的培养计划。在企业中，员工了解和掌握的毕竟是行业的一小部分，不可能对整个行业的发展动向有深入了解。基于这一点，企业就应该对所属行业的发展动向和新技术成果进行详细的分析，并依据分析结果做出可行性强的培训计划，提高员工的专业技能，让员工为企业服务，保持企业的先进性。

（三）深入了解员工。企业中员工的岗位不同，所承担的职责也不同，每个人又有不同的生活背景，所以企业要对员工的生活状态、心理特点等进行了解，多为员工着想，尽可能地解决员工生活上和思想上的困难，打消员工的消极情绪，消除他们的顾虑。这样，既可以增加员工对企业的忠诚度，也能保证培训的效果。

（四）制定合理的薪酬制度，做到奖罚分明，提高员工的积极性。科学合理的人才培养体系建立不能急于求成，构建体系需要很长的时间，在这个时间段需要制定合理的薪酬制度，通过薪酬制度来调动员工的积极性。另外，企业在人才培养体系的构建期间难免会出现许多意想不到的状况，这就需要一定的奖罚制度了。因此，在人才培养的同时应该制定明晰的奖罚制度并严格执行，这样可以减少员工产生心理不平衡，有助于协调企业员工之间的关系。同时，对优秀员工进行明确的奖励还能激励员工发挥潜能，也能避免企业人才的流失。

（五）实施人性化管理，多采用激励性措施。现代的企业在管理上要实现人性化。企业管理的人性化要求人力资源管理运用共同价值的管理和妥善经营的理念，在企业内部要为员工构建共同信念、共同目标的工作氛围，营造一种宽松和谐的环境，这样就更能激发员工的创造性。管理中的人性化表现在多从员工的角度出发，用中庸之道处理问题，防止使员工产生抱怨情绪。人力资源管理要赋予员工一定的责任，让员工感受到被重视，多采取激励性的措施，使他们愿意主动去完成工作任务。

建设企业的人才培养体系需要深入了解体系的不足，然后依据人才培养体系的要求再进行建设，切忌急于求成。人才的培养不只是企业内部培养就可以完成的，还需要与学校建立联系，通过学校来培养员工的基本专业技术理论和从业素质，最终实现校企联合，实现订单式培养。企业人才培养体系的建设需要人力资源管理部门负责好日常的工作，为企业营造和谐的工作氛围。企业还需要对行业和员工进行深入的分析，制订出合理的培训计划然后再进行具体的培训，这样才能收到良好的效果。

三 人力资源管理在现代企业中的作用

（一）科学化的人力资源管理是推动企业发展的内在动力

在一定的物质条件下，劳动者是推动生产力前进的决定性因素，这是因为人与物根本不同，人是有理智的社会人，具有能动性和创造性。科学化的人力资源管理是以企业中的员工为对象的管理，它的中心任务就是有效地开发和利用企业各级员工的潜能。无论是组织员工的招聘、配置、培训，还是确立完善的绩效考核和薪酬福利制度，或是不断地调整工作的分工与协作，改善工作环境和条件，实现组织的科学化，其目的都是有效地开发利用企业的人力资源，挖掘潜力，降低消耗，提高工效。总而言之，以人力资源开发为主导的现代企业人力资源管理就是要通过有效的物质与精神鼓励，不断发掘员工的主观能动性和聪明才智，为企业的发展提供丰富充足的内在动力。

（二）现代化的人力资源管理能够使企业占领人才的制高点

随着科学技术的迅速发展，市场需求的变化，企业间的竞争将会比以往任何时期都要激烈得多。企业外部社会环境深刻变化，促使企业竭尽全力去探寻增加竞争力的法宝。在激烈的市场竞争中，企业为了赢得经营战略上的先机，至少有占领五个制高点，即人才的制高点、资本的制高点、技术的制高点、产品的制高点和市场的制高点，而人才的制高点，或者说智力资本的制高点则是关键。在现代市场经济的发展中，跨国公司激烈竞争的事实说明，企业之间的竞争实质上是人才的竞争、智力资本的竞争。哪个企业拥有大批高素质人才，占据了智力资本上的优势，哪个企业就能开发、引进、采用最高最新的技术，开发研制出具有高科技含量、高品质、高附加值的产品，并运用最新的经营战略和战术去占领市场，最终在激烈的市场竞争中胜出。所谓高素质人才包括三类：一是具有经营战略头脑的企业家人才；二是掌握并具有开发努力的管理和技术人才；三是一大批训练有素，具有敬业、创新精神的员工队伍。

人力资源管理之所以成为现代企业管理的核心、中心和重心，正是因为企业需要充足丰富的动力，需要在日益激烈的市场竞争中占领总体发展战略的制高点。

第二节　徐氏十字管理法理论模型

徐氏十字管理法是由徐明博士在多年的理论研究和实践验证的基础上，总结发现并提出的企业动态人事管理体系。是指在企业集团化管控过程中，通过纵向竞聘晋升，横向工作岗位轮换，中高层履职考核来使整个人力资源管理体系处在动态的平衡中，从而达到企业集团化良性管控的状态（见图9—1）。

一 徐氏十字管理法模型

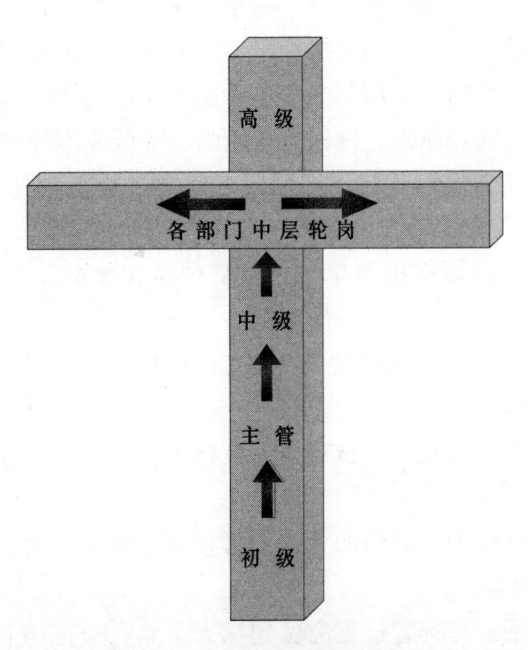

图9—1 徐氏十字管理法模型

二 徐氏十字管理法的管理体系和原则

包括中层以下经营管理人员的竞聘晋升体系，中高层经营管理人员的履职考核体系。

（一）建立岗位竞聘晋升的长效管理体系，逢晋必考

具体体现在员工的晋升，必须经过严格的甄别筛选，通过笔试、结构化面试、公文筐测试、竞聘演讲等步骤，由企业的晋升竞聘领导小组进行评价，确定岗位最终人选。

竞聘晋升，是对实行考任制的各级经营管理岗位的人员选拔技术，如果它用于内部招聘，即为内部竞聘上岗。企业全体员工，不论职务高低、贡献大小，都要站在同一起跑线上，重新接受企业的挑选和任用。同时，员工本人也可以根据自身特点与岗位的要求，提出自己的选择期望和要求。

竞聘晋升可以作为一种保证企业变革顺利进行的必要措施和重塑企

业文化的有效手段。它能够打破因循守旧的传统观念，摒弃论资排辈的落后体制，真正体现能上能下、优胜劣汰的市场化观念和竞争意识，鼓励员工不断创新，实现自我提升，为企业注入新的活力，同时强化员工的使命感与责任感。在看到危机和不足的同时，鼓足勇气，提高信心。

竞聘晋升的原则：竞聘晋升坚持公开原则、平等原则、竞争原则、择优原则、内部优先原则、确保质量原则、降低成本原则，选拔优秀的人才做最适宜的工作，并在不同部门之间对人力资源进行合理分配与调剂。

1. 公开原则：即把招聘单位、招聘种类和数量、招聘的资格条件均在竞聘范围内公告，公开进行。

2. 平等原则：即对所有竞聘者，应一视同仁，不得人为地制造各种不平等的限制。

3. 竞争原则：即通过考试竞争、资格评定、竞聘答辩等竞争手段，以确定成绩的优异。

4. 全面原则：即选聘前的考试和考核应对知识、能力、以往业绩、品德进行全面考核。

5. 择优原则：即选聘过程应做到深入了解，全面考核，认真比较，谨慎筛选的过程，择优录取。

6. 量才原则：选聘时必须考虑有关人选的专长，量才录用。

（二）建立中高层管理人员任职管理体系，履职考核

履职考核，是指公开、公平和公正地评价企业各部门管理人员、各直属分子企业经营管理人员在任职期间的整体表现，进一步推动和加强企业人力资源管理的科学性和规范性，完善人才激励和约束机制，为企业经营管理人员的晋降、奖惩和调整提供科学依据，促进企业经营管理队伍的健康成长。

履职考核原则：

1. 坚持公开、公平和公正的原则。

2. 坚持实事求是、注重实绩的原则。

3. 坚持上级考评和民主测评相结合的原则。

对于经理级的，在本年度年底进行履职考核，部门经理排名倒数后两位的实行诫勉，职位降为副经理（主持工作）。实行诫勉的部门经理在履职考核后到下一年度3月份为试用期，仍旧不合格者予以辞退。

第九章　不拘一格用人才

（三）建立工作岗位轮换的横向人事管理体系

岗位轮换制是企业有计划地按大致确定的期限，让员工（管理人员）轮换担任若干种不同工作的做法，从而达到考察员工的适应性和开发员工多种能力、提高换位思考意识、进行在职训练、培养主管的目的。

实施岗位轮换，其作用是明显的，但企业在实际推行岗位轮换制度中，还存在诸多需要克服的困难和阻力。每年大量的人事横向流动是很麻烦的事情，加重了HR部门的负担，给业务部门的工作也造成一定的影响。

实施工作岗位轮换，应坚持以下原则：

1. 用人所长原则

在推广岗位轮换制的同时，必须要注意人力资源管理的基本原则，即用人所长，避人所短。在制定岗位轮换制时，制订详尽的长期计划，根据每个员工的能力特点和兴趣个性统筹考虑安排，在企业内部人才合理流动的基础上，尽量做到使现有员工能学有所长，提高人才使用效率。为了保证企业内部的相对稳定，岗位轮换应控制在一定范围内，具体范围大小可根据企业的实际情况决定。

2. 自主自愿原则

虽然岗位轮换制可以提高员工的工作满意度，但因具体情况的不同，效果也各不一样，要使得岗位轮换制发挥应有的作用，有必要与员工进行有效的沟通。在企业制定有关的岗位轮换制度后，与参与岗位轮换的员工进行有效的沟通，实行双方见面、双向选择等方式方法，减少由于岗位突然变化给员工带来的心理不安定和焦虑，使岗位轮换达到应有的效果。

3. 合理流向原则

企业中各个部门所负担的工作职责有所不同，对于员工素质要求也不一样。在岗位轮换时，既要考虑到企业各部门工作的实际需要，也要能发挥岗位轮换员工的才能，保持各部门之间的人才相对平衡，推动企业效能的提升。

4. 合适时间原则

岗位轮换制实施过程中，应充分考虑轮换的时间周期，岗位轮换有其必要性，但必须注意岗位轮换的时间间隔。如果在过短时间内员工工作岗位变换频繁,对于员工心理带来的冲击远远大于工作新鲜感给其带来的工作热情,岗位轮换的效果就会适得其反。一般来说,每个员工在同一工作岗位上连续工作5年以上,又没有得到晋升的机会,就可考虑岗位轮换。如果一名员工一直在同一企业中工作,考虑其晋升和岗位轮换的总数在7—8次较为合适。

（四）建立职业生涯双通道管理体系

职业生涯管理是企业帮助员工制定职业生涯规划和帮助其职业生涯发展的一系列活动。职业生涯管理应看作竭力满足管理者、员工、企业三者需要的一个动态过程。

职业路径是企业为内部员工设计的自我认知、成长和晋升的管理方案。职业路径在帮员工了解自我的同时使企业掌握员工职业需要,以便排除障碍,帮助员工满足需要。另外,职业路径通过帮助员工胜任工作,确立企业内晋升的不同条件和程序对员工职业发展施加影响,使员工的职业目标和计划有利于满足企业的需要。职业路径设计指明了企业内员工可能的发展方向及发展机会,企业内每一个员工可能沿着本企业的发展路径变换工作岗位。良好的职业路径设计一方面有利于企业吸收并留住最优秀的员工;另一方面能激发员工的工作兴趣,挖掘员工的工作潜能。因此,职业路径的设计对企业来讲十分重要。

职业生涯双通道管理是基于对职业路径的有效设计,既有管理岗位为主的行政管理通道,也有技术、技能为主的专业技术通道。使员工可以在企业内有不同的职业选择和期望。

职业生涯双通道管理遵循的原则:

1. 利益整合原则

利益整合是指员工利益与组织利益的整合。这种整合不是牺牲员工的利益,而是处理好员工个人发展和组织发展的关系,寻找个人发展与组织发展的结合点。每个个体都是在一定的组织环境与社会环境中学习发展的,因此,个体必须认可组织的目的和价值观,并把他的价值观、知识和努力集中于组织的需要和机会上。

2. 协作进行原则

协作进行原则,即职业生涯规划的各项活动,都要由组织与员工双方共同制定、共同实施、共同参与完成。职业生涯规划本来是好事,是有利于组织与员工双方的。但如果缺乏沟通,就可能造成双方的不理解、不配合乃至造成风险，因此必须在职业生涯开发管理战略开始前和进行中，建立相互信任的上下级关系。建立互信关系的最有效方法就是始终共同参与、共同制定、共同实施职业生涯规划。

3. 动态目标原则

一般来说，组织是变动的，组织的职位是动态的，因此组织对于员工的职业生涯规划也应当是动态的。在"未来职位"的供给方面，组织除了要用自身的良好成长加以保证外，还要注重员工在成长中所能开拓和创造的岗位。

4. 时间梯度原则

由于人生具有发展阶段和职业生涯周期发展的任务，职业生涯规划与管理的内容就必须分解为若干个阶段，并计划在不同的时间段内完成。每一时间阶段又有"起点"和"终点"，即"开始执行"和"完成目标"两个时间坐标。如果没有明确的时间规定，会使职业生涯规划陷于空谈和失败。

5. 发展创新原则

发挥员工的"创造性"这一点，在确定职业生涯目标时就应得到体现。职业生涯规划和管理工作，并不是指制定一套规章程序，让员工循规蹈矩、按部就班地完成，而是要让员工发挥自己的能力和潜能，达到自我实现，创造组织效益的目的。还应当看到，一个人职业生涯的成功，不仅仅是职务上的提升，还包括工作内容的转换或增加、责任范围的扩大、创造性的增强等内在质量的变化。

6. 全程推动原则

在实施职业生涯规划的各个环节上，对员工进行全过程的观察、设计、实施和调整，以保证职业生涯规划与管理活动的持续性，使其效果得到保证。

7. 全面评价原则

为了对员工的职业生涯发展状况和组织的职业生涯规划与管理工作状况有正确的了解，要由组织、员工个人、上级管理者、家庭成员以及社会有关方面对职业生涯进行全面的评价。在评价中，要特别注意下级对上级的评价。

三 徐氏十字管理法的管理流程

（一）竞聘晋升流程图（见图9—2）

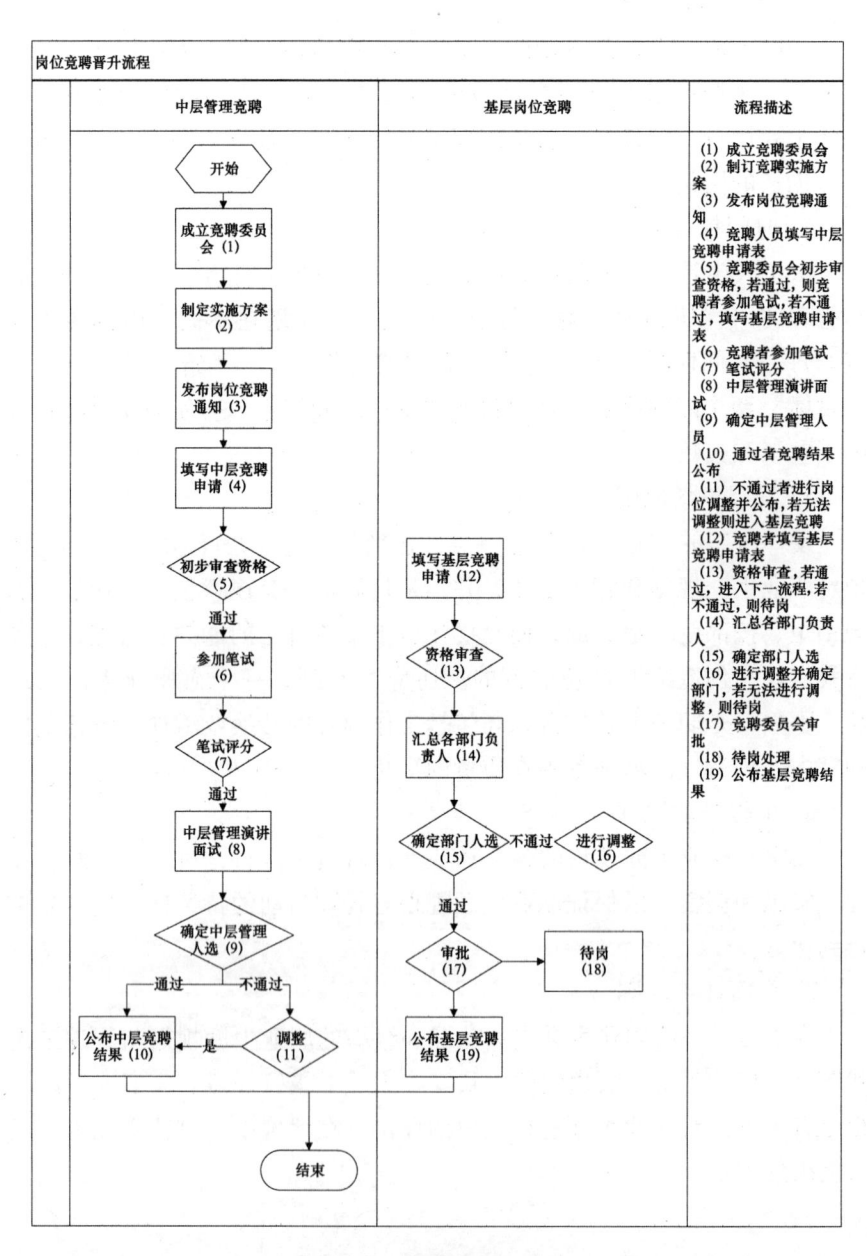

岗位竞聘晋升流程

中层管理竞聘	基层岗位竞聘	流程描述
开始 → 成立竞聘委员会(1) → 制定实施方案(2) → 发布岗位竞聘通知(3) → 填写中层竞聘申请(4) → 初步审查资格(5) → 通过 → 参加笔试(6) → 笔试评分(7) → 通过 → 中层管理演讲面试(8) → 确定中层管理人选(9) → 通过/不通过 → 公布中层竞聘结果(10) / 调整(11)是 → 结束	填写基层竞聘申请(12) → 资格审查(13) → 汇总各部门负责人(14) → 确定部门人选(15) → 不通过→进行调整(16) → 通过 → 审批(17) → 待岗(18) → 公布基层竞聘结果(19)	(1) 成立竞聘委员会 (2) 制订竞聘实施方案 (3) 发布岗位竞聘通知 (4) 竞聘人员填写中层竞聘申请表 (5) 竞聘委员会初步审查资格，若通过，则竞聘者参加笔试，若不通过，填写基层竞聘申请表 (6) 竞聘者参加笔试 (7) 笔试评分 (8) 中层管理演讲面试 (9) 确定中层管理人员 (10) 通过者竞聘结果公布 (11) 不通过者进行岗位调整并公布，若无法调整则进入基层竞聘 (12) 竞聘者填写基层竞聘申请表 (13) 资格审查，若通过，进入下一流程，若不通过，则待岗 (14) 汇总各部门负责人 (15) 确定部门人选 (16) 进行调整并确定部门，若无法进行调整，则待岗 (17) 竞聘委员会审批 (18) 待岗处理 (19) 公布基层竞聘结果

图9—2 竞聘晋升流程图

（二）履职考核流程图（见图9—3）

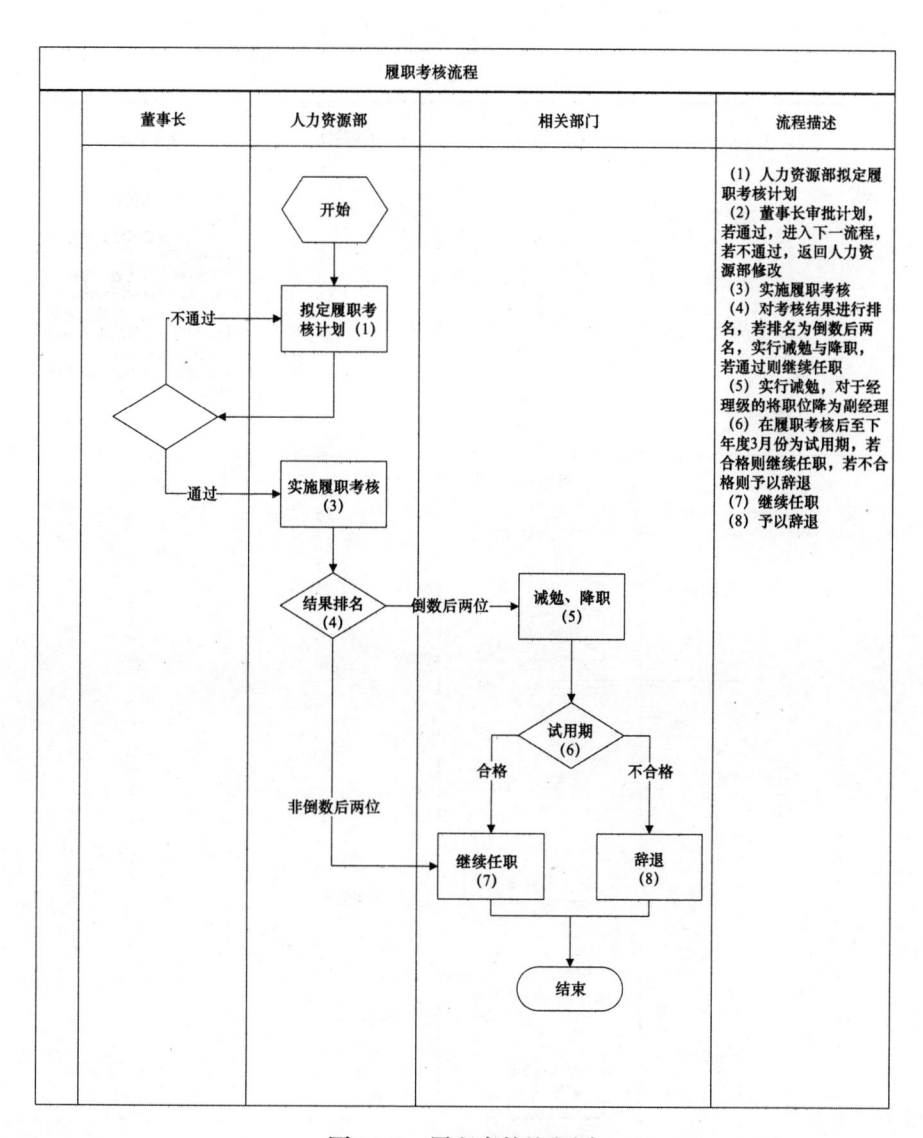

履职考核流程				
董事长	人力资源部	相关部门	流程描述	

流程内容：

开始 → 拟定履职考核计划（1） → （董事长审批：不通过返回，通过继续） → 实施履职考核（3） → 结果排名（4） → 倒数后两位：诫勉、降职（5） → 试用期（6） → 合格：继续任职（7）／不合格：辞退（8） → 结束；非倒数后两位：继续任职（7）

流程描述：
（1）人力资源部拟定履职考核计划
（2）董事长审批计划，若通过，进入下一流程，若不通过，返回人力资源部修改
（3）实施履职考核
（4）对考核结果进行排名，若排名为倒数后两名，实行诫勉与降职，若通过则继续任职
（5）实行诫勉，对于经理级的将职位降为副经理
（6）在履职考核后至下年度3月份为试用期，若合格则继续任职，若不合格则予以辞退
（7）继续任职
（8）予以辞退

图9—3　履职考核流程图

（三）岗位轮换流程图（见图9—4）

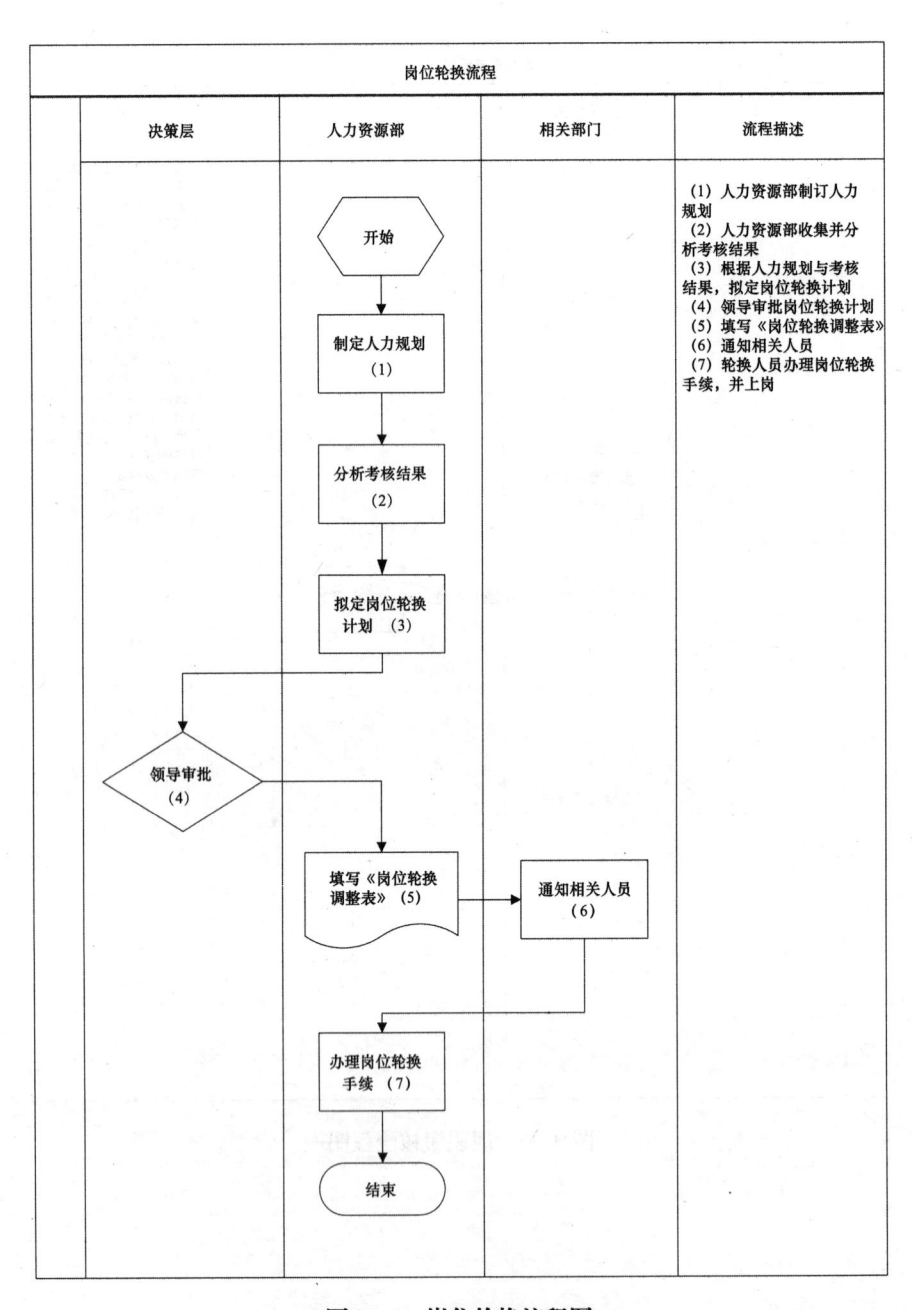

岗位轮换流程			
决策层	人力资源部	相关部门	流程描述
	开始 → 制定人力规划(1) → 分析考核结果(2) → 拟定岗位轮换计划(3)		(1) 人力资源部制订人力规划 (2) 人力资源部收集并分析考核结果 (3) 根据人力规划与考核结果，拟定岗位轮换计划 (4) 领导审批岗位轮换计划 (5) 填写《岗位轮换调整表》 (6) 通知相关人员 (7) 轮换人员办理岗位轮换手续，并上岗
领导审批(4)	填写《岗位轮换调整表》(5) → 办理岗位轮换手续(7) → 结束	通知相关人员(6)	

图9—4 岗位轮换流程图

（四）职业生涯双通道体系管理流程图（见图 9—5）

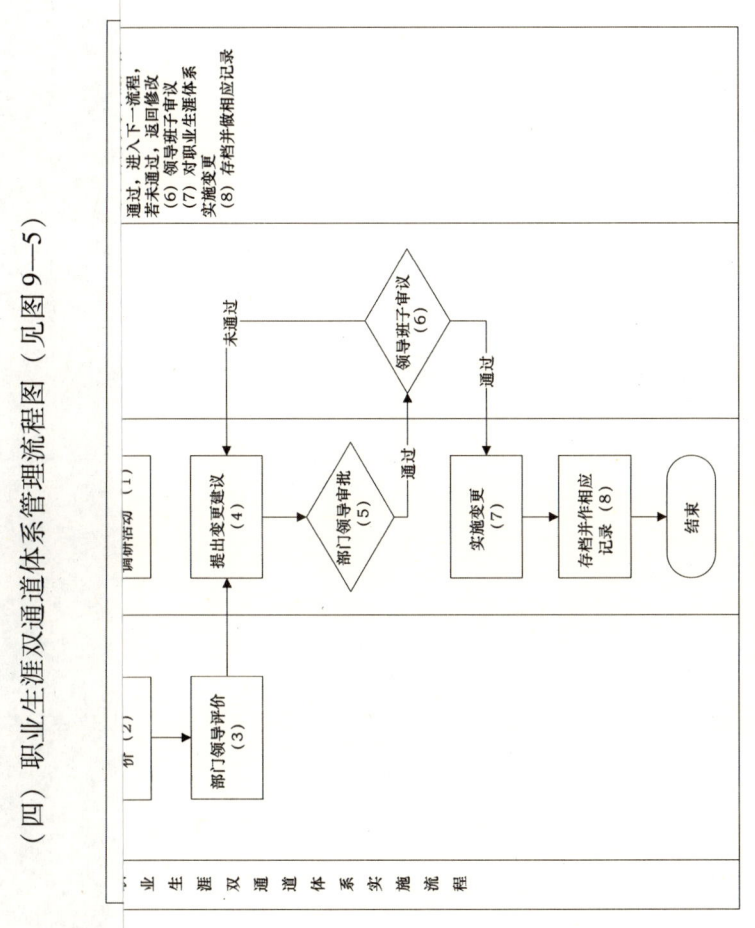

图 9—5 职业生涯双通道体系管理流程图

第三节　徐氏十字管理法实践

一　启动校园招聘星火计划

在管理咨询专家团队指导下锦鹏投资公司管理层逐渐认识到公司后备干部培养的重要性。为了提高管理培训生的水平，公司创立了校园招聘和管理培训生培养的品牌——"星火计划"，取"星火传承"和"星火燎原"之意，寓意"聚是一团火，散作满天星"。

"星火计划"旨在挖掘年轻人的潜力，为有梦想、有理想、有激情、有斗志的"四有新人"提供平台，让其在广阔的舞台上施展才华。"星火计划"的集中培养期为2—3年，主要通过职业化培训、专业培训及企业文化等方面的培训，辅助导师带徒、轮岗培养等培养机制，帮助管理培训生快速转变角色，了解企业及相关业务，促进管理培训生快速成长，能够在工作中发挥积极性和创造性，独挑大梁，提供晋升空间，规划职业生涯，为企业发展多做贡献。当然，激励与淘汰并存，"星火计划"将执行严格的准入标准和严格的考核机制，不能达到公司培养要求的，必然会被淘汰出局。

随着新一届毕业生开始选择企业单位就业，锦鹏投资公司及下属房地产开发公司为引进人才，为公司注入新鲜血液，公司人事行政部配合管理咨询专家团队开始继续执行"星火计划"校园招聘工作。管理咨询专家团队从公司实际人才需要出发，设置了数个毕业生可应聘的岗位。包括运营专员、行政专员、前期专员和建筑设计师等岗位。

组织六次校园招聘笔试。并分别在中国青年政治学院、北方工业大学、北京工业大学、北京建工大学等高校完成校园招聘宣讲会和校园招聘会。

校园招聘笔试包括笔迹测试和基本专业知识考试两个部分（见附录9）。通过笔迹测试来分析应聘者的性格及工作能力等内容。而专业知识又对应聘者对专业知识能力的掌握做进一步的考察。参加两次笔试的应聘者近二十人，此次应聘的岗位为人事行政类和工程技术类。在笔试环节之后，公司将根据笔试结果选择部分应聘者进入下一轮的面试环节。

二 内部竞聘选拔人才

为加强房地产开发公司中层干部队伍建设，贯彻干部德才兼备的原则，建立干部能上能下的用人机制，建设一支高素质的干部队伍，满足企业内部管理岗位的人力资源需求，管理咨询专家团队在公司内部开展竞聘活动，通过内部竞聘活动发现有潜力的员工，定向培养，建立公司人才梯队，给有积极向上意愿的员工提供一个锻炼自我，表现自己的良好机会。

内部竞聘分为准备期、启动考核期、评审期，内部竞聘管理小组负责内部竞聘的所有事务，包括项目策划、落实、组织实施、信息统计和报告等事项。以确保此次竞聘活动按流程要求有计划地、高效地和有秩序地展开。

（一）准备期

1. 编写《房地产开发公司中层竞聘细则》，明确了本次中层竞聘的具体岗位、竞聘程序、竞聘考试类型及评审方法等内容，从多方面考察竞聘者的综合素质和能力。

2. 完善细化房地产开发公司中层岗位竞聘题库，包括公文筐测试和岗位竞聘专业考试题目的编制。管理咨询专家团队本着公正公平的原则，对考试题目严格保密。考试题目设置科学合理，旨在对竞聘者的文件分析处理信息能力、对专业知识的掌握以及中层管理者所应具备的其他素质进行综合考察。公文筐测试题目（见附录10）将根据本公司的实际情况设置情景，并提供各种与特定工作有关的文件、报纸、信件等公文。此项测试要求被试者在规定时间完成对各种公文的处理。

召开竞聘动员会，介绍了员工竞聘的流程、考核内容，号召员工积极参与竞聘。

（二）启动考核期

1. 组织岗位竞聘的专业考试。内部竞聘管理小组的评委将根据竞聘者的表现及考试成绩对其打分。

2. 公司员工在参加岗位竞聘动员会之后，对岗位竞聘的方式、目的和意义都有了更深的了解公司员工可自愿报名参加竞聘。竞聘通过专业考试、竞聘演讲和结构化面试三种方式对竞聘人员进行综合能力测试。

3. 岗位竞聘专业考试共计两个小时。考试期间，考场纪律严肃，竞聘人员沉着冷静，认真作答。在考试结束后，管理咨询专家团队及时阅卷，并进行成绩汇总，最终得出竞聘人员的笔试成绩结果。

4. 笔试后又进行了正式的竞聘演讲和结构化面试。竞聘演讲和结构化面试是由报名者根据拟聘岗位职责发布竞聘演讲并接受结构化面试，以考察竞聘人员的形象气质、仪容仪表、语言表达能力、管理思路、方法的表达和沟通能力、计划能力和应变能力等。每位竞聘者时间不超过30分钟，其中演讲15分钟，结构化面试15分钟。竞聘小组的评委由房地产开发公司董事长、总经理、运营副总及管理咨询专家组成。参加竞聘的人员按交卷的先后顺序接受测试。竞聘者在作简单的陈述演讲后，评委就竞聘者对所在部门的问题、建议，以及如果竞聘成功后将如何对部门作出改善对竞聘者进行了一系列提问。每位竞聘者都根据自己实际的工作内容以及工作中遇到的问题向评委陈述了具体的想法。

5. 在对竞聘者进行笔试和面试的考察后，公司按照相应权重及评委的打分作成绩汇总，确定竞聘者的最终成绩。竞聘结果在公司党委会研究后进行公示，公示期无异议，即行聘任手续。

三 岗位资格认证考试

为使全体员工能够对岗位工作职责充分了解、准确掌握。在管理咨询专家团队指导下，锦鹏投资公司对公司全体员工按岗位进行了岗位资格认证考试。首先管理咨询专家团队完成岗位资格认证的培训教材的编订以及岗位资格认证试题。试卷包括单选题20道、多选题10道、简答题3道、论述题2道。其中单选题、多选题除涵盖本部门专业知识外，还包括人事、财务方面的相关基础知识；简答题、论述题则侧重于对专业基础知识的考核，使试题达到对各部门员工工作进行全方面考核的要求。随后，岗位资格认证试题定稿（见附录11），并根据锦鹏投资公司各部门上报参加考试人数，完成试题印制及封装工作。

岗位资格认证考试为构建完整的人才培养体系奠定了基础。岗位资格认证考试的顺利开展不仅象征着公司领导对规范人员职业素质工作的支持和对专项人才培养的重视，也意味着"企业人才培养计划"在锦鹏投资公司生根发芽，同时也预示着"人才培养"将会长期注入企业文化当中，这种企业文化精神也将在未来企业发展的路程当中不断地传承与弘扬下去。

四　干部履职考核

为客观、公正和准确地考核公司各部门经理的年度履职情况，在管理咨询专家团队指导下，公司制定了《中高层干部履职考核办法》，通过履职考核，公开、公平和公正地评价公司各部门经理在任职期间的整体表现，进一步推动和加强公司集团化管控的科学性和规范性，完善人才激励和约束机制，为公司经营管理人员的晋降、奖惩和调整提供科学依据，促进公司经营管理队伍的健康成长。

（一）履职考核的内容

履职考核主要从德、能、勤、绩、廉五个方面对经营管理人员进行评价考核，重点考核经营管理人员的工作业绩和职业操守。

1. 德，主要考核经营管理人员的思想政治水平、自我品德修养、民主作风、团队意识等方面。

2. 能，主要考核经营管理人员的经营决策能力、执行能力、团队领导能力、危机处理能力和沟通能力等方面。

3. 勤，主要考核经营管理人员的改革发展经营、责任感、合作协调、服务意识、工作作风和态度等方面。

4. 绩，主要考核经营管理人员在任职期间的经营业绩、企业文化建设成效、员工素质培养提升、班子团队建设、业务创新成果等方面。

5. 廉，主要考核经营管理人员的廉洁自律情况、依法合规意识等方面。

（二）履职考核的组织。

1. 组长：公司董事长。

2. 小组成员：公司总经理、运营副总、销售副总、工程副总。

3. 执行小组：人事行政部人员2人。

4. 特约评价专家：锦鹏投资公司代表1—2人、管理咨询专家团队1—2人。

（三）履职考核的程序

1. 履职考核工作组组长做简要的履职考核动员

时间在10分钟以内，主要强调考核的意义、考核的纪律和相关要求。

2. 被考核人进行简要述职

述职材料为 PPT 展示，简明扼要，突出重点，重点汇报业绩和工作成果、工作中的不足和明年工作要点。每人时间控制在 15 分钟以内。

3. 公文筐测试

公文筐测试要求被试者在规定时间内对各种与特定工作有关的文件、报纸、信件、电话记录等公文进行处理。考官根据被试者处理公文的方式、方法、结果等情况，对其能力和个性特征做出相应的评价。公文筐测试是对实际工作中管理人员掌握分析各种资料、处理信息以及做出决策等活动的高度集中和概括。

（四）履职考核结果的运用

企业中层管理部门是企业内部上下沟通的桥梁，担负着承上启下、组织宣传、领导协调等重要职责，其能力与素质的高低，是企业管理水平高低的重要决定因素，对企业的发展起着至关重要的作用。在管理咨询专家团队的精心组织和周密安排下，由 A 公司管理层代表、房地产开发公司董事长、总经理及项目经理组成考核组，严格按照程序分别以履职演讲和公文筐测试形式对各部门经理展开了年终履职考核，测算出每位部门经理的综合得分，并从工作经验、工作态度、团队管理能力、专业素质、沟通协调、计划总结能力等方面的表现进行了综合评定，通过此次履职考核，对房地产开发公司的管理人员的管理水平及综合素质等方面进行了一次很好的摸底调查，根据考核结果将对部门经理排名后两位的实行诫勉，职位降为副经理（主持工作）。实行诫勉的部门经理在履职考核后到下年度 3 月份为试用期，仍旧不合格者予以解除劳动合同。本次履职考核结果将作为经营管理人员全年综合评价的重要组成部分，将对年终奖金、薪资调整等起参考作用。

这次履职考核对于建立锦鹏投资公司的年度中层干部履职考核机制起到了良好示范作用，也对于激发中层干部的责任意识和综合素质能力提升起到了极大的促进作用。

第十章　打造学习型组织

第一节　学习型组织概述

一　学习型组织的含义

学习型组织是指个人、团队和组织立足于工作的可持续而创造性地学习，强调组织将学习战略性地运用于工作以提高组织绩效、组织发展能力与核心竞争能力，并最终使组织发展成为一个能积极应对外部环境快速变化的自我变革型的组织。

学习型组织的含义可以概括为：

第一，学习型组织是通过学习发展自我、扩大未来能量的组织。一个组织整天学习而不能有所发展、有所创造，那就只是一个形而上的僵化的组织。学习型组织理论认为当今的学习主要有三种类型。第一种学习能转化为创造力，促进组织的发展；第二种学习是无效的，对组织的发展产生不了任何作用；第三种学习能转化为破坏力，这种学习主要指所学内容与组织的发展愿景相违背，这样就会对组织达成其目标形成破坏力。而学习型组织的学习是强调能把学习转化为创造力，以达到发展自我的目的。改革开放以来，我们引进了许多先进的理论，可为什么中国还有那么多的企业走不出困境？就是因为所学知识仅仅作为知识而存在，不能在实践中发挥其真正的效能。

第二，学习型组织是全体成员全身心投入并有能力不断学习的组织。过去人们认为企业竞争说到底是人才的竞争，这种观点已经落伍。从更本质上来说，人才的竞争是知识的竞争，而知识只有通过不断学习才能得到。按照学习型理论，企业竞争说到底是学习力的竞争。所谓学习力就是学习动力、学习毅力和学习能力三要素。所谓的学习动力主要是指是什么促使一个人或者组织去不断不学；学习毅力是指学习的持续性；学习能力是指学习效率。美国的研究结果表明，一个 1976 年毕业的大学生到 1986 年，他的知识就基本老化；而 20 世纪 80 年代到 90 年代的大学生所学知识不到 10 年就老化了。在如今这个信息爆炸性增长的年代，一天不学习，你就已经开始落后于别人了。现在企业中的一些大学生，有的甚至已经评上相关专业的高级职称，但对企业的发展起不到多大作用。他们缺少的并不是文凭和学历，关键是他们没有学习力，知识已经老化，仅仅是名义上的大学生，名义上的高级工程师，这恰恰是制约企业发展的重要因素。如今，知识的更替更加快速，企业竞争实质是学习力的竞争。不管采取什么样的管理模式，最重要的是一定要能激发员工的学习力。

学习型组织理论提醒我们：昨天的人才不能保证今天还是人才；今天的人才不能保证明天还是人才。必须重视学习力的问题，必须看到人才背后学习力的竞争，否则，今天的人才，明天如果学习力下降了，后天就可能成为企业的包袱。学习力才是一个企业的生命力之根，是企业竞争力之根本。

第三，学习型组织是让员工体会到工作中生命意义的组织。如果员工到了某个新的单位，能有获得了新的生命意义的感觉，他们才能充分发挥他们的创造力，企业才能因之而得到发展。但是许多传统组织并不能让员工有此感觉，因此它们并不是真正意义上的学习型组织。今天的企业要生存发展，必须注意双层双元原则。所谓双元，第一是企业的发展；第二是员工的发展。一个只注重企业发展不注重员工发展的企业是不会获得持续的成功的。所谓双层，即一个企业要注意双元的发展；而作为员工来讲，既要注意到个人的发展，又要注意到企业的发展，没有企业的发展就没有个人的发展。企业的发展和员工的发展互为因果，好的员工会有利于组织的发展；反过来讲，组织的发展，将会为员工的发展提供更好的平台。

二 学习型组织的特征

对于学习型组织存在着种种不同的定义和理解，从概括和解释组织的学习以及管理知识的角度出发，学习型组织具有如下特征：

（一）创新性。学习型组织旨在"创新"，这已成为未来企业成功的主旋律。企业或组织允许探索性的学习，鼓励员工通过与同事共享信息和智慧以及协助同事工作。组织的每个成员具有较强的创造力，对市场变幻莫测或新形势下产生的任何新思想、新问题都能应对，这对企业应对新形势是十分有利的。这种新思路是在质疑、超越原有的知识局限、思考世界的结果。简单地说，就是组织成员在持续的学习过程中，不断吸收新的工作思想和技巧，并且在员工思想的不断碰撞中形成企业的创造力。

（二）开放性。以往的企业组织便利管理，大都是封闭性的，这种封闭性不仅仅是对于外界而言，组织内部也同样如此，他们认为加强员工之间的交流和沟通不便于企业的管理；而学习型组织的企业开放度较高，这不仅便于组织与外界的联系和交流，而且组织内部关于业绩、当前行动和最优的实践等方面信息的公开可以被广泛理解和共享。

（三）学习性。传统的组织学习方式，只注重学习书本或同事的经验，缺乏对学习能力的培养，在学习方式、学习内容、学习速度等方面也难以做到"学以致用"。学习型组织以"未来唯一持久的优势，是有能力比你的竞争对手学习的更快"为宗旨。因此，企业或组织使用各种手段从外部资源包括客户、供应者和竞争者中学习。通过学习能创造自我，自我知识的增长被认为是改善管理技巧和组织成功的重要因素。同样是学习，但学习的效果是不一样的，在如今这个知识爆炸性增加、技术时刻发生变化的时代缺少的不是学习本身，而是能辨别哪些是自己所需要的知识，并加以学习。

（四）民主性。由于学习型组织不像传统型组织那样是一个"金字塔"形的构架，而是一个"扁平形"的或"倒金字塔形"的组织，这就为每一个成员创造和提供了一个民主的、平等的、双向沟通的良好学习氛围，员工对组织（领导）或个人进行批评时也不会感到有压力。

（五）人本性。人本性即以人为本，组织所进行的一切学习活动都是为了员工能力的提高，使员工在企业中感觉到舒服。尊重个人的人格、名誉和自由；企业诚实地对待个人，个人也忠实地对待企业和他人。

（六）能动性。人是具有主观能动性的动物，但这不意味着人在组织中总会充分发挥其主观能动性，在一些松散的组织中，员工就不能充分发挥其主观能动性。而学习型组织的每一个成员都能最大限度地发挥其主观能动性。领导和员工都应当尽己之能，主动、积极地发挥自己的主观能动性。造就一种相互信任、开诚布公的交流意见和看法、鼓励探索精神的环境。

（七）多元性。所谓多元性，是从多个方面而言的，包括学习的内容、手段和方式，等等。传统的学习手段是单一性的：除了书本、报刊、讲习班或培训班之外，方式也简单，其特点主要是单向的。学习型组织将学习向多元化转变，公司经常举办活动，以交流思想、智慧、经验和学习心得；公司还鼓励员工在工作规则允许下利用非正式机会学习、从错误中学习，以及推动在组织内部和外部的周期性的脱产学习。此外，在方式方法上还配备电视、电脑、多媒体等，以便能迅速地了解各种"信息"和动态，不至于落伍。

（八）终生性。传统的组织"学习"具有阶段性、暂时性，学习的时间是断续的；而对于学习型组织中的每一个成员而言，学习不仅仅是为了晋升、为了应付某种需要而进行的，它要求持续不断地学习。"活到老，学到老"。

（九）计划性。计划性是保障学习持续性和有效性的必要辅助手段，作为一个企业组织，应当制订出一套行之有效的、为达到一定目标的、分阶段性的学习计划。这样，每个成员都能根据组织的计划和个人的实际情况，明确自己的学习目标和努力方向。如果没有学习计划，那么学习将变成像无头苍蝇，不能达到学习的真正效果。

（十）智力的资源性。传统的工业社会中，资本、设备和资源占有绝对的主导地位；而在新经济型的企业中，人力资本，特别是智力资本发挥着越来越重要的作用，人力资源的地位是其他资源无法取代的。

三 创建学习型组织的步骤

（一）增进组织学习的积极性

主要是指让员工积极主动地去学习，这就需要组织进行的学习要使员工能真正的有所得，只有这样员工才会积极主动地去学习。特别不能用高压或逼迫的方式组织学习，这样只能使员工对学习产生抵触情绪，而应以关心和谐的态度去动员员工学习，使学习型组织具有开放性与协调性。

（二）使学习能够持续进行

保持共识，建立完善的学习体制，有良好的制度，组织学习的行动对员工都有影响力。要通过教育使员工自己获得成功,而不是帮助他们做事,教育的结果应该是使员工认知水平得到提高,而不是只教给他们某一项技能。提高员工解决问题的能力,把解决问题纳入日常工作,能提高员工在工作中的成就感。

(三)鼓励大胆尝试探索

在学习型组织中建立勇于探索的文化,是组织继续生存和发展的一大要素。这就需要员工敢于说出自己的想法,并把自己的想法付诸实践,而不能缩手缩脚,前怕狼后怕虎。把每次危机都作为学习的机会,所谓危机同时包含着挑战和机遇,要看我们怎么来面对它,面对得当就是机会,面对不当就是关乎生死的危险。因此,应注意在危机中把握机会,它可使组织获得更多的成功。

(四)使员工成为彼此学习的资源

员工彼此之间相互学习是学习的最大资源,往往可以大大提升组织效能。最重要的是在员工中建立一种"批评与自我批评"的文化,从别人的批评中充分地反思自我认知的不足,这样可以极大地促进学习的有效性。为此,可先由员工进行自我评价使之深入反思本人的各项能力与专长,再通过学习小组的资源目录帮助员工了解彼此的才能,并据此达到相互学习共同成长的目的。

(五)把学习引入工作

在我们的常识中,总感觉工作是一种无聊的重复,一旦学会便终生不变。这显然是错误的认知。成功的学习有三大特点:学习与工作结合;学习过程为启发过程;学习亦即发现。

(六)描述出发展愿景

愿景应是一幅清晰可见的"图画",使员工一想到这幅充满希望的图画,就充满为之奋斗的热情。通过学习由大家描述出组织发展愿景,并成为员工共同努力的方向与目标。而组织的愿景是由员工群策群力铸成。一个有效的愿景,应是通过努力可以达到的,而不应仅仅是"画大饼"。

(七)将组织愿景融入生活

学习型组织必须强调的原则是把其愿景转化为行动,这就需要使之融入整个生活。

(八)系统思考

学习型组织通过回顾、目标、规划、继续进步、反馈、落实到行动这六个方面的系统努力来实现系统思考。

（九）明示未来努力的目标

要使上述的所有步骤得以彻底实行，就必须面对一切挑战带来的机会，不断确定未来的发展方向。

（十）评估组织的学习情况

团队在进行沟通的同时组织大家学习，员工是否了解自己也了解大家的学习状况；员工是否有足够的学习自觉性——是主动学习还是被动学习；团队有没有组织鼓励员工，并为员工提供资源和条件使员工实现自我导向的学习；员工头脑中是否有组织愿景，能否主动适应愿景的需要；能否做到鼓舞员工彼此分享学习成果；是否有解决实际问题的计划；是否有明确的努力目标。

四 与学习型组织相关的机制

学习型组织必须要有相应的机制，以有利于学习型组织的建设形成氛围，使学习型组织建设有规章制度支撑。使组织及其工作保持强盛的学习能力，不断突破极限，及时克服发展道路上的障碍，使之充满生机和活力。机制的形成需要一个主观努力的过程，就现阶段而言，笔者认为，基层单位创建学习型组织，可以从建立健全激励机制、教育机制、质疑机制、创新机制入手。有效健全的机制还有助于组织内部的管理，这是管理成熟的标志。

（一）激励机制

学习型组织需要建立并完善倡导学习和创新的激励机制，以最大限度地激发个体和团体的潜能，形成推动单位发展的强大动力。

1. 榜样的示范效应是产生激励的良好导向。

就内容而言，学习型组织所要激励的是涵盖个体和集体所作出的一切有利于组织发展的成绩，其目的并不是为表扬而表扬，而是通过对先进人物先进事迹的表彰来显示组织对作出成绩员工的认可，以为其他员工树立榜样。从这个意义上说，发挥示范效应是激励机制的关键。一般来说，人及其群体所组成的组织都具有效仿性，往往为一种时尚或是一种倾向所影响。学习型组织要充分利用这一特性，在组织内部培育典型、塑造典型，以先进典型所具有的那种爱岗敬业、艰苦奋斗、健康向上的精神形成浓厚的风气，以影响和带动其他员工积极进取，发挥先进典型的示范效应。

在发挥典型的示范效应的时候，要注意做"两个结合"。一是物质激励和精神激励相结合，二是项目与常规激励相结合。物质激励和精神激励相结合，花不多的资金，却可起到良好的效果，不仅让员工产生成就感、自信心，而且能激发员工的荣誉感、事业心，使员工感到"工作着是美好的"，从而产生献身于组织及其事业的自觉性。在激励中要特别注意精神激励，因为精神激励是一种最终的激励，物质激励的目的也是为了提高员工的工作积极性。项目奖励和常规激励相结合，既能照顾激励的覆盖面，又能使激励具有延续性、持久性。

2. 竞争环境是产生激励的有效动因。

就内部而言，为适应市场经济的要求，组织内部需要建立竞争机制。在我国传统计划经济下，大锅饭、铁饭碗带来了诸多消极因素，不少人产生了依赖心理，滋长了惰性，工作被动、得过且过、不思进取。学习型组织就是要克服这些弊病，饭碗在组织内部建立切实可行的竞争机制。许多单位不断探索竞争上岗、评聘分离、线下末位淘汰制等做法，取得了明显的成效，充分调动了员工的积极性，优化了员工队伍。优化组织内部的竞争环境是十分重要的，要使其在不影响员工团结的前提下，充分调动每个员工的积极性是非常重要的。要使竞争在一个组织内部真正发挥激励作用，关键是要有考核，要有客观、合理、适用的标准及严格执行标准的配套规定。引入竞争机制，可以激活组织内部机构和个体，产生"鲶鱼效应"，真正促动每个部门、每位员工，使之不断超越自我，改进学习，提高素质。

就外部而言，竞争能及时暴露企业的缺点，促使企业改进生产技术和经营管理，使产品适销对路，增强企业活力；竞争也有助于更合理地分配社会生产资源和劳动力，使生产更符合社会需要。创建学习型组织的根本目的是提高组织的竞争能力，保持长久持续发展的态势。个体和团体只有在充满竞争和挑战的环境中，才能激发自身活力，克服固有的惰性，不断超越自我，改进学习，提高素质。竞争是商品经济矛盾运动的必然产物，是市场经济的重要特征。

3. 建立目标激励机制。目标是凝聚人心的黏合剂，同时是激发斗志的力量。共同目标是指建立在组织及其所属员工价值取向基础之上的能激励人奋发向上的愿望或理想。它使互不相干的人走到一起，协同工作，并产生一体感、信任感、亲和感。制定目标首先要有适应性，既合情又合理，最大限度地调动职工的内在力量；其次要有阶段性，在突出现实需要的同时又兼顾战略发展，把长、中、短目标有机地结合起来，激励内部员工超越自我，用学习来缩短目标与现实之间的差距；再次是有层次性，把个人目标、班组目标和组织目标融为一体，实现不同层次目标的相互整合。

学习型组织以人的发展为中心，注重人本身的建设，就要重视激励机制的建立和完善。党政领导要同心协力达成共识，将激励机制建立在组织的各项活动中。激励要坚持标准，完善考核，奖惩分明，要加强对先进典型的宣传以形成氛围，强化典型的示范作用。

（二）教育机制

学习型组织强调学习，强调组织内个体及组织本身的团体学习能力。而教育正是提高学习力的一种有效途径，这里所说的教育，就事物发展的纵向来说，是指"终身教育"，它不仅是组织对其员工的要求，而且已日渐成为员工不可忽视的一项权益；就横向而言，是指"综合教育"，它是组织自身不断完善及其员工身心全面健康发展的共同需求。因此建立一套行之有效的教育机制对创建学习型组织十分重要。

理想信念教育、思想道德教育、技术技能教育齐头并进，构成学习型组织教育内容全方位的特征。创建学习型组织，共同目标是前提。建设富强、民主、文明的社会主义中国是所有中国人的共同目标，事业、持续、长久发展是每个员工的个体目标。只有当个体的目标融入组织、组织的目标与国家利益指向一致时，个人、组织和国家才能协同发展。因此，首先要明确将理想信念教育、思想道德教育和技术技能教育作为教育的内容，三者缺一不可。

理想信念教育是实现个体目标和组织目标与国家利益相结合的有效手段，它是思想政治工作与具体劳动生产活动的有机结合。组织要充分发挥党政工团的作用，通过各种渠道进行理想信念教育。理想信念的教育不是空洞的政治说教，而要与工作实际相结合。一般来说，每个组织都具有仿效性，往往会被一种时尚或是一种倾向所影响。学习型组织要充分利用这一特性，在组织内部培育典型、塑造典型，以先进典型所具有的那种爱岗敬业、艰苦奋斗、健康向上的精神形成浓厚的风气，以影响和带动其他员工积极进取，发挥先进典型的示范效应。

(三) 创新机制

创新是组织进步的灵魂。对一个单位来说，创新通常包括技术创新、管理创新和文化创新，其中，最重要的就是管理创新，它不仅是管理模式的革新，而是要建立一种创新机制，为组织内员工的创新活动及其成果提供激励和保障，提升组织自身的创造力，从而使单位以一个创新组织的姿态在迅变的世界中不断发展。

1. 培养员工的创造力是创新的内在基础

组织的创新，说到底，是组织内部的"人"的创新。创建学习型组织培养员工的创造力很重要。

首先，要确立创新的观念。在日新月异的当今社会，不创新就意味着没发展，组织要始终将创新作为自身发展的原动力，通过建立共同目标和采取各种激励手段，让员工产生一种不安于现状，积极开拓进取，最大限度地发挥自己的创造潜能的内在需求。思想是行动的先导，只有更新观念，才能加快学习型组织的形成和发展，才能学以致用，才能使人的潜能得以最大限度的发挥，才能使企业在未来竞争中处于有利地位。社会的变革，首先在于人们观念的变革。企业从等级权力型转变为学习型，美国的企业家称其为一次脱胎换骨的改造，台湾地区的企业家称它是触及心灵变革的痛苦过程。创建学习型组织，绝不能靠行政命令来推行，观念不更新，一切皆空。只有通过宣传、学习，使广大员工，尤其是领导人从中悟出学习型组织的真谛，从观念上彻底更新，才可能满腔热情地全身心投入，与其他员工同心协力共创学习型企业，使企业走向辉煌。

其次，要注重知识的积累。创新不是种地收庄稼，也不是跟在别人后头亦步亦趋，而是一种以知识为基础、以科学为根据的创造性劳动。因此，文化知识在创新过程中尤其重要。要创新就要有创新智慧的积累，只有通过知识的不断碰撞和外部条件的催化，才能激发出创新的火花。当今知识的更新越来越快，创新对知识的要求也就越来越高。再次，要培养员工不怕失败的勇气。创新是从事一项前所未有的劳动，在成功之前，会经历失败。创新总是要遭遇观念的碰撞，这就要求员工除了有经验、知识、才能、体魄外，更要有敢闯敢试、不怕失败的勇气。

2. 制度配套是创新的外在保障

创新不是为了赶时髦，在当今世界经济发展进入创新驱动期的情况下，创新已成了关系组织生存和发展的大问题。创建学习型组织，本身就是一种管理创新。从某种意义上说，学习型组织也就是创造性组织，它有全身心投入学习而且有能力不断学习的员工，能让员工通过学习不断自我超越、创造未来能量而且从创新和超越中体验到生命的意义。学习型组织要求组织从管理思想、经营思路、组织机构、管理方法、管理制度等方面不断创新，形成一种良好的创新氛围。创新是"前无古人"的风险大的劳动，要有宽松和谐的环境，允许失败，组织要鼓励创新，要在经费投入、有效激励等方面形成制度。要做好宣传、引导和培训工作，以确保组织内的所有群体或个人有创新的观念和知识储备，具备开展创新活动的内在条件；要有长远的目光，舍得在创新上投入经费，以确保进行创新活动的外在条件。对创新活动的有效激励制度也很有必要。通过激励，唤起员工的创造欲，充分发挥其想象力和创造力，去开发前人没有发现的"宝藏"。

3. 领导者的创新意识是创新机制形成的重要条件

组织的发展是全体职工共同努力的结果，其中，领导者起着不可忽视的作用。一个单位事业发展的战略、单位内部的规章制度、单位的风气，包括职工的价值观等，都带有领导者个性化的鲜明特征。同样，一个单位的创新气氛是否浓厚，领导的带头表率作用非常大。不能设想，一个思想守旧、缺乏进取的领导能带出一支生机勃勃、创新气氛浓厚的队伍。一位著名经济学家指出，领导者的才能，应当表现在：一是有眼力，能发现别人难以发现的机会；二是有魄力，能在看准了机会后，敢于冒些风险果断拍板决策；三是有能力，在决策后能调动好人、财、物各方面资源，组织好产、供、销，将机会变成现实；四是有协调力能正确处理各种内部关系和社会关系。贯穿于这四"力"之中的，就是领导者的胆识。这也正是一种创新精神，一种敢为天下先的开创精神，一种独辟蹊径的求新能力。

领导者是一个单位的舵手，是设计师，也是教师。领导者只有带头推行全新的管理理念，才能有助于单位内部创新环境的形成，使单位以创新为法宝，在激烈的竞争中立于不败之地。

创建学习型组织是动态的，没有明确的地图，需要每个基层单位自己去探索一条自己的路；创建学习型组织是一个不断学习、不断改进、不断提高的过程，它只有起点没有终点。

第二节 学习型组织构建实务

一 技能比赛

为了更好地促进锦鹏房地产开发公司的改革与发展，加快技能人才队伍建设，管理咨询专家团队组织策划了一场展现员工工作风采的技能竞赛，竞赛以"提升技能、高效工作"为主题，充分发挥技能竞赛在高技能人才培养、选拔和激励方面的积极作用，营造尊重劳动、尊重知识、尊重人才、尊重创造的良好氛围，激发广大员工努力工作、提高技能的积极性。

为主办好这次技能大赛，管理咨询专家团队制定了大赛秩序手册（见附录12），详细规定了竞赛内容、形式、评分与计分办法等内容，公司副总及总工程师被任命为大赛出题组成员，配合管理咨询专家团队根据比赛规则出题，管理咨询专家团队根据出题难易程度进行调整，保证公平性的同时，增加互动性和趣味性。

大赛还特邀北京房地产职工大学培训处主任、北京建筑工程大学经管院书记作为嘉宾出席并现场观摩。共有七支代表队参赛，以开发公司各部门为单位，包括前期部、人事行政部、财务部、运营部、工程部、研发部、预算部，每个部门派出三名选手参赛。

比赛共分为三个阶段，第一阶段是"7进5"淘汰赛，第二阶段是"5进3"晋级赛，最后是前3名的总决赛。竞赛题目涵盖了房地产基础知识、房地产各环节的专业知识、企业文化以及趣味常识题等，通过必答题、抢答题、风险题、幸运题、加赛题等丰富形式，不仅考察了选手对自己部门及其他部门业务知识的掌握程度，也考察了他们对企业文化的了解程度，同时，穿插的文化常识题考察了员工的基本文化素质，令比赛倍加精彩。

经过近三个小时的激烈比赛，最终人事行政部以其出色的表现获得本次技能大赛冠军，前期部获得亚军，研发部获得季军。还有三位选手因为各自突出的表现获得了"个人奖"，大赛还为此次比赛中的特殊贡献的个人颁发了"最佳贡献奖"及"突出贡献奖"。另外，人事行政部荣获了本次大赛的"最佳组织奖"。

技能大赛不仅提高了公司员工对本职工作的熟练程度，同时加强了部门之间的沟通和团队协作，为职工搭建了一个展示职业技能的平台，通过这个平台将达到企业和个人的双赢，充分调动员工工作学习的积极性，促进员工主动参与各种技术知识的学习与培训，提高业务、专业及技能，增强工作责任心，提升管理水平，加快技能人才队伍建设，促进公司的改革与发展。

二 领导干部学习制度

（一）领导中心组学习制度

由于撤村建居后的锦鹏社区、锦鹏投资公司依然要承担经济、社会、生态的三大功能，因此，新的社区党委、社区居委会和锦鹏投资公司各自的职能与任务虽有不同却密不可分，需要更多的沟通与协调，以保证各部门职能的全面到位，只有通过持续不断的学习来全面提升党政企各级领导的领导水平、决策水平、专业知识、工作效率、分析解决问题的能力、管理水平、职业素养等综合能力，在管理咨询专家团队的建议下，《领导中心组学习制度》应运而生。

中心组组长由领导中心组任命专职或兼职人员一名，负责制定具体的学习内容和研读课题，以及整个学习过程中的讨论、会议的召开等项工作。副组长一名，负责组织材料下发、学习会议记录、考勤等项工作。

学习时间：中心组学习采取集中学习与分散自学相结合的方式进行。集中学习每月不少于2次，每次不少于30分钟。

学习内容：中心组的学习要以房地产开发、房地产政策法规、物业管理、环境卫生管理、"三农"政策、城市化等相关知识为主要内容。在每次集中学习会后确定下一次学习的主题内容。

学习要求及考核：

1. 中心组所有成员必须对学习内容进行预习，并在会议中认真学习领会，结束后应提交不少于500字的学习心得和体会。

2. 中心组成员要统筹安排学习和工作，解决好工学矛盾。集中学习时一般不请假、不办公、不接待，关闭通信工具，以保证集中精力和学习效果。特殊情况不能参加者，必须向组长请假，并经组长同意，但事后必须抽出时间进行自学补课，并在下次集中学习会上报告自学补课情况。

3. 中心组学习会议有考核、有记录，参会人员的学习时数记入《培训证书》，作为年终奖金分配、晋升等的依据。

4. 每季度进行一次学习测验，考核学习效果。

5. 每半年对学习活动进行一次总结，通报领导中心组集中学习出勤率、撰写学习心得体会、学习测试结果等情况，对学习培训取得显著成绩者，给以表彰和奖励。

6. 中心组成员必须坚持做到学以致用，把学习同工作结合起来，善于把学习成果转化为指导工作的科学方法，转化为切合公司实际的工作思路，推动各项工作上新水平。

7. 建立中心组学习档案，及时做好有关材料的归档管理工作。

8. 必要情况下可以召开领导中心组学习扩大会议。

（二）领导中心组学习制度实践

管理咨询专家团队指导锦鹏投资公司定期举办领导中心组学习培训会。与会人员包括锦鹏社区党委、锦鹏社区居委会、锦鹏投资公司领导班子及机关各部门以上负责人。学习的主要内容有：

1. 回顾历史。回顾凤凰村的历史和成绩、锦鹏投资公司的战略思想、内部管控制度。

2. 展望未来。目前党政企组织架构，以及公司内部管控情况，并对未来公司高标准、高素质、高要求的管理标准和内部培训奠定思想和理论基础。

管理咨询专家团队首先简要回顾了凤凰村的业绩，锦鹏投资公司历史沿革。随后指出了锦鹏投资公司面临的机遇和挑战。在此基础上提出了未来的发展方向：实现由村级集体企业向现代企业管理转变。仅用三年时间，建立规范的现代企业制度，达到现代企业管理水平，集团化管控发生质的飞跃，向上市公司的标准进军。

学习培训会的最后一个内容是介绍当下规范扎实的内部管控基础，主要包括薪酬、绩效、流程、制度四个部分。海阔凭鱼跃，天高任鸟飞。在这个风起云涌的时代，只要牢牢把握深化企业改革的大旗，顺应时局的变化，在以党总支书记为核心的三套班子的坚强领导下，上下同心，深化改革，促进经济发展，使员工收入连年递增，股东资产保值增值，凤凰村居民和谐生活，将锦鹏投资公司打造成为卢沟桥的标杆，丰台的标杆，最终代表首都，走向全国。

3. 不同管理主题。领导管理和团队合作等也有工作方法的交流与探讨，还有领导们之间的学习经验的相互分享等。大家在充分的学习和交流中畅所欲言，互通有无。在其中一次学习发言中，党委书记特意强调了领导班子学习的重要性，鼓励领导班子加强学习。凤凰村具备了发展的条件，平台广阔，需要大量有品德、有能力、有水平、有心为凤凰村做贡献的人才，不要担心自己文化程度低，要加强学习，学习就是相互交流，弥补不足，提升自身的能力和素质。同时，要理论结合实际，文武双全才能立于不败之地。书记还高度评价了管理咨询专家团队的工作，要求锦鹏投资公司全体员工向管理咨询专家团队学习，全心全意服务于凤凰村的发展，扎扎实实做好各项工作，推动凤凰村更快更好地发展。

至此，领导中心组学习制度得以形成并高效、持续运行开展，收到了良好的效果。

三 标杆学习

标杆学习，作为20世纪90年代风靡世界的战略管理工具之一，对于优化企业水平、提高企业战略管理效果的一种有效工具，如今仍然广受推崇。许多企业把标杆学习看作学习和改进其战略管理实践的一种方式。标杆学习也称"标杆管理"或"标杆瞄准"，甚或径称"对标"，是指企业将自己的产品、生产、服务等与同行业内和行业外的典范企业、领袖企业（标杆企业）做比较，找出差距，借鉴他人的先进经验以弥补自身不足，从而提高竞争力。标杆学习是追赶或超越标杆企业的一种良性循环的管理方法，其实质是模仿、学习和创新的持续改进过程。

锦鹏房地产开发公司，地处丽泽金融商务区，资源丰富，又引进管理咨询专家团队做集团化管控和企业文化建设咨询，规范管理，凝聚人心，达到资源的充分整合，可谓是正逢"天时地利人和"的良好发展机遇，总体上发展非常迅速。但毕竟成立时间短、经验少、底子薄、资金少，缺乏规范化的管理和捕捉商机的能力。在企业发展的关键时期，向成熟的房地产企业进行对标学习是一种有效的手段和方式。结合开发公司的实际状况和目标，管理咨询专家团队充分挖掘行业内的相关资源并努力促成了向招商地产的对标学习。

（一）明确标杆学习的主题与方向

企业进行标杆学习的起点，就是透彻了解自己，对现有的作业流程和已有的绩效衡量标准进行检讨，然后在众多的关键因素中找出自身的弱项。深刻理解和把握企业成功的关键因素以及自身的差距所在。

开发公司在深入分析了自身的优劣势及成功的关键因素后，确定了将"集团管控、人力资源管理及企业文化建设"作为此次标杆学习的主要内容。

（二）锁定学习对象

在选择最佳典范企业时，应当明确两个基本的原则：一是被学习企业应该具有卓越的绩效；二是被学习企业应该与本企业和部门具有可比较的特点。

选择招商地产作为标杆，是因为其是中国最早的房地产开发公司之一，是国家一级房地产综合开发企业，具备综合开发能力、物业品类丰富、社区管理完善的大型房地产开发集团，还因为其有着丰富、成熟的管理经验和成功的品牌战略及企业文化。

四 观摩学习与交流

前往招商地产办公所在地参观访问，企业文化负责人就招商局的"企业文化理念"做了展示，从招商局的建立、招商的愿景"百年招商，家在情在"到使命"筑造温馨的家，建设温情和谐的社会"，再到招商的"人本、责任、务实、专业"的核心价值理念和企业文化的推广策略。

招商地产高级人力资源经理为大家介绍了招商人力资源管理的相关状况，诸如劳工关系、招聘培训、绩效考核等方面。

沟通交流会最后，双方就各自感兴趣的问题进行了历时半小时的自由沟通，沟通的具体事项主要集中在绩效考核、岗位竞聘的落地实施、预算管理、成本目标审核、招标投标、采购、企业文化版本的确定等。

招商地产工作人员带领前往项目所在地公园1872售楼部进行实地参观考察，展示项目沙盘模型，并引导大家参观了标准房型的房间设计和装修材料展示。

五 分析并给出学习措施

在充分了解自身与典范企业的关键成功因素信息后，将数据资料进行分析比较，找出自身的差距所在。在分析差距的基础上，确定标杆学习所要追赶的目标，并给出改进的具体方法。

观摩学习结束后，观摩人员召开了专门会议进行总结，从与招商地产的差距中认真找出自身不足，学习别人的符合市场规律的运行方式和组织模式，在寻找差异的过程中培育创新的思维模式，引导组织的管理水平和技术水平呈螺旋式上升发展，并极大地激发了管理者们创新变革的决心，向学习型组织迈进。

六 采取变革行动

标杆学习的最后成果绝非一纸空文，而是实实在在的行动。根据具体的行动方案，包括计划、实施方法以及阶段性的评估等，明确责任分工，采取切实行动，推进变革。

结合此次集团管控、人力资源管理和企业文化咨询项目的阶段进展，周密配合管理咨询专家团队完成薪酬管理、绩效管理、企业文化等相关策略的制定、实施计划及后续完善。

七 评估与反馈

企业进行变革后的一段时间内，必须进行绩效评估，以检查实施的效果。标杆学习应该作为企业经营的一项职能活动，融合到日常工作中去，从而成为一项固定的制度以持续进行。

通过此次向标杆企业"招商地产"学习，围绕地产企业标准化管理和企业文化建设展开交流，实地感受标杆企业的先进管理理念。领略优秀企业百年文化底蕴，学习研讨卓有成效的绩效管理体系，借鉴成功企业的管理模式，激励内部员工来整合、共享公司各种资源，使成熟的管理模式得以转化、为我所用，参观后每人提交学习心得，十分肯定此次交流学习的成果和收获，此次对标学习极大地促进锦鹏投资公司和房地产开发公司零距离与行业标杆企业学习交流提供了很好的模式。

附录1　部门职责说明书示例

行政部职责说明书

一、部门基本信息

部门名称与代码	行政部	分管领导	行政副总
本部门定编人数	25人	部门负责人	行政部经理

二、职位概要

负责公司日常行政管理、会议管理、资产管理等各项工作的职能部门

三、部门主要职责

编号	工作内容	客户（内部）	客户（外部）	成果（工作输出）	占用时间
1	日常行政管理				3%
1.1	根据公司总体发展目标和计划，制定部门目标、工作计划，负责起草和撰写党委、公司的工作计划、工作总结、上级汇报材料及其他文字材料	公司各部门	各下属企业	收文登记表、收文处理单、发文登记表	10%
1.2	负责各类公文的收发、起草、撰写党委及公司下发的各类文件，上级汇报材料、领导发言，负责做好党委、公司各类会议记录、写出纪要或决议保存归档，并做好上传下达和下情上报工作；负责收集准备党委、社区及公司三级联创的工作的各类综合性文件材料、汇报材料的收集	各部门	上级单位	工作计划、工作总结 上报材料、汇报材料、会议纪要	10%

续表

编号	工作内容	客户（内部）	客户（外部）	成果（工作输出）	占用时间
1.3	负责完善和统一规范部门文件文号制定与发布工作	公司各部门	/	各项公司管理制度	5%
1.4	负责组织公司例会，完成公司及下属各类公文及报件审批流转，传达党委及公司领导的各项批示、会议决议及交办事项的协调、催办及督办落实工作	各部门	/	/	5%
1.5	负责日常审批流程的签批和督办工作	各部门	/	审批流程表	5%
2	印章管理				10%
2.1	负责对下属公司的印章管理	/	各下属企业	印章使用审批单、合同审批表	10%
3	档案管理				5%
3.1	负责党委、社区、公司各类档案的搜集、整理、汇总、立卷、归档、调阅、管理及重要文件的查阅把关等工作；负责党委、社区、公司大事记的记录及整理工作	各部门	根据具体工作确定	根据具体工作确定	5%
4	资产合同管理	10%			
4.1	负责公司的资产管理工作，负责组织和监督公司下属企业建立资产台账，履行资产管理的职责和相关工作，做好资产登记入账、盘点处置等资产管理工作	行政副总	各下属企业	资产管理台账	5%
4.2	合同管理按照合同管理制度做好合同管理工作	行政副总	各下属企业	合同管理台账	5%
5	会议管理				8%
5.1	协调好各部门做好会议的会场安排布置、服务工作	各部门	根据具体工作确定	/	3%
5.2	负责对外接待等工作，组织和安排对内对外接待联络与接洽等日常辅助性、服务性工作；做好来公司来访客人的咨询、引见和接待服务工作；按照领导要求做好来访客人的接待用餐安排及服务	根据具体工作确定	根据具体工作确定	/	5%

<<< 附录1 部门职责说明书示例

续表

编号	工作内容	客户（内部）	客户（外部）	成果（工作输出）	占用时间
6	工商环保管理				10%
6.1	负责公司的资产管理工作，负责组织和监督公司下属企业建立资产台账，履行资产管理的职责和相关工作，做好资产登记入账、盘点处置等资产管理工作	行政副总	各下属企业	资产管理台账	5%
6.2	合同管理按照合同管理制度做好合同管理工作	行政副总	各下属企业	合同管理台账	5%
7	党委工作				5%
7.1	党委办公室安排的各项工作	党委副书记	根据具体工作确定	根据具体工作确定	5%
8	党委档案管理				5%
8.1	负责党委、社区、公司各类档案的搜集、整理、汇总、立卷、归档、调阅、管理及重要文件的查阅把关等工作；负责党委、社区、公司大事记的记录及整理工作	各部门	根据具体工作确定	根据具体工作确定	5%
9	领导交办事项				5%
9.1	完成上级领导交办的其他工作	按具体工作而定	按具体工作而定	按具体工作而定	5%

四、部门组织结构图

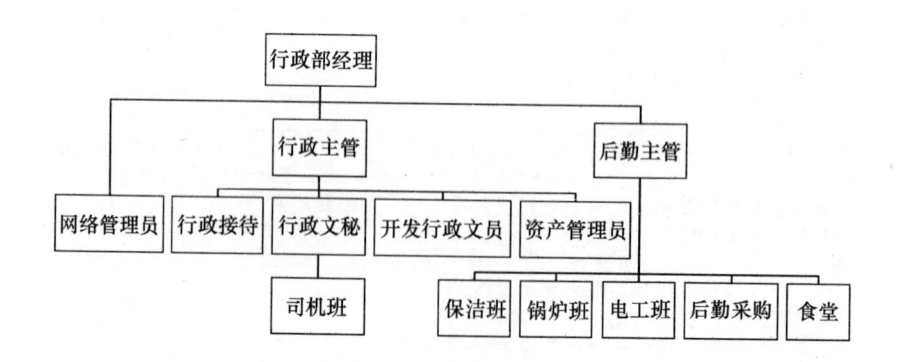

附录1　部门职责说明书示例

五、部门制度流程

序号	制度名称	制度编号	备注
	北京锦鹏置业投资管理公司制度管理办法		
	北京锦鹏置业投资管理公司行政管理办法		
	北京锦鹏置业投资管理公司公文管理规定		
	北京锦鹏置业投资管理公司印章管理规定		
	北京锦鹏置业投资管理公司办公用品管理规定		
	北京锦鹏置业投资管理公司办公区管理规定		
	北京锦鹏置业投资管理公司员工着装管理规定		
	北京锦鹏置业投资管理公司会议管理制度		
	北京锦鹏置业投资管理公司资产管理制度		待定

编写人		批准日期	
任职者签名		审批人签名	

附录2 岗位职责说明书示例

人力资源经理岗位说明书

一、基本资料

岗位名称	人力资源经理	所属部门	人力资源部
职务等级		薪酬等级	
直接上级	总经理	直接下级	人力资源主管
管辖人数	3人	本岗位定员人数	1人
岗位编号		说明书编号	

二、职位概要

根据公司战略发展方向，执行人力资源部年度工作计划，建立并完善人力资源管理体系，研究、设计人力资源管理模式（包含招聘、绩效、培训、薪酬及员工发展等体系的全面建设），制定和完善人力资源管理制度；为公司持续发展提供充足的人力资源保障。

三、工作内容及绩效标准

编号	工作内容	工作依据	权责	文件、表单处理 名称	文件、表单处理 呈报/送单位	考核基准	占用时间
1	人力资源规划						10%
1.1	根据总公司战略目标，制定人力资源战略与规划及年度工作计划	/	主办	人力资源规划、工作计划	总经理	人力资源管理目标达成率、费用控制率	5%
1.2	负责制定和完善公司各项人力资源管理制度并监督执行	/	主办	人力资源管理制度	总经理	制度建设及执行率	5%

续表

编号	工作内容	工作依据	权责	文件、表单处理 名称	文件、表单处理 呈报/送单位	考核基准	占用时间
2	招聘管理						20%
2.1	根据公司发展的需要，制订并执行人员招聘计划，建立和完善公司的招聘流程和招聘体系	招聘制度与实施细则	主办	招聘流程和招聘体系	总经理	招聘计划达成率	10%
2.2	做好员工职业生涯发展规划，负责制定后备人才选拔方案和人才储备机制	/	主办	员工职业生涯规划、后备人才选拔方案	总经理	/	10%
3	培训与开发管理						20%
3.1	制订并实施公司年度培训计划，建立内部培训师队伍；组织各部门的交流活动；并对培训效果进行调研和评估，督导各部门开展培训工作	员工培训制度与实施细则	主办	培训计划、培训调研、培训评估报告	总经理	培训计划达成率、培训参加率	10%
3.2	协助分子公司开展培训工作，并提供相应的支持与培训资源	员工培训制度与实施细则	协办	培训计划	总经理、分子公司负责人	/	10%
4	绩效管理						20%
4.1	负责审核制定总公司绩效管理制度并开展绩效考核管理工作	公司绩效管理制度	主办	绩效管理制度	总经理	绩效考核按时完成率	10%
4.2	协助和辅导分子公司制定绩效考核管理制度，并对绩效管理过程进行监督控制，不断完善绩效管理体系	公司绩效管理制度	协办	分子公司绩效考核管理制度	总经理、分子公司负责人	绩效考核按时完成率	10%
5	薪酬管理						15%
5.1	负责制定总公司薪酬管理制度，审核每月的员工薪资标准并监督发放	公司薪酬管理制度	主办	薪酬管理制度	总经理	薪资发放及时率	10%

<<< 附录2 岗位职责说明书示例

续表

编号	工作内容	工作依据	权责	文件、表单处理 名称	文件、表单处理 呈报/送单位	考核基准	占用时间
5.2	负责员工的年度整体调薪和日常薪资调整审核等工作	公司薪酬管理制度	主办	调薪申请表	总经理	/	5%
6	劳动关系管理						10%
6.1	负责协调劳资关系,与员工进行积极沟通;帮助各部门建立积极的员工关系,处理劳资纠纷和员工投诉	员工关系管理制度与实施细则	主办	员工投诉记录	总经理、分子公司负责人	内部员工满意度	7%
7	负责总公司及各分子公司内部通讯录的搜集、整理和汇总,并定期进行更新和发布	/	主办	通讯录	总公司及各分子公司	/	3%
8	完成领导交办的其他工作	/	主办	/	/	/	5%

四、工作关系

内部关系	公司各部门
外部关系	分子公司人事行政部、社会保险机构

五、汇报关系图

```
        人力资源副总
             │
        人力资源部经理
             │
        人力资源主管
           ┌─┴─┐
      人力专员  人力助理
```

228

六、任职资格

基本条件	教育背景	人力资源、管理或相关专业大学本科以上学历
	培训经历	受过现代人力资源管理技术、劳动法规、财务会计知识和管理能力开发等方面的培训
	技术职称	高级人力资源管理师、中级经济师
	工作经验	三年以上人力资源管理相关工作经验
技能与素质		熟悉国家、地区及企业关于合同管理、薪金制度、用人机制、保险福利待遇和培训方针； 熟悉人力资源管理流程； 熟练掌握人力资源六大模块； 熟练使用办公软件及相关的人事管理软件； 责任心、细致、团队意识、优秀的组织与沟通能力，做事细心，观察力和沟通能力强，有亲和力，知人善任

编写人		批准日期	
任职者签名		审批人签名	

附录3 锦鹏社区、投资公司绩效考核管理办法

第一章 总则

第一条 为了推进锦鹏社区、集团一体化管理进程,切实实现提升管理和经营水平的目标,建立健全统一规范、科学合理、有序管理的责任目标管理体系,改进和提高管理效能,正确评价职工的价值贡献,引导和促进职工不断进步,更好推进社区及公司可持续发展,特制定本办法。

第二条 绩效考核设计原则

强调考核体系的时效性和可操作性,以易于执行为基本设计原则;不追求精细化,以启动考核实施为目的,在实际过程中逐步完善绩效考核管理体系;不以奖惩为目的,强调对职工的绩效改进和提升。

第三条 绩效考核实施原则

一、公开性原则:使被考核者了解考核的程序、方法及考核结果等事宜,增强透明度和公正;

二、客观性原则:以设定的考核指标或工作表现为依据进行考核评价,避免主观臆断和个人感情、关系因素的影响;

三、定性与定量相结合原则:强化关键考核指标的量化程度。

第四条 本管理办法适用于社区党委、居委会、投资公司及所属分子公司。

第二章 绩效考核组织体系

第五条 成立绩效管理工作领导小组,下设绩效管理工作办公室,

负责具体考核评价管理实施工作。

第六条 绩效管理工作领导小组成员由社区党委、居委会、投资公司领导班子成员及有关职能部室负责人组成，是绩效管理工作的最高决策机构（见下图）。

```
                    ┌─────────────────────┐
                    │  绩效管理工作领导小组  │
                    └──────────┬──────────┘
              ┌────────────────┼────────────────┐
    ┌─────────┴────────┐ ┌─────┴─────┐ ┌────────┴────────┐
    │ 北京 A置业投资管理公司 │ │ A社区党委  │ │  A社区居民委员会  │
    └──────────────────┘ └───────────┘ └─────────────────┘
```

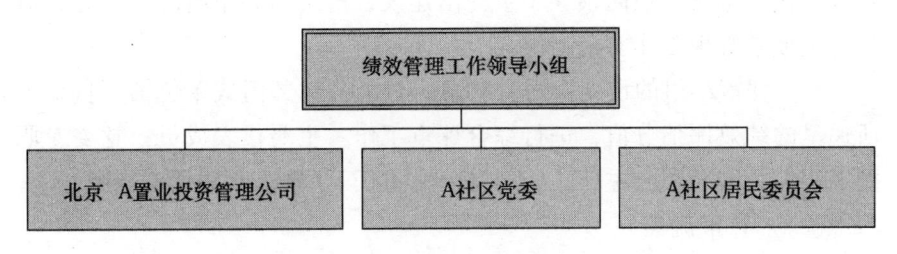

图一 绩效管理工作领导小组

其主要职责有：

一、制定绩效管理的有关实施办法和细则；

二、推动绩效管理工作的有效开展；

三、指导、组织和监督绩效管理制度的执行过程；

四、处理绩效管理过程中的重大绩效事件。

第七条 社区党委、居委会、投资公司各部门（员工、直接上级、所属部门或单位的第一负责人、评审小组、问责部）是内部职工绩效管理的实施者，各级管理者是其管辖范围内绩效管理的直接责任人。各单位及部门在绩效管理过程中的主要职责：

一、在本单位或本部门落实绩效管理制度的各项要求；

二、负责本单位或本部门职工绩效管理全过程的具体实施；

三、按照绩效管理办法的有关要求，对本单位或本部门月度绩效实施考核，确定、统计汇总本单位或本部门职工的绩效考核结果并交集团人力资源部；

四、在内部协调考核过程中出现的各种事项；

五、负责本单位或本部门职工绩效管理过程中相关资料的归档和保管。

在绩效管理过程中，员工作为绩效考核的对象，其主要职责：

（一）主动参与本人绩效目标制定和考核的过程；

（二）对本人的绩效考核结果负责；

（三）不断提高能力和素质，提升个人绩效。

第八条 绩效管理工作办公室、评审小组、问责部的设立

绩效管理工作办公室、评审小组、问责部设立在投资公司人力资源部，协助绩效管理工作领导小组履行绩效管理的日常工作职责，对绩效管理工作的重大事项向领导小组提出建议，落实领导小组决策意见，对各部室绩效管理工作实施指导。

一、评审小组的设立：每月对总、分子公司部门或单位第一负责人所递呈的绩效评估分值，进行综合评审工作。主要代表成员：党委专职副书记、社区居委会主任、公司办公室主任。（详见相关评审制度）

（一）评审流程

（二）评审依据

1. 以员工直接上级、部门或单位第一负责人评分为综合依据。

2. 以工作要求、突出业绩、会议纪要、同事评定、部门间沟通与配合等综合工作为辅助。

3. 动机、主动积极性、态度、同事间或部门间合作等作为绩效业绩（视具体情况而定）。

（三）评审内容

1. 针对员工及员工部门的绩效综合分数，对此员工的直接上级、部门或单位第一负责人评估的可靠性、真实性、公平性进行评审。

2. 递交的时间、绩效内容、绩效理解力和执行力。

3. 个人或部门单位的工作总结、反思和改进，及管理能力。

二、问责部：针对投资公司党委决议、绩效评审小组、问责范围内，所递呈的绩效或评审异议责任人和责任事件的评审处理，给出最终结果所设立的部门。（详见投资公司相关问责制度）

第九条 党委审核

一、对评审小组通过后所递呈的绩效综合分数，进行全面审核或抽查审核；

二、对评审小组所递呈的异议责任人进行全面审核或抽查审核；

三、对问责责任人产生的异议进行审核。

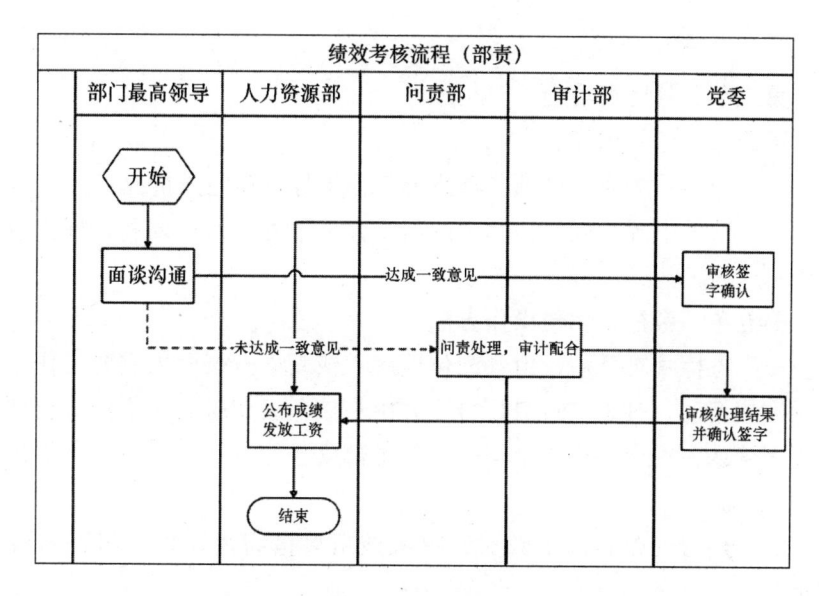

绩效考核流程（部责）				
部门最高领导	人力资源部	问责部	审计部	党委

图二　问责流程

第三章　各单位绩效考核

第一节　社区党委

第一条　考核内容

一、内容：社区党委内部重要工作指标事项完成情况；

二、考核数据来源：以年初制定的党委全年度工作计划和目标内容分解到每个月。

第二条　考核主体与操作方法

一、考核月次的月初，由各岗位填写考核表本考核期内重要工作指标事项完成情况；月末进行自评，并由直接上级和所属最高领导进行评分后签字确认，提交到投资公司人力资源部（填写须一一对应，不得出现落项）；

二、人力资源总部汇总后，将考核结果报绩效评审小组进行综合评审。

第三条　考核结果计算

党委季度考核成绩 = Σ 各项关键考核指标实际考核得分

第二节　社区居委会

第四条　考核内容

一、内容：居委会内部各项重要工作指标事项完成情况；

二、数据来源：以年初制定的居委会全年度工作计划和目标内容分解到每个月。

第五条　考核主体与操作方法

一、考核月次月初，由各岗位填写考核表本考核期内重要工作指标事项完成情况；月末进行自评分，并由直接上级和居委会主任进行评分后签字确认，提交到投资公司人力资源部（填写须一一对应，不得出现落项）；

二、人力资源总部汇总后，将考核结果报绩效评审小组进行综合评审。

第六条　考核结果计算

居委会季度考核成绩 = Σ 各项关键考核指标实际考核得分

第三节　投资公司

第七条　考核内容

一、考核周期及内容：各部门考核周期为每季度，内容为年度工作计划内容分解到各部门每个月的重要工作指标，以及完成情况；重要会议决议或特殊工作事项的执行落实情况，以及临时性工作完成情况等；

（一）各分管副总经理的考核内容为：所分管单位或部门职责、组织管理、工作计划、经济财务、客户服务、战略或阶段性目标、重要决议或事项等；

（二）各部门第一负责人的考核内容为：本部门所分管单位或部门职责、组织管理、工作计划、经济财务、客户服务、所分解到的战略或阶段性目标、重要决议或事项；

（三）员工考核内容为：岗位职责、工作计划、领导分配、重要会议决议或事项及临时性工作等，执行落实情况完成情况。

二、数据来源：以年初制定的各部门全年度工作计划和目标内容分解到每个月。

第八条　考核主体与操作方法

附录3　锦鹏社区、投资公司绩效考核管理办法

一、个人考核：考核季度次月初，由各部门填写本考核期内工作计划完成情况及自评分，由直接上级和部门最高领导进行评分后签字确认，提交到投资公司人力资源部（填写须一一对应，不得出现落项）。人力资源总部汇总后，将考核结果报绩效评审小组进行综合评审。

二、部门考核

（一）分管副总经理的季度绩效考核：各分管副总经理的考核成绩为其分管单位的季度考核成绩得分或分管部门的考核成绩平均分；

（二）各部门第一负责人的季度绩效考核：各部门的考核成绩即为部门第一负责人的季度绩效考核成绩；

（三）各部门员工的季度绩效考核：各部门员工的考核成绩即为员工的季度绩效考核成绩。

以上由集团人力资源部根据党政企各相关部门绩效的考核成绩，同步计算并输出各部门第一负责人的绩效考核成绩（详见不同阶段通知）。

三、月度绩效考核表上报要求

（一）制订工作计划

考核月前月末（每月25日至每月最后一天），由员工直接上级协助被考核员工根据本部门关键绩效考核指标制定本岗位工作计划及目标值、评分权重，并由员工本人、员工直接上级、部门第一负责人共同确认。

（二）绩效实施

考核月当月，员工根据月初工作计划执行绩效计划，同时由部门第一负责人及员工直接上级动态调节其各事项的进度分配；过程中上级对被考核员工及时进行激励和辅导，并记录相关信息；人力资源部门同时进行抽查并重点关注上月特殊绩效成绩（不合格或满分）员工。

（三）结果填报

工作计划完成情况：考核月当月末（每月25日至每月最后一天）由员工填写工作计划事项实际完成情况；

重要会议决议事项落实情况：考核月当月末（每月25日至每月最后一天），由被考核员工根据考核当月中重要会议纪要等，填写与本岗位有关的决议事项及落实情况。

（四）考核评分

考核月次月初前，员工直接上级（部门经理及以上）根据员工月度

工作计划的完成情况,对其进行考核评分;考核成绩报部门第一负责人审批后,报人力资源部汇总、审核、报批、存档。

第九条　考核结果计算

一、员工季度绩效考核计算:

员工季度考核成绩 = Σ各项关键考核指标实际考核得分

二、各部门季度绩效考核计算:

各部门季度考核成绩 = Σ各项关键考核指标实际考核得分

三、年度绩效考核计算:

(一)各分管副总经理年度考核成绩 = 年终述职成绩×30% + 各类测评考试综合成绩×10% + 所分管单位/部门全年季度考核平均分×60%;

(二)各部门第一负责人年度考核成绩 = 年终述职成绩×40% + 各类测评考试综合成绩×10% + 所负责部门全年季度考核平均分×50%;

(三)员工年度绩效考核成绩 = (所在部门年度考核成绩平均分×20% + 各类测评考试综合成绩×10% + 个人年度各月考核成绩平均分×70%)。

第四章　考核等级标准及考核奖惩

第十条　绩效考核等级标准

采用百分制标准分值计分:考核等级根据以下评定标准分值,分为"优秀、良好、中、合格、不合格"五个等级,来确定"A、B、C、D、E"五个评定等级。

等级	评定标准分值	评定等级
优秀(不超过总人数10%)	95—100分	A
良好(不超过总人数20%)	90—94分	B
中	80—89分	C
合格	60—79分	D
不合格	60分以下	E

第十一条　绩效考核形式、时间

考核时间	形式	被考核人员
每年度	年度考核、年度绩效工资发放、奖金发放	所有人员
每季度	季度考核、季度绩效工资发放	
每月1日前	月度考核	

第十二条　绩效考核内容

员工自评分30%	1. 对本职的岗位职责工作，应全部完成 2. 对完成评估负30%的责任	岗位职责	1. 现有的岗位职责为依据 2. 日常实际操作为准绳 3. 公司领导分配为主要内容
直接上级评分、所属部门或单位的第一负责人评分60%	1. 对所管辖的直接下级或整个部门或单位本职的岗位职责工作全部完成外，还要对完成的质量进行评估 2. 对完成评估负60%的责任（直接上级占40%，部门或单位第一负责人占20%；若直接上级就是第一负责人，为60%）	1. 岗位职责（所辖员工职责、个人或部门单位的岗位职责） 2. 绩效职责（所辖员工职责、个人或部门单位的绩效职责）	1. 协助确定并指导所辖员工现有的岗位职责、日常实际操作、公司领导分配的岗位职责，和完成的质量好不好为绩效评估参照。建议：可以量化、也可以按制度和不同业务性质标准制定（此处略） 2. 本职的管理职责。（参照投资公司的相关指标制度、《指标掌握阶段参照表》，及相关制度）
评审小组6%	1. 对递呈的总、分子公司的分值进行综合评定 2. 对评定的过程、结果负6%责任	绩效分数	1. 执行现有的评审制度和流程。执行的过程中和结果内容记录无误准确，没有疏漏等 2. 对被考评人分值有异议，或不符合绩效制度，须在规定时间内与所属部门或单位第一负责人面谈达成一致并签字确认 3. 审核一致通过后，应在评审规定时间内，上交给党委书记审批签字后，交予人力资源部（下述项应根据实际处理时间而定） 4. 上述2中所属部门或单位第一负责人不能达成一致，须递交到问责部，对被考评责任人进行问责，若责任人为部门第一负责人，评审小组根据确认结果进行对其当月扣减5—10分，并由部门第一负责人承担相应问责后果 5. 若评审小组出现违反规章制度，问责结果确定后，评审小组责任人当月扣减5—10分，并承担相应问责后果

<<< 附录3 锦鹏社区、投资公司绩效考核管理办法

续表

员工自评分30%	1. 对本职的岗位职责工作，应全部完成 2. 对完成评估负30%的责任	岗位职责	1. 现有的岗位职责为依据 2. 日常实际操作为准绳 3. 公司领导分配为主要内容
问责部4%	1. 对评审小组提出异议的责任人进行问责 2. 对评审小组成员产生的异议进行问责 3. 对问责审定的过程、结果负4%责任。（其中包括审计负责人协助核查1%的责任）	被问责人	1. 对评审小组和被评估的第一负责人沟通不能达成一致，对提出异议的被考核责任人进行问责 2. 根据确认结果，回馈给评审小组，对其当月扣减5—10分，并由被问责人承担相应问责后果 3. 若评审小组成员出现违反规章制度，对评审小组责任人当月扣减5—10分，并承担相应问责后果
党委	1. 对评审小组通过后所递呈的绩效综合分数，进行全面审核或抽查审核 2. 对评审小组所递呈的异议责任人进行全面审核或抽查审核 3. 对问责责任人产生的异议进行审核	被审核人	1. 对评审小组通过后所递呈的绩效综合分数，进行全面审核或抽查审核，作出相应结果并实施 2. 对评审小组所递呈的异议责任人进行全面审核或抽查审核，作出相应结果并实施 3. 对问责责任人产生的异议进行审核，作出相应结果并实施

第十三条 绩效工资、绩效奖金

等级	评定等级	评定标准分值	评定绩效系数	所获收入
优秀（不超过总人数10%）	A	95—100分	1.15	
良好（不超过总人数20%）	B	90—94分	1.1	岗位工资＋绩效系数×绩效工资基数
中	C	80—89分	1	
合格	D	60—79分	0.95	
不合格	E	60分以下	0.9	

一、绩效工资定义

以公司整体营利状况、绩效结果为依据，以各级员工的个人综合工作表现、行为、结果为基础，通过月度绩效考核结果评估，除岗位工资外所发放的工资。（参见投资公司薪酬及相关制度）

附录3　锦鹏社区、投资公司绩效考核管理办法

职系	职级	岗位工资:绩效工资	绩效比例
管理职系	总经理	6:4	40%
	副总经理	6:4	40%
	经理（销售业务类）	6:4	40%
	经理（非销售业务类）	7:3	30%
员工职系	经理级以下员工（销售业务类）	7:3	30%
	经理级以下员工（非销售业务类）	8:2	20%

绩效工资比例参照表

绩效工资＝月工资×绩效比例

二、绩效奖金

（一）绩效奖金定义：以每季度的绩效考核平均分值，除月工资外所发放的绩效奖金（与第三个月工资一并发放）。季度、年度绩效奖金按以下系数计算。

绩效奖金＝绩效工资×标准分值所对应的绩效系数

等级	评定等级	评定标准分值	评定绩效系数
优秀（不超过总人数10%）	A	95—100分	1.15
良好（不超过总人数20%）	B	90—94分	1.1
中	C	80—89分	1
合格	D	60—79分	0.95
不合格	E	60分以下	0.9

绩效系数参照

（二）绩效奖金发放：

每季度当月底最后一个工作日，须提交当月绩效考核表，最迟不得晚于当季次月1日16时；过时若无书面通知递交，绩效评审小组将视同该员工放弃当月绩效考核，绩效成绩为0分；当季次月2日，绩效评审小组对上月绩效成绩进行评审；当季次月3—4日，人力资源部根据评审成绩计算绩效工资，请相关领导和总经理审批通过，并根据绩效考核结果，负责发放相应的绩效奖金。当季次月5日，由财务部门审批通过并发放相应工资；如遇特殊情况或节假日，顺延1—2个工作日。（详见如下）

<<< 附录3　锦鹏社区、投资公司绩效考核管理办法

第十四条　年终奖

一、年终奖定义

根据投资公司整体经营状况、绩效结果，所有部门和单位进行年度为一周期所发放的年终奖金。

时间	不享受年终奖范围
离职后	12月31日前离职人员
月度内	1. 月度内旷工1天（含1天）以上者；年度旷工超过2天以上者 2. 月度发放通报批评1次以上者；年度发放通报批评3次以上者 3. 年度事假超过1个月以上者

二、年终履职考核（述职＋测评）

针对社区党委、居委会、投资公司及分子公司领导班子成员及各部门负责人展开，按照评分及测评结果计算得分。

对于兼任党委职务的其他岗位员工的考核得分，将按照本岗位考核成绩×80%＋党委职务考核×20%＝最终得分。

第十五条　特别贡献奖

由党委决议通过后，对个别员工或团体部门、单位特别嘉奖，所发放的相应奖金。可经党政企管理层一致认可，所做的业绩指标提前或超额完成，做出客观事实的重大贡献并符合公司价值观，零投诉并获内外部客户、当地村民公开表扬信函，由党委决议一致通过后，公开进行统一发放的表扬信（通过公开书面表扬通知或信函方式）。

第十六条　绩效奖惩管理

奖惩、岗位、薪资调整参照表

季度绩效考核最终分值	改进或提高培训	岗位调整（晋升或降职、调岗等）	薪资调整（加薪或降薪、奖金发放）	劳动关系解除
60—79分	每个月内，进行培训和工作改进	连续2个月以上进行降职调整	年度累计获79分高于2次，其余月份考核低于60分2次者，酌情进行调岗、培训或降职，行为严重者解除劳动关系	连续3个月以上者

附录3　锦鹏社区、投资公司绩效考核管理办法

续表

季度绩效考核最终分值	改进或提高培训	岗位调整（晋升或降职、调岗等）	薪资调整（加薪或降薪、奖金发放）	劳动关系解除
80—89 分	每个月内，进行培训和工作改进	/	/	/
90—94 分	每个月内，自愿进行培训和工作改进	连续6个月以上进行酌情上调岗位或晋升的培养	/	/
95—100 分	每个月内，自愿进行培训和工作改进	年度累计获95分以上不少于6次，其余月份考核并不低于90分者，符合条件可适当予以晋升或加薪、奖金发放		/
/	/	对党委决议通过后的重大贡献者，进行晋升或加薪		/

考核成绩为"优秀"的员工：除按年终考核成绩发放年终分红（绩效奖金）外，还将额外发放年薪总额的10%作为奖励，并赋予"年度优秀员工"光荣称号，颁发荣誉证书和张榜表扬（红底黑字）并张贴在居委会公开栏，并具有优先进行工资调整或职位晋升的资格，纳入人才梯队储备。

考核成绩为"良好"的员工：按年终考核成绩发放年终分红（绩效奖金）外，还将额外发放年薪总额的5%作为奖励并张榜表扬（红底黑字）并张贴在居委会公开栏，还将给予其提拔晋升、培训等优先资格。

考核成绩为"中"的员工：按年终考核成绩发放年终分红（绩效奖金）。

考核成绩为"合格"的员工：除在年终分红（绩效奖金）中扣发年薪总额的5%作为惩罚外，还将给予其降薪、调岗处理，并张榜公布（白底红字）并张贴在居委会公开栏。

考核成绩为"不合格"的员工：除在年终分红（绩效奖金）中扣发年薪总额的10%作为惩罚外，还将给予其降薪、调岗或辞退处理，

并张榜公布（白底红字）并张贴在居委会公开栏。

1	公司每年2月、3月进行一次薪资调整，根据经营状况和年度考核结果，进行级别调整，予以不同奖励
2	经营活动中，为公司创利成绩显著者、促进企业经营管理、提高经济效益方面成绩突出者、综合评定应奖励的人员
3	员工在考核中，违反绩效考核制度规定，在年度奖惩和临时性调整中被降低或晋升职级
4	根据工作需要，所聘用人员被调整岗位时应服从安排；如难以适应可陈述理由，并要求培训、调整或申请辞职

第十七条 对于下列情形，由问责部认定属实者，实施一票否决，全年考核成绩直接认定为"不合格"。

一、未及时监控舆情舆论，造成重大影响的。

二、发生大规模上访事件，未采取有效对策。

三、在经营管理过程中，给集体造成重大经济损失。

四、上级党委考核一票否决中出现的情形（计划外生育、重大安全事故等）。

五、所有考核资料均应报所在单位/部门绩效管理部门存档，并报集团人力资源部备案。

六、党政企内部的考勤、工装管理、办公环境等，各项管理制度中所扣减分值，都作为绩效考核分值部分。

七、针对有严重负面行为者，扣除5—10分进行处罚。

第五章 绩效考核纪律与监督

第十八条 锦鹏社区及投资公司、分子公司全体员工有义务监督所在单位/部门的绩效考核工作，发现违反绩效考核制度的行为应及时向集团总部人力资源部及问责部举报。

第十九条 考核人要认真履行考核职责，按照程序客观公正地对被考核对象进行评价。考核人对自己的配偶、子女及与自己有利害关系人的考核实行回避制度。

第二十条 考核人必须遵守以下工作纪律：
一、不准故意夸大、缩小、隐瞒和歪曲事实。
二、不准乘机打击报复。
三、不准泄露未经公布的事项和内容。
第二十一条 绩效管理工作领导小组受理职工的举报或申诉，并对在考核工作中的违纪者及时核查和处理。
第二十二条 如绩效考核双方对考核结果不能有效达成一致意见，被考核方可在沟通后5个工作日内向绩效管理工作领导小组提出申诉，申诉裁定的结果为最终结果。

第六章 附则

第二十三条 若本实施办法条款与相关法律、法规存在冲突，适从相关法律、法规。本管理办法自下发之日开始试行，试行期一年。
第二十四条 本管理办法最终解释权归属投资公司人力资源部。

附录4　锦鹏投资公司分子公司绩效管理办法

第一章　总则

第一条　为了推进锦鹏投资公司一体化管理的进程，进一步建立健全总公司对投资分子公司的激励约束机制，规范分子公司绩效管理，客观公正评价分子公司工作业绩，提高公司整体经济效益，根据锦鹏投资公司的《自主经营管理办法》规定，结合锦鹏投资公司对分子公司的绩效考核和管理的实际情况，特制定本办法。

第二条　本绩效管理办法适用于总公司各下属企业。

第三条　为加强分子公司的绩效管理工作的组织领导，成立分子公司绩效管理工作领导小组，领导小组成员：

组长：总公司总经理

副组长：总公司其他领导班子成员

人力资源部为分子公司绩效管理工作的牵头部门，负责协助制定各分子公司的绩效管理的各项制度、绩效管理的过程控制与考核协调，处理重大绩效事件；审计部为绩效管理工作的监督部门，负责对绩效管理实施过程的真实性、规范性进行监督审核，其他各部门共同参与管理和考核。

各分子公司应成立绩效管理领导小组和工作小组，明确分管本公司绩效管理工作的领导成员和工作人员，并上报总公司备案。

第四条　绩效考核周期。分子公司绩效管理以半年为一个周期，每个周期按绩效目标、绩效辅导与过程控制、绩效考核、反馈与沟通四个环节开展工作，当年1月1日至6月30日为上半年周期，7月1日至12月31日为下半年周期。

第二章 绩效目标

第五条 绩效目标根据总公司确定的年度经营目标，结合总公司发展战略及管理要求分解确定。

一、人力资源部牵头行文下发并明确年度绩效目标制定原则和要求。

二、各分子公司按总公司要求并结合实际情况，上报年度《绩效考核目标责任书》。

三、人力资源部收集相关部门的数据和情况，对各分子公司上报的年度《绩效考核目标责任书》进行审核、提出审核意见，报总公司绩效管理领导小组审核通过。

四、汇总并形成各分子公司《绩效考核目标责任书》初稿作为与各分子公司绩效目标商谈的基础。

第六条 分子公司《绩效考核目标责任书》根据各公司的总体发展目标并结合各子公司行业特点制定，主要内容如下：

一、绩效考核目标责任书的考核内容：

（一）经济指标：包括年度总收入目标、总支出目标、国内生产总值目标、总利润目标。

（二）管理指标：管理指标中包含两类，分别为共性指标（安全生产工作、环境卫生建设、信访工作等）与特性指标（根据行业经营性质制定）。

（三）创新经营指标：主要为创新经营收入目标。

二、奖惩及其他事项，即对年度考核后的评定等级进行奖惩以及其他纳入绩效管理的事项进行约定。

第七条 绩效目标商谈，由人力资源部牵头，按照经总公司领导小组审核通过的各分子公司《绩效考核目标责任书》初稿确定的原则，各相关部室参与，按以下程序进行：

一、组织与各分子公司班子进行面对面的商讨、沟通，核对本年及历年等各项相关财务数据，做好商谈记录，达成一致意见的初步确定，未达成一致意见的做出解释说明。每个分子公司的商谈情况均须做好记录。

二、未达成一致意见的各分子公司商谈情况汇总后向总公司绩效领导小组汇报，听取总公司领导意见。

三、组织未达成一致意见的分子公司再次商谈，最终达成一致意见。

第八条 《绩效考核目标责任书》由总公司总经理与各分（子）公司经理分别签订，作为年度该公司绩效考核目标的标准。

第九条 绩效目标的变更。绩效目标一经确定，原则上不予更改，但遇重大的客观条件，如客观原因导致产值计划无法完成等，则可作适当调整《绩效目标变更申请表》，绩效目标变更的程序为：

一、分子公司提出变更申请，详细说明理由和原因。

二、相关部室按照实事求是的原则，进行审查、核实，并提出初步处理意见。

三、总公司分管领导审核并经绩效管理领导小组讨论作出最后答复，以书面记录为准。

第三章 绩效辅导与过程跟踪

第十条 总公司应定期组织分子公司绩效管理培训，就分子公司如何进行绩效管理、绩效目标的确定和分解、绩效过程监控、绩效考核等进行讲解，分子公司经理及分管绩效管理工作的班子成员和部门经理参加。

第十一条 总公司在分子公司绩效管理过程跟踪环节中，应做好以下工作：

一、制定总公司《分子公司绩效管理办法》及相应配套制度，指导各分子公司制定实施细则，对分子公司绩效管理过程进行辅导。

二、人力资源部明确各分子公司绩效负责人，对各分子公司经营状况和绩效管理及绩效目标完成情况进行跟踪，其主要职责为：

（一）指导并督促各分子公司制定绩效管理实施细则，并资料收集归档。

（二）督促各分子公司将年度绩效目标进行分解，落实至其各部门和各岗位，并资料收集归档。

（三）督促各分子公司将年度绩效目标分解为上半年绩效目标及下半年绩效目标，在此基础上相应分解为季度目标，并资料收集归档。

（四）了解掌握各分子公司经营状况及绩效目标完成情况，至少每月与各分子公司直接联系一次，收集各种信息，检查是否按总公司规定实施绩效管理，是否对绩效目标责任人按季度进行考核。发现经营状况出现异常或绩效目标不能完成的，要进行沟通和督导。

（五）按季度收集各公司上报的绩效目标完成情况表对其负责的分子公司完成情况进行评价，以供总公司领导决策参考。

第十二条　分子公司在绩效管理过程跟踪环节中，应做好以下工作，并将相关资料上报总公司人力资源部，作为绩效考核的重要依据：

一、根据总公司《分子公司绩效管理办法》的规定，制定实施细则及配套制度，并上报总公司备案。

二、与总公司签订年度《绩效目标责任书》后，应立即将绩效目标分解落实至各部门和各岗位，经分子公司绩效管理领导小组审核后，由分子公司经理分别与各部门责任人签订《绩效管理责任书》，各部门负责人分别与各岗位任职者签订《绩效管理责任书》，各部门绩效目标汇总的结果应大于或等于总公司与分子公司签订的绩效目标。

三、各分子公司绩效目标落实至各部门和各岗位后，应督促各目标责任人将年度指标分解至半年度目标，半年度目标分解至季度目标，具体列出目标的完成时间、具体措施。

四、各分子公司绩效领导小组成员按照分工应对所属部门的绩效目标，按照班子成员分工与部门负责人、岗位任职者进行绩效辅导、沟通、督促，及时掌握各目标责任人目标责任完成情况，发现问题应立即采取措施加以解决。

五、各分子公司至少每季度组织一次对目标责任人的绩效考核，进行一次正式的绩效面谈，面谈内容包括：目标完成情况、工作中有何改进之处、如何改进、有什么需要帮助和支持的地方、使双方获得需要掌握的信息，并做好谈话记录。

第四章　绩效考核

第十三条　考核原则

一、公平公正、民主公开的原则；

二、客观、真实，注重实绩的原则；

<<< 附录4　锦鹏投资公司分子公司绩效管理办法

三、考核与申诉结合的原则；考核结果及时反馈，并允许其申诉或解释。

第十四条　考核方式及权重

分子公司绩效考核分为关键绩效指标考核（依据《绩效考核目标责任书》）及年终履职考核两种类型。

考核权重为关键绩效指标考核占70%，年终履职考核占30%。

第十五条　考核内容及考评限制性条件按总公司与各分子公司签订的《绩效考核目标责任书》规定的内容和《分公司自主经营管理制度》的规定进行考核。

第十六条　考核等级标准

年度考核采用计分制，考核总分为100分。总公司可根据每年工作重点适当调整经济指标、管理指标、创新经营指标的权重系数。考核后分为优秀、良好、合格、不合格四个等级，标准如下：

优秀：90—100分

良好：80—89分

合格：60—79分

不合格：60分以下

考核评分值加权后按四舍五入原则取两位小数。

第十七条　考核计分办法

一、关键绩效考核中的经济类指标（经济目标），根据分子公司实际完成情况，按照评分标准对照各分子公司《绩效管理目标责任书》直接计算得分。管理类指标（管理目标），分别按各项评分标准、满意度测评结果、调研统计结果及权重分别计算得分。

二、年终履职考核（述职+测评）针对分子公司领导班子成员展开，按照评分及测评结果计算得分，最后取参评人数的平均得分。

考评得分＝关键绩效考核+年终履职考核，其中：

（一）关键绩效考核得分＝∑各项关键绩效考核指标得分×70%

（二）年终履职考核得分＝（述职+测评）得分×30%

三、述职测评投票计分办法详见《年终履职考核评分办法》。

四、根据各分子公司年度考评得分，由高分到低分按考核等级标准并考虑考核限制性条件等因素划分考核等级，得出各分子公司年度绩效考核初步结果。

第十八条　考核程序

一、制定考评实施办法

每年初由人力资源部牵头，根据《分公司管理制度》的规定，结合总公司上年度与各分子公司签订的《绩效管理目标责任书》的实际情况，考虑年度总公司综合管理的工作重点，制定分子公司绩效考核的实施办法，经总公司绩效管理领导小组批准后行文下发。

二、分子公司自评

分子公司按照总公司绩效考核方案的要求，综合本部及所属各项目的情况，填写好各项考评表格，对各项考核指标进行客观、公正的自评，并于总公司现场考核前将自评表格及意见上报总公司人力资源部。

三、总公司考核

（一）根据考评实施办法，结合年度内对分子公司检查情况和要求，总公司组织分子公司绩效考核工作小组，现场对各分子公司本部的各项考核指标进行审计、检查、考评。

（二）年终履职考核

年终履职考核分为述职和测评两种方式。

1. 年度述职。要求各分子公司经理以与总公司签订的年度《绩效考核目标责任书》为标准，对其公司年度各项目标完成情况以及存在的问题和采取的措施等方面进行书面和现场报告，接受全公司的监督。总公司绩效管理领导小组成员、总公司部室主要负责人及其他各分子公司经理等人员参与。在听取述职报告后，综合考虑该公司的实际经营管理状况，采取无记名投票方式，现场给予考核评定。

2. 测评。采用公文筐、情景模拟等测评方式针对分子公司领导班子成员的管理能力展开测试。最后得分以专家考核评分为准。

四、绩效考核点评

总公司对分子公司关键绩效考核和年终述职测评的结果按考核权重综合计算各分子公司考核得分，在与各分子公司沟通、核对、复评后，将考核结果上报总公司绩效管理领导小组审核通过后，组织各分子公司班子成员、总公司部室主要负责人召开会议，总公司绩效管理领导小组成员参加并宣布考评结果，对各公司绩效目标完成情况、管理亮点以及需要改进的方面和存在的主要问题点评，奖优罚劣，以利于推进总公司绩效管理。以上绩效考核点评中，半年度考核点评不评定考核等级。

第五章　绩效反馈与沟通

第十九条　绩效目标商谈过程中，人力资源部应牵头组织各相关部室对各分子公司提出的问题和要求，能答复的当场答复，不能答复的，汇报总公司绩效管理领导小组，按总公司领导小组意见答复，并最终达成一致意见。

第二十条　绩效面谈中，人力资源部应及时将收集掌握的各公司绩效目标完成情况与各分子公司沟通，并将各分子公司提出的问题和建议形成书面记录存档，肯定成绩，明确有待改进之处；对不足之处的改进达成共识，并纳入下年度绩效管理目标，对下阶段的绩效目标进行初步协议。

第二十一条　绩效考核过程中或考评结果公布前，人力资源部应将初步考核结果反馈给分子公司，如对考核结果有异议，可在7个工作日内就有异议的部分向人力资源部提供澄清证明资料申请进行复评，人力资源部组织相关部室进行复评，根据复评情况上报总公司绩效管理领导小组后确定最终考核结果。

第二十二条　分子公司半年度绩效考核和年度绩效考核结束，人力资源部应提请总公司绩效管理领导小组与各分子公司主要负责人谈话，对该公司经营管理中的成绩和不足进行面对面的沟通。对年度考核不合格的分子公司，对该公司班子成员诫勉谈话。

第六章　绩效奖惩

第二十三条　绩效考评的结果直接运用于分子公司班子薪酬的兑现及奖惩，包括预支年薪、基本年薪和效益年薪的管理，并执行《绩效考核目标责任书》相关奖惩规定。

第二十四条　分子公司未制定绩效管理实施细则、未将与总公司签订的《绩效考核目标责任书》分解，未与所属项目、本部及个人签订《目标管理责任书》、未将年度目标逐步分解为半年度目标及季度目标并采取措施落实的，分子公司班子成员不得享受年薪，并按相关制度追究分子公司班子成员的责任。

第七章 其他

第二十五条 本办法如有与以前相关制度、规定相冲突的条款，遵照本办法执行。

第二十六条 本办法由人力资源部负责编制、解释、修改，从发布之日起执行。

附录5 《锦鹏投资公司管理体系手册》摘录

基础管理	第 页 共15页
	第一版 第0次修订
北京锦鹏置业投资管理公司行政管理制度	文件编号：MC/房地产开发 MF—048

第一部分 行政管理制度

第一章 制度建设基本规定

第一条 为加强公司行政事务管理，理顺公司内部关系，使各项管理标准化、制度化，提高办事效率，特制定本规定。

第二条 本制度适用于投资公司及其所属企业。

第三条 原则性制度由集团行政办公室制定；各项制度及实施细则，由其所属企业职能部门根据原则性制度进行编写，各所属企业职能部门提供必要的配合。

第四条 各项原则性制度，由集团相关职能部门、分管领导、董事长进行审批；各项制度及实施细则，由各所属企业职能部门、分管领导审核，集团分管领导审批。

第五条 对于制度实施过程中因产生争议而需要作出解释的，解释权归于投资公司。

第六条 制度修改由投资公司行政办公室，会同各所属企业职能部门共同进行。

第二章　一般行政管理规定

第一节　公文管理规定

第一条　公文定义：指与政府职能部门、相关单位间传送的文件，以及内部各单位相互传送的各类文件（包括会议纪要）、制度规范（不含合同类文件）。

第二条　公文种类主要有：

一、命令（令）

适用于依照有关制度和规定，宣布施行重大强制性执行行政措施；嘉奖有关单位及人员。

二、决定

适用于对重要事项或者重大行动做出安排，变更或者撤销下级单位不适当的决定事项、人事任免。

三、公告

适用于向集团内外宣布重要事项或者决定事项。

四、通告

适用于公布各有关方面应当遵守或者周知的事项。

五、通知

适用于批转下级单位的公文，转发上级单位和不相隶属单位的公文。

六、传达

要求下级单位办理和需要有关单位周知或者执行的事项、人事任免。

七、通报

适用于表彰先进，批评错误，传达重要精神或者反映重要情况。

八、报告

适用于向上级单位汇报工作，反映情况，答复上级单位的询问（包括审计报告）。

九、请示

适用于向上级单位请求指示、批准。

十、批复

<<< 附录5 《锦鹏投资公司管理体系手册》摘录

适用于答复下级单位的请示事项。

十一、会议纪要

适用于记载、传达会议情况和议定事项，会议纪要在会议结束后一个工作日内整理完毕，并分发相关领导及部门。

第三条　公文处理的原则：快速、准确、安全、保密。

第四条　公文协调处理部门：行政办公室。

第五条　文件接收主要为区分政府的各种文件、通知、合同等，接收方式为网络、传真、电话以及实地收取。

第六条　通过上述各种途径接收的文档，应在接收后10分钟内交给相关领导和负责人。如上述人员外出，应将文件内容电话告知收件者。

第七条　重要文件涉及多部门的，应复印分发，涉及部门限时回复的，应督促主管部门按时回复，不得延误。

第八条　严格文件收发手续，不得委托转发，不得口头传达。收件人应详细填写收件签单，并注明收件人。内勤人员收文后，应交办公室主任审阅并确定收件者。

第九条　重要文件应通知档案室存档。（原件）办公室应将该件复印件存档一年。

第十条　严格倒查责任制。文件收发台账等原始资料应填写清晰，妥善保管，以备查验。

第十一条　严格保密制度。接收文件内容应严格保密，不得外泄。

第二节　印章管理规定

第一条　印章是公司经营管理活动中行使职权的重要凭证和工具，印章的管理，关系到公司正常的经营管理活动的开展，甚至影响到公司的生存和发展，为防止不必要事件的发生，维护公司的利益，制定本办法。

第二条　公章由总务办公室二人共同管理，管理人为直接责任者。

第三条　公司各类印章由各级和各岗位专人依职权领取并保管。

第四条　印章必须由各保管人妥善保管，不得转借他人。

第五条　公司建立印章管理表，专人领取和归还印章情况在卡表上予以记录。

第六条　公司各级人员需使用印章须按要求填写印章登记表，将其与所需印的文件一并逐级上报，经公司有关人员审核。

第七条　经有关人员审核，并最终由具有该印章使用决定权的人员批准后方可交印章保管人盖章。

第八条　印章保管人应对文件内容和印章使用单上载明的签署情况予以核对，经核对无误的方可盖章。

第九条　在逐级审核过程中被否决的，该文件予以退回。

第十条　公司董事长对公司所有印章的使用拥有绝对的决定权。

第十一条　涉及法律等重要事项需使用印章的，须依有关规定经法律顾问审核签字。

第十二条　财务人员依日常的权限及常规工作内容自行使用财务印章无须经上述程序。

第十三条　用印后该印章使用单作为用印凭据，由印章保管人留存，定期整理后交行政办公室归档。

第十四条　印章原则上不许带出公司，确因工作需要将印章带出使用的，应事先填写印章使用登记表单，载明事项，经公司领导批准后携带使用。

第十五条　公章的使用决定权归公司董事长，其他各印章的使用决定权由公司总经理根据实际工作需要进行授权。

第十六条　印章保管人必须妥善保管印章，如有遗失，必须及时向公司行政部门报告。

第十七条　任何人员必须严格依照本办法规定程序使用印章，未经本办法规定的程序，不得擅自使用。

第十八条　违反本办法的规定，给公司造成损失的，由公司对违纪者予以行政处分，造成严重损失或情节严重的，移送有关机关处理。

第三节　档案管理规定

第一条　为加强公司档案管理工作，有效地保护和利用档案，维护公司合法权益，特制定本规定。

第二条　本规定所称的档案是指过去和现在的公司各级部门及员工从事业务、经营、企业管理、公关宣传等活动中所直接形成的对企业有保存价值的各种文字、图表、账册、凭证、报表、技术资料、电脑盘片、声像、胶卷、荣誉实物、证件等不同形式的历史记录。

第三条 公司及各部门、员工有保护档案的义务。

第四条 档案工作实行统一领导、分级保管、分级查阅的原则进行管理。

第五条 公司各部门指定专人负责档案管理工作。

第六条 档案工作由行政办公室负责接收、收集、整理、立卷、保管。

第七条 整理办法

一、方法：以问题特征为主，立小卷，一事一卷。

二、步骤：

（一）收集文书档案：当年立前一年的卷，并预立当年的卷。

（二）整理根据分类和成立时间整理。

房地产开发、分类根据下述分类方法分类。

（三）立卷区分不同价值确定保管期限：永久、长期、短期。

第八条 过程管理

一、属于公司保管的档案：投资公司及各所属企业的各部门的资料员做好平时文件的预立卷工作，并在事件结束后或在每季头一个月的十日前将上季需归档的预立卷的文件整理成册移交行政办公室保管，任何人不得据为己有。

二、属于部门保管的档案：在每季头一个月十日前汇编成册上报行政办公室，各分级保管者在每年的三月一日前将档案总目录、预立卷材料的目录交行政部。

第九条 监督：行政办公室根据各部门和各部门上报的档案总目录、预立卷材的目录，进行定期或不定期的检查，来监督各部门及各部门档案的管理工作。

第十条 销毁：须报总经理批准，销毁时应有两人以上负责监销，并在清单上签字。

第十一条 公司档案的分类及编号：指定资料员经办公室培训后，按有关档案分类及编号要求操作。

第十二条 在业务中对外签署的各种经济合同按《合同管理规定》处理。

第十三条 借阅

因公司需要借阅文档的，应填好档案查阅单，员工不得随意外带有关公司重要的文件材料，确因工作需要外带，需办理档案外借手续，经行政部核准后，方可带出，用毕即归还。阅档人对所借阅档案必须妥善保管，不得私自复制、调换、涂改、污损、画线等，更不能随意乱放，以免遗失。

第十四条　公司所有有价值的文件、报表、业务记录等必须备份。

第十五条　各部门应尽量采用电脑管理和工作，便于业务资料的数字化处理和保存。

第十六条　有下列行为之一，据情节轻重，给予50—500元扣薪处理，若成犯罪依法追究刑事责任：

一、毁损、丢失或擅自销毁企业档案；

二、擅自向外界提供、抄摘企业档案；

三、涂改、伪造档案；

四、未及时上报归档或管理不善的档案管理者；

五、未按手续借阅、外带者或越级查阅者。

第十七条　本制度适用于公司各部门员工。

第十八条　本制度监督责任部门为公司行政部，第一责任人为各部门指定的资料员；第二责任人为资料员所在部门的部门经理。

第四节　办公用品管理规定

第一条　行政办公室负责汇总、审核各部门《办公用品采购清单》，并负责统一向供货单位下单、使用管理及财务报账工作。

第二条　行政办公室负责办公用品的交接及验收，行政办公室应有两人在场，经核对办公用品数量无误，规格相符后，在对方的送货单据上签名确认，视为验收完毕；验收单位应保证送货方的送货单据上有明确数量、单价、总金额、售后服务单、质量保修单及使用说明书等资料，才可根据验收情况签名确认。

第三条　行政办公室设置《办公用品进出存明细表》，使用部门应到行政办公室做进仓及领用登记，办公用品进仓后方可领用。

第四条　行政办公室负责对办公用品使用情况进行管理，每批货物入仓前，对以前购进用品的使用及库存情况进行清点，核实库存量进行登记，做到表实相符。

第五条　各部门在派发办公用品时，应使用《办公用品领用登记表》，由使用人在领用时按实签收。

第六条　办公用品在使用过程中，如有质量问题，由行政办公室与供货单位协商解决。

第七条　审计部门根据审计计划对各级单位办公用品的采购及使用情况进行审计调查，各单位应保存相关资料（期限一年）备查。

第五节　司机、车辆管理规定

第一条　司机必须遵守《中华人民共和国道路交通管理条例》及有关交通安全管理的规章、规则，并遵守本投资公司的相关规章制度。

第二条　司机不得擅自离岗，做到随时待命；司机执行任务时，应听从车辆使用人的安排。

第三条　司机在休息日或法定节假日值班应准时，服从调派，并填写好值班登记表。

第四条　司机应爱惜车辆，注意日常保养和清洁，经常检查车辆状况，确保能正常行驶。若因司机工作疏忽造成机件损坏的，应予赔偿。

第五条　车辆发生事故时，司机应立即报告司机班长及综合部门主管、负责人，请示处理办法。

第六条　为确保安全必须按规定停放车辆，司机离开时，要锁好保险锁，以防车辆被盗。

第七条　严禁司机疲劳驾驶及酒后驾车。

第八条　司机不得私自用车，不得将车辆随意交他人驾驶或练习驾驶；外借车辆，必须由主管领导批准。

第九条　机关用车必须严格审批手续，科室用车须经科室领导核准，报至办公室，由办公室统一安排。

第十条　用车人须将用车明细填写到黑板上（用车人、目的地等）。

第十一条　提倡同一路线，两个以上用车的科室应合并使用，避免重复往返。用车者专车专用，避免中途办理私事。

第十二条　业余时间需公务用车，应提前通知办公室。

第十三条　因私用车必须经主管领导批准（总支、村委会、公司正职），并说明往返时间。

第十四条　用车者不得擅自选择车辆或司机。需要在外留滞的应与办公室联系说明。

第六节 办公区管理规定

第一条 为保证各单位办公室整洁、有条不紊，为员工提供一个良好的办公环境，特制定本规则，员工应遵照执行，各筹建处可根据实际情况予以适当调整。

第二条 办公楼开、关大门时间

一、开：上午 7：00 关：晚上 22：00

二、如有特殊情况需延迟关门时间，经办人员应于当日下班前通知行政人事部门，以便做好相关安排。

三、工作时间

1. 按集团规定实行。
2. 每日工作时间为：上午 8：30—12：00；下午 14：00—17：30。
3. 国家法定节假日期间，由行政办公室按相应规定组织人员值班。

第三条 严禁在办公区内聚众闲聊，严禁大声喧哗吵闹，严禁随地吐痰、丢纸屑、杂物、烟头等。

第四条 爱护公司财物，严格按使用说明操作使用公司办公设备和公共设施，使用责任人应定期进行办公设备和公共设施的检查及维护。

第五条 严禁带闲杂人员进入办公区，因公事来访人员，需按公司规定办理来访登记手续。

第六条 注意保持办公场地、办公桌面的整洁，下班前应整理好自己的办公台面。

第七条 写字楼配置的电闸、消防设施及电话、电源线路等，除紧急情况外，切勿随意拉动或移动，以免留下事故隐患甚至造成不必要的经济损失。

第八条 如在写字楼发现可疑现象或可疑人物，应及时采取相应措施并向有关领导汇报。

第九条 下班离开办公室前，切记关窗、关电源（饮用水、空调、电脑、灯等）、锁门。

第十条 办公室应保持清洁、卫生，包括窗台、玻璃窗及窗帘的整洁。

一、办公台、凳、文件柜等办公用具应按规定统一摆放，不能随意改变摆放位置。

二、办公室不能随便摆放杂物或其他与办公无关的用具；私人物品、无关用具应当天拿走，不能逗留在办公室。

三、上班前或下午下班后各自清洁自己的办公台、凳，下班后最后离开办公室者，应关上电源，锁上门窗；各部门应指定值班人员负责。

四、应积极配合清洁工人搞好本办公室卫生，爱护清洁工人劳动成果。

五、应自觉保持卫生间的清洁。

第十一条　办公室应保持清静。

一、办公室不能大声喧哗（包括传叫电话、同事之间谈话、会友、接客），更不能有吵闹、打架等不文明行为。

二、办公室内提倡禁烟。

三、上班时间办公室里不能放收音机之类电声设备。

四、办公室里不能粗言秽语。

第十二条　工余时间或节假日不能在办公室里接待私人亲朋，在特殊情况下，接待亲朋后应自觉保持办公室的整洁。

第十三条　爱护办公室绿化的花、草，损坏盆景要照价赔偿。

第七节　员工着装管理规定

第一条　为树立和保持公司良好的社会形象，进一步规范管理，员工应按本规定的要求着装和佩戴工卡。

第二条　员工上班时间内要注意仪容仪表，着装大方得体、整洁。

第三条　未发给工作服的员工，上班期间应着装工整。

第四条　严禁穿无袖、低领衫、超短裙、文化衫、牛仔裤、背心、短裤、拖鞋等上班。

第五条　注意将头发梳理整齐。男职员发不过耳，一般不准留胡须；女职员上班宜淡妆，饰物佩戴应得当。

第六条　部门副经理以上的员工，办公室需备有西装、领带，以便外出活动或重要业务洽谈时穿用。

第七条　重大活动及重要会谈，男士必须着西装、戴领带，女士穿套装。

第八条　各部门负责人应认真配合，督促属下员工遵守规定。

第三章　附则

第一条　本规定解释权归总经理办公室。
第二条　本规定从发布之日起生效。

附录6 《锦鹏房地产开发公司管理体系手册》摘录

锦鹏房地产开发公司管理手册	第1页共5页
	第一版第0次修订
目录	文件编号：MC001—2012

章节号标题文件编号

第01章目录　　　　MC001—2012

第02章修改页　　　MC002—2012

第03章批准页　　　MC003—2012

第04章发布令　　　MC004—2012

第05章前言　　　　MC005—2012

第一篇　　　　　　基础管理

第01章房地产开发公司组织结构图　MC/房地产开发MF—001

第02章房地产开发公司运营部职责说明书　MC/房地产开发MF—002

第03章房地产开发公司研发部职责说明书　MC/房地产开发MF—003

第04章房地产开发公司前期部职责说明书　MC/房地产开发MF—004

第05章房地产开发公司预算部职责说明书　MC/房地产开发MF—005

第06章房地产开发公司工程部职责说明书　MC/房地产开发MF—006

附录6 《锦鹏房地产开发公司管理体系手册》摘录

　　第07章房地产开发公司人事行政部职责说明书　MC/房地产开发MF—007

　　第08章房地产开发公司财务部职责说明书　MC/房地产开发MF—008

　　第09章房地产开发公司运营部岗位职责说明书　MC/房地产开发MF—009

　　第10章房地产开发公司研发部岗位职责说明书　MC/房地产开发MF—010

附录7 《企业责任问责制度》

北京锦鹏置业投资管理公司企业责任问责制度（试行）

第一条　目的：为了加强锦鹏投资公司的管理，强化责任意识，增强管理人员的责任心，避免因管理失误给集体造成损失，特制定本制度。

第二条　依据：责任问责制度是根据"有职就有责、任职要负责、失职要问责"的原则，对责任问责对象在其管辖的公司、部门和在经营管理活动过程中，由于故意或者过失、不履行职责或者不正确履行职责，以致造成经济损失和纠纷、质量事故、安全事故、企业合法权益受损或者在社会上造成不良影响或后果的，都要进行责任追究的制度。

第三条　责任问责对象：

一、高层管理人员：总公司副总经理、下属企业领导班子成员；

二、中层管理人员：总公司部门负责人、下属企业部门负责人等。

第四条　责任问责制度，坚持"实事求是"、"追究过错与责任相结合、责任问责与改进工作相结合、教育与惩罚相结合"的原则。

第五条　在对责任问责对象追究责任时，必须坚持"责任原因未查明不放过、责任人未处理不放过、整改措施未落实不放过、有关人员未受到教育不放过"和"谁主管、谁负责"的原则，对在经营管理过程中造成事故或损失的，都要严肃追究相应责任。

第六条　有下列情况之一，应进行责任追究：

一、对本职工作未尽职尽责，给公司造成损失或不利影响的；

二、对在各项审批签字环节中不认真履行审核义务、不严格把关、随意签字给公司造成损失或不利影响的；

三、违反《合同法》等法规，在合同（协议、合约等）签订和履行过程中，因玩忽职守、内外勾结、泄露或窃取企业（商业、技术）机密等，造成经济合同纠纷，造成公司经济损失或者不良影响的；

四、违反《安全生产法》《消防法》《道路交通安全法》等法规，造成安全事故、交通事故或者火灾事故的；

五、因失职造成质量事故、安全事故、经济纠纷或者其他不良后果的；

六、对事故处置不力，导致后果扩大或造成次生事故的；

七、未完成"年度绩效考核经济目标、管理目标"考核任务的。

第七条 责任问责追究方式：

一、责令做出书面检查；

二、通报批评；

三、告诫谈话；

四、给予警告、记过、记大过、撤职、降薪等行政处分；

五、取消当年评先资格；

六、承担相应的经济赔偿或处罚；

七、留用察看、辞退、解除劳动合同；

八、法律法规规定的其他方式。

以上责任问责追究方式，可单款或多款合并执行。

第八条 因失职或未尽职尽责给公司造成损失责任程度的界定：

一、直接与间接损失在20万元以上的，为"特大级"；

二、直接与间接损失在10万元以上至20万元以内的，为"重大级"；

三、直接与间接损失在5万元以上至10万元以内的，为"严重级"；

四、直接与间接损失在5万元以下的，为"一般级"。

第九条 安全或火灾事故责任程度的界定：

一、死亡1人或者直接与间接损失在20万元以上的，为"特大级"；

二、致残1人或者直接与间接损失在10万元以上至20万元以内的，为"重大级"；

三、因管理不当受伤1人或者直接与间接损失在5万元以上至10万元以内的，为"严重级"；

<<< 附录7 《企业责任问责制度》

四、因管理不当受伤1人或者直接与间接损失在5万元以内的,为"一般级"。

第十条　对负有特大级责任的责任人的问责：

责令责任人书面检查、给予行政记过直至辞退处分。对事故主要责任人给予行政记大过直至开除的处分。并分别处以罚款、一次性赔偿甚至全额赔偿的经济处罚。违反国家法规的,由司法部门追究刑事责任。

第十一条　对负有重大级责任的责任人的问责：

责令责任人书面检查,对事故主要责任人给予行政记过直至辞退的处分,并分别处以罚款、一次性赔偿甚至全额赔偿的经济处罚。

第十二条　对负有严重级责任的责任人的问责：

责令责任人书面检查,对事故主要责任人给予行政记过直至辞退的处分。并分别处以罚款、部分赔偿甚至全额赔偿的经济处罚。

第十三条　对负有一般级责任的责任人的问责：

责令责任人书面检查,给予行政警告直至记过处分,并分别处以罚款、一次赔偿的经济处罚。

第十四条　所有责任问责事件,在责任问责查处终结以后,都将以书面形式进行通报。

第十五条　公司审计部应依照企业有关规定,对事故责任追究实施监督检察。

第十六条　本制度未尽事宜,参照国家有关法律法规和企业相关规章制度执行。

第十七条　本制度由锦鹏投资公司负责解释和修订。

第十八条　本制度自发布之日起实行。

附录8　锦鹏投资公司企业文化手册

一　宗旨篇

（一）愿景：百年锦鹏　天佑润泽

愿景描述：缔造百年基业，天佑长青文化，润泽华夏子孙

1. 愿景之于企业

锦鹏投资公司从诞生之日起就与农村产业向城市产业转型紧密相连。

化茧，自古以来，不断对新鲜事物的尝试始终伴随着凤凰村人。在人们看来，农民扔掉老祖宗的锄头去做从未做过的事情，无异于作茧自缚、玩火自焚。但孰知，正是一代又一代的凤凰村人勇于创新，敢于开拓的精神，传承与延续，才诞生了锦鹏投资公司。

脱壳，随着历史的进步，产业的更迭，以农业、畜牧养殖业、铸造业为主的经济形式逐步退出历史舞台，以商业贸易、租赁业为主的经济形势在一段时间内成为凤凰村的支柱产业。无论世事变迁，凤凰村人始终紧随时代的脚步，不断探索，吐故纳新。

蜕变，时至今日，城市化的推进和丽泽金融商务区的着力打造，促使锦鹏投资公司经过数次的变革，形成了以房地产开发为主业，以物业管理、金融、现代化商业服务业、园林绿化产业等为辅助的多元化产业格局，开启企业全新的城市发展之路。

腾飞，几代凤凰村人的努力，才为锦鹏投资公司今天的发展道路奠定下基础。而今天，我们将以开阔的视野，冲破地域，突破格局，丰富完善房地产上下游产业链。我们还将以广阔的胸襟，诚心接纳各方人才。稳健发展，缔造百年基业；传承精髓，书写不朽文化；肩负重任，造福华夏子孙。

<<< 附录8 锦鹏投资公司企业文化手册

愿景的画面已经展开,"化茧—脱壳—蜕变—腾飞"的企业发展之路将引领着我们一路前行。我们将立足和创造自身优势,实施品牌战略,不断开拓创新,与时俱进,稳健经营,为百年锦鹏的企业愿景不懈努力。

2. 愿景之于员工

企业共同愿景的实现离不开员工个人愿景的建立。拥有明晰的个人愿景,才会产生真正的工作动力,从而积极主动地投入到工作中,去创造更有效的方式,向个人及团队真正想要的目标迈进,最终实现企业的共同愿景。

我们鼓励员工发展自己的个人愿景,我们提倡将企业的共同愿景与员工的个人愿景相结合,支持员工岗位创业,实现个人价值,使员工和企业共同成长。

(二)使命

使命:做造福百姓的企业,全心全意构建高品质现代生活。

1. 使命之于信念

使命就是责任。这种责任是重大的、历史的、沉淀在企业血脉之中的。

百年前,责任感产生了以拯救民族危亡为己任的信念,这种信念曾经表现出毁业纾难的胸怀、展露过壮士断腕的勇气。

今天,责任感催生的是建设一流现代化城市的理念,这种理念使我们更注重开拓创新,更注重和谐共荣。

2. 使命之于人本

我们相信,没有什么比人更重要。

"以人为本,以客为先",意味着我们尊重人、关注人,为员工提供具有人性化关怀的工作和发展空间;为白领提供优质的办公场所和温馨周到的服务;为居民提供适合居住的生活空间和优美的生活环境;为合作者提供诚实守信、携手共赢的合作平台。

3. 使命之于产品

在房地产行业中,我们扮演着"开发商"与"服务商"两种不同的角色。

作为"开发商",我们以商业、住宅开发为核心,构建现代化城市建设综合模式，形成功能丰富、相互支持、具有高度自我调节能力的社会生态系统。我们的产品，可以满足人们居住、就业、购物、休闲、娱乐的各类生活需求。这一系列产品可以不断从各个产业推进区域的经济发展，也促进区域中各个产业之间的互动。

作为"服务商"，我们不仅要开发最好的产品，还要配套以最优质的服务，我们认为，最好的房地产要同时兼顾优质的物业、干净卫生的环境和环保生态的空间，同时我们也将着力打造金融企业以服务客户。

今天，房地产全产业链发展的理念已融入锦鹏投资公司的血脉。我们将继续运用综合开发、物业服务、园林绿化及金融配套等产业的产品配套互补模式持续发展。

4. 使命之于经营理念

抢占先机，持续发展。我们看中发展机会，但我们不盲目冒进。我们将通过诚信、稳健、持续的经营，为员工、客户、股东和社会不断创造新价值，为推动区域经济发展做出卓越贡献，成为北京知名的房地产企业。

（三）核心价值观

1. 人本：以人为本、以客为先

我们致力于提供最优质的产品，在产品设计与开发方面精益求精，以充分满足客户的需求。

我们为客户提供全方位的优质服务，秉承"客户为先""客户满意""客户信赖"原则，追求客户的百分百满意。

我们为员工营造一种开放、融洽、讲求创新、学习和团队合作的氛围，充分培养、挖掘、发挥员工潜能，使团队中的每个人都能在奋斗中得以志意修，德行厚，知虑明，齐心协力造就企业的浩然之气。

2. 责任：用心尽责、勇于承担

我们以社会和谐为己任，追求人与人、与建筑、与城市、与自然的共荣共生，关注环境，关注人的生活，关注社会的可持续发展。

"广厦千万间，天下俱欢颜"，房地产本身就是一个具有社会责任色彩的行业，我们有幸投身于这一行业，为环境增添美丽，为人们建造家园，为社会创造财富。这要求我们把承担社会责任作为整个企业和每位员工的基本要求，在扮演经济角色的同时，扮演好社会角色。

3. 务实：实事求是、诚信稳健

实事求是、诚信稳健——务实表现的是以求真的态度，诚信的原则，踏实、稳健地做事。

大人不华，君子务实。

务实，是一种实事求是的工作作风，是一种踏实肯干、执着奋斗的工作态度。

务实，以求真为基础，以认识规律、尊重规律、把握规律为前提。

务实，就要讲实话、出实招、办实事、务实效。

务实，还要做到诚实守信，拒绝不负责任的空头许诺。

4. 专业：专业做事、精进日新

对于企业而言，专业指的是专业的人才、专业的产品、专业的服务，体现的是企业之于行业的运筹能力，也是确定一个企业运营成败与否的关键因素。

提升专业的价值无论对个人还是企业都至关重要。它在技术领域、服务领域、产品创新领域都要求与时俱进，精益求精。

保持专业认真的态度，不断提高专业能力，专心做事，精进日新，才能实现个人与企业价值的最大化。

二　发展篇

"北冥有鱼，其名为鲲。鲲之大，不知其几千里也；化而为鸟，其名为鹏。鹏之背，不知其几千里也；怒而飞，其翼若垂天之云。是鸟也，海运则将徙于南冥。"

——《庄子·逍遥游》

一路走来，锦鹏投资公司始终秉承着拼搏进取、崇尚创新、传承特色的发展方略。拼搏进取，使我们始终追寻更远大的目标；崇尚创新，使我们不断登顶新的高度；传承特色，使我们不断在属于自己的领域开疆辟壤。几经蜕变，这只金色的大鹏正振翅腾飞，扶摇直上云霄，飞向更远的地方。

（一）创业文化

拼搏进取：弘扬艰苦奋斗、务求实效的精神，贵在奋斗。我们的前辈通过他们的奋斗，为今天的企业积累了宝贵的财富与资本。现在，我们的企业正在一些全新的产业领域上发展，无论是房地产开发，还是金融和物业，都正处在探索阶段，如何再创一流的企业是我们这一代人的责任和使命。因此，我们就应该在精神上鼓足干劲，在行动上真抓实干，树立远大的目标，并为之不懈努力，将祖辈们拼搏进取的奋斗精神延续下去。

勤劳勇敢：勤奋上进，有勇气，有胆量。勇敢的人开凿自己的命运之路。如今企业身处在激烈的市场竞争环境下，想要生存和发展壮大，就必须依靠我们的勤劳勇敢挣脱困境。勇气与胆量不是与生俱来的，也不是一朝一夕形成的，而是在长期的磨砺和不懈的锤炼中造就的。回顾企业的发展历程，是几代人孜孜不倦的勤奋创业，磨炼出了勤劳勇敢的优秀品质，为凤凰村创造了无数光辉的历史。因此，我们就应该继承这种优秀的品质，克服困难，不怕辛苦，顽强地为我们共同的事业不懈努力。

坚定信心：励精图治，满怀信念与热情。随着凤凰村渐渐失去赖以生存的土地，我们离开了曾经专精的产业，转而迈向充满机遇与挑战的新行业。面对行业的陌生与经验的不足，我们应该树立信心，坚定信心，迸发出工作的激情，群策群力带领锦鹏投资公司在新的行业中出类拔萃。

（二）创新文化

崇尚创新：创新文化的核心即是崇尚创造、创新的价值观，其本质是解放和发展生产力，目的是激活每一个员工的潜力、创造力，形成强大的内驱力推动企业的发展壮大。在企业关心效益的同时，也要倍加珍惜发展机遇，锐意创新，加强企业自身创新文化建设，向创新型企业迈进。在市场竞争力度日益加剧的今天，企业生存和发展联系越来越密切，企业不发展将走向毁灭。因此，我们不仅要创新，更要时刻创新，全员创新，让创新力成为增强企业竞争力的重要捷径。

宽容失败：既然是创新，那么注定要有失败，失败是另一种方向上的成功。因此，创新失败并不丢人，相反，我们相信宽松的创新环境与氛围更能孕育出成功的创新文化，这样的文化氛围将使得员工主动地参与创新、关心创新、保护创新、支持创新。让创新成果源源不断地输送到企业的核心竞争力当中。

支持冒险：当前我们的企业已经进入到市场参与竞争，在市场经济中的一个鲜明特征就是激烈的竞争，同时伴随着各种风险。当企业一味采取保守态度处理风险的时候，有人已经迎着风险前行了，也许成功，也许失败，但最终结果是，对于保守者是永远的失去机会。因此，我们提倡在创新的过程中建立风险意识，并且敢于冒风险。汇聚众人的智慧把握机会，追求改善和差异化、赶上市场趋势，在成功的创新当中塑造核心竞争力。

鼓励冒尖：鼓励冒尖、包容个性，提倡竞争、倡导合作，充分激发人才的创新勇气、创造锐气和创业志气，使一切有利于创业创新的愿望得到尊重、才能得到发挥、成果得到肯定。

三　经营篇

路漫漫其修远兮，吾将上下而求索。多产业的文化建设将是一条漫长之路。作为房地产、金融、物业、园林绿化等多个产业格局的集团企业，锦鹏投资公司需要协调发展，合理构建相辅相宜的产业文化，指导与带领各产业走向正确、可持续发展的道路。固本培元，稳健经营，科学发展。为每一个产业都积淀起深厚的文化底蕴与产业特色，影响后人，造福后人。

（一）地产版块

品质地产：我们应该将建造的房地产质量及其具备的功能，始终奉行品质第一的理想。在企业的管理理念和产品营造哲学中，品质是企业词典中的关键词之一。我们认为：唯有高品质的产品与服务才能得到客户的认可和信任，唯有打造精致产品的企业才能在激烈的市场竞争中生存和发展。产品的品质营造还要构建城市的景观品质，营造客户满意的生活品质，提供不断增值的物业品质，提升行业技术的标准品质，为社会带来先进文明的文化品质。

在房地产的大规模调控之后，开发商的现金流越来越紧，将逐渐会有一大批小型开发商在这次洗牌中失去地位，失去市场份额，更有可能公司破产或重组。这将意味着，"大浪淘沙"留下来的永远是金子。

因此，房地产市场如何走出困境，实现破冰之旅，想要生存，就要做金子一样的产品，就要奉行品质第一的理想，践行品质地产的理念。

品牌地产：百年锦鹏，用上百年的时间来打造一个房地产的品牌，是我们的愿景。所以在企业成立之初，我们就坚持做品牌地产，优秀的品牌也会在未来构成锦鹏地产最重要的符号和标记。

房地产行业的调控政策越加严厉。房地产中的品牌企业在这场调控的洗礼下，演绎着"强者恒强"的故事。在楼市调控越来越严厉的今天，房企品牌的影响力，将成为楼市销售和租用最为重要的砝码。未来，房地产开发商必将会日趋集中，一批目光短浅，毫无品牌意识，不注重品牌打造，实力不济的地产商将退出历史舞台。与其说是弱肉强食，不如说是优胜劣汰。品牌的影响力是无穷的，品牌的价值是难以估量的，品牌的创立和取得是经过风雨历程和市场锤炼的。一个品牌对人们的影响已不简单是名牌，而是能左右人们选择的力量。对品牌的信任已是人们选择取向的重要一环。相信品牌的力量，相信品牌地产，这将是未来房地产最基本的衡量标准。有一种信任源自品牌。因此，若想成就基业长青，我们就必将走向打造品牌地产之路。

良心地产：良心，不言之教。无论我们身处何处，良心都是不用过多言语而要遵守的。我们的愿景在于缔造百年基业，就不能只顾眼前利益，而忘记了诚信经营和良心道德。我们作为一个对政府、对社会负责的房地产企业，理应为党和政府分忧，为人民服务，因此，除了严格守法外，我们应该用良心来经营。良心做人，良心立业，构建和谐社会、和谐人居。

（二）金融版块

风险管理：小额贷款公司的风险特征决定了风险管理是小额贷款公司管理文化的核心部分，也是公司取信于政府监管部门、融资机构、潜在贷款客户，并维护其声誉的根本保障，还是小额贷款公司持续经营、获利、发展的根本保证。与此相适应，小额贷款公司必须建立符合其自身特点的风险管理文化理念，通过先进的风险文化理念使得风险管理成为小额贷款公司一项全员参与，并涵盖各个部门、各个机构以及各项业务的全过程的基础性管理工作。

基于道德与专业而生的"慎独、自律、专业、求精"的风险文化理念应该成为小额贷款公司风险文化的灵魂。

"慎独、自律"是从道德层面对小额贷款公司所有职员提出的要求。无论是小额贷款公司的中高管理层还是基础层的员工都应该保持良好的职业操守和职业素养；积极抵制业务操作与管理的各个环节的各种诱惑，严于律己并保持廉洁、谨慎的作风；其所有工作行为均以不损害公司利益、社会公共利益为行为准则。

"专业、求精"是对其职员的职业能力与操作水平提出的要求。职员在贷款业务操作与管理当中应该具有良好的专业分析与判断能力，并能对影响贷款客户偿债能力的经营环境、相关投融资活动、经营活动做出恰当的分析与预测，从而对相关业务与管理作出正确的决策与恰当的执行。

经营管理：金融经营管理文化，产生于金融业的经营管理之中，作用于金融的经营管理，主要是指以"人"为中心，以"人"为本的管理。现代管理科学的发展，使人们普遍地认识到：一流的企业要有一流的产品，一流的产品要靠一流的技术，一流的技术需要一流的人才，一流的人才重在一流的思想文化素质。在金融业的经营管理文化中，管理的核心就是要想办法努力提高人的素质，激励人的因素，发掘人的潜能，调动人的积极性，发挥人在金融业各项工作中的作用。

金融环境：一是民主和谐、生动活泼的思想政治环境；二是文明清晰、安全卫生的工作环境；三是不拘一格、激励成才的人才环境；四是丰富多彩、健康有益的文化环境；五是舒适方便、恬静优美的生活环境；六是自主经营、宽松融洽的金融环境。小额贷款不能离开环境而生存，还受制于如政治法律环境、经济决策环境、企业客户环境、同业竞争环境、人口地理环境等外部人文环境，同时也营造着金融内部人文环境，如经营管理环境、物质文化环境、人际关系、精神面貌、价值观念等。外部环境需要我们去收集信息、了解、研究、预测、适应它。而内部环境却是我们可以发挥主观能动性来建设、改造、培育、改善的。

员工素质：金融员工素质是小额贷款公司风貌的综合反映。思想素质、文化素质、业务素质、道德素质构成金融员工的整体素质，过硬的金融员工素质是金融文化建设的主要内容。

在目前国内金融体制下的同业竞争是质量的竞争，技术的竞争，但最终还是以人的整体素质为核心的综合实力的竞争，谁拥有过硬素质的人才员工队伍，谁就能驾驭市场，掌握竞争的主动权。全面提高员工的整体素质，才能从根本上提高金融行业的经营管理水平。这就要求我们首先从抓员工的思想理论水平的提高入手，用科学的理论武装员工的头脑，不断提高员工的思想政治素质；其次，高度重视提高员工的文化素质，采取一切行之有效的措施和办法来提高现有员工的文化程度；再次，要抓好员工的业务素质培养和提高，现代化的科学设备需要有现代化的人才去掌握和操作才能有效地提高工作效率，使金融行业的各项业务在先进的设备作用下得到有效的发展；最后，要抓好员工的道德素质，这是关系到金融行业形象的大事，要从忠于职守、热爱本职工作、顾全大局、团结协作、竭诚服务、严守信用、勇于改革、钻研业务、秉公廉洁、遵章守纪等方面去全面抓好员工职业道德的养成，用优质文明服务去赢得客户的支持和信赖。

（三）物业版块

家园型文化：物业管理，旨在维护美丽的家园，物业管理服务的各个岗位绿化、清洁、维修、保安，工作内容也指向于维护家园的稳定、和谐和卫生。同时又因为物业管理企业在工作内容上的一致性，在物业管理产品质地无差别化的前提下，一个物业管理企业要想从众多同质企业中脱颖而出，就需要经营理念来指导物业管理从内容到方式各个环节上不断创新形成个性化的管理服务，维护美丽的家园，既是目标，也是标准。把控物业管理的服务质量；倡导绿色家园的生活方式；维护公共环境的稳定和谐；保持生态空间的卫生环保，这一系列目标成为物业管理企业文化的重要内涵。

服务型文化：物业管理行业性质决定了物业管理企业文化是服务文化。众所周知，物业管理企业属于第三产业，是服务性行业。物业管理说"管理"，其对象指的是"物"，即物业；说"服务"，其对象是"人"，即业主。所谓"管理"，实质上是"服务"的内容。归根到底，是为业主去管理物业。因此，提倡以业主为服务中心，强调服务理念、服务意识成为物业管理企业文化的重要特征。

微利型文化：物业管理企业所处行业属微利行业，企业经营的目标不是获取暴利。所以物业管理企业的经营策略不同于一般企业。物业管理企业经营要做到"开源节流"。一方面，造就物业管理企业经营理念的"规模经济、多元化和智能化"三种价值取向。这三种价值取向，旨在"开源"。其中，规模经济重在提高物业市场占有率，多元化重在挖掘既得市场经济潜力，智能化则重在提高物业管理科技含量以期提高获利能力。另一方面，物业管理企业在经营管理中不能不强调"节流"，追求人员精干化、工作流程简约化、工作方式效率化。而且也由于物业管理企业在与业主的角色关系中兼有管家的角色定位，因而其文化内涵不能不包含一些由此而决定的精神特色，如节约节俭精神等。

细节型文化：细节文化是指企业以一种精益求精的精神，努力创造一种超越一般行业标准，超常规的个性化的服务理念和服务体系，以求获得更高的顾客满意度和更好的市场宣传效果的一种企业文化。物业管理企业属于服务性行业。物业管理的对象是人，即业主。因此提倡以业主为服务中心，强调服务理念、服务意识成为物业管理企业文化的重要特征，物业管理企业文化的这个特征又决定了其细节文化。物业管理中的细节是产品质量与服务水平的代表，细节最富有表现力，最容易形成口碑宣传和新闻效应，细节在势均力敌的竞争中，往往能够起到一种四两拨千斤的重要作用。

（四）园林版块

绿树掩映，花坛绿廊环抱，建筑点缀其间，是现代化城市生态建设的新发展方向。我们入主以生态建设为核心的丽泽金融商务区，以前瞻性的战略眼光开展园林绿化产业。与此相适应，伴随着园林绿化公司的建设，园林文化也应运而生。

作为房地产产品的配套产业，我们追求构建"绿荫覆盖，花团锦簇，特色突出，环境宜人"的城市生态体系，增值房地产产品，美化区域环境。在构建绿色空间的同时，影响人们树立"植绿、爱绿、护绿"的意识，通过实战与宣传，为区域人民营造出"共建共享，全民参与"的绿化氛围，真正做到绿色使者，生态先锋。

园林文化旨在规划并实现"产业城区、活力城区、生态城区、幸福城区"的蓝图，全面加强环境保护和生态建设，走生产发展、生活富裕、生态良好的可持续发展之路，这就将环境保护和生态建设提到了前所未有的高度。着力打造蓝天白云、水清岸绿的人居环境。

四 员工篇

一个企业最伟大的财富，是员工头脑中自由的想象力与创造力。员工是企业的第一核心竞争力，优秀的企业吸引优秀的人才；优秀的人才支撑优秀的企业；让企业感受到员工的力量，是员工的追求；让员工感受到企业的温暖，是企业的诉求。锦鹏投资公司旨在与员工相互依托，共同进步，携手建立起长青基业。

（一）用人理念

用人标准：品行端正、事业心强、忠诚勤奋、真才实干。我们坚持"品行端正、事业心强、忠诚勤奋、真才实干"的选人、用人标准。品行端正，是一个人的立身之本。事业心强，才能有不断进步的动力，才会有努力工作的热情。忠诚勤奋，才能安心踏实、勤勉敬业。还要有真才实干，才能给个人和公司创造价值。符合以上四个标准的人，就是锦鹏投资公司在寻找、在挖掘、并为之提供广阔发展空间的人。

员工发展：自我实现、自我完善、自我创造。我们鼓励员工"自我实现、自我完善、自我创造"，通过实现公司价值最大化来实现个人价值的最大化。

"自我实现"，就是鼓励员工"干想干的事"，是希望广大员工树立起远大的理想和宏伟的目标，充分发挥自己的贤能，挖掘自己的潜能，干出自己的事业，使个人与公司的目标同时实现，充分实现个人的价值。

"自我完善"，就是鼓励员工"做想做的事"，即强调自我学习和修炼，注重各方面的修养，使自身不断进步，同时要经常反省，找出不足，继续学习，不断完善，形成良性循环。

"自我创造"，就是鼓励员工"做过去不敢想，不敢做的事"，即要在工作中发现问题、解决问题、创造性地开展工作，不断超越自我、不断有新的定位和发展。

（二）行为准则

工作原则：实事求是、一切从事实出发，实践是检验真理的唯一

<<< 附录8　锦鹏投资公司企业文化手册

方法。

我们努力为员工提供公平、高效的工作环境和良好的职业培训。我们鼓励员工对一些技术、专业、管理方式进行深入探讨，促进大家往更专业的方向努力，同时也促使公司往更专业的品质迈进，让公司成为行业专家。

我们提倡专业是光荣的，不专业是可耻的。然而，天才的成就是上帝赋予的，普通人的成就是职业精神换取的。职业精神是一种内心的力量，一个人的工作态度折射着人生态度，而人生态度决定人一生的成就，要成就专业，就必须拥有职业精神。

职业精神大致可分为四种：敬业、专业、勤业、创业。光有专业，不敬业、不勤业、不创业，也是难以成就的，因此我们说的专业，是放在职业精神层面来谈的。

有了这四种精神，你肯定会成为一个专业的、事业有成的人。

遵守制度：制度为纲、赏罚分明。管理中，要把事情程序化、制度化、让各部门员工都有章可循，以提高管理效率。但有了制度，不能严格地执行，一样起不到应有的效果。我们可以接受商业判断上的失误，但是坚决拒绝违反制度的行为。我们包容性的企业文化并不包容违反企业制度的行为，追究责任、维护制度的严肃性是我们企业文化制度建设的重要部分。我们要求管理制度的制定要科学全面的同时，也要求员工在制度执行面前一律平等，做到"制度为纲，赏罚分明"。

执行力强：快速行动、说到做到。执行力是公司的竞争力。执行力是个人的职业操守。摒弃官僚作风、快速行动、说到做到才是提高执行力的关键。快速行动，不是犹豫、不是等待、不是推脱，需要的是雷厉风行。说到做到，不是夸夸其谈、不是眼高手低、不是言行不一，需要的是负责到底。

附录9 《锦鹏投资公司校园招聘笔试题》摘录

答卷人姓名：　　　　毕业院校：　　　　所学专业：
笔试题得分：　　　　阅卷人：　　　　复核人：

一、单项选择题（20题，每小题1分，共计20分。在每小题列出的四个选项中只有一个选项是正确的，请将正确选项前的字母填在括号内）

得分		阅卷	

1. 房地产也称为（　　）。
  A. 动产　　B. 不动产　　C. 固定资产　　D. 流动资产

2. 根据建设部2000年3月29日颁布的《房地产开发企业资质管理规定》，房地产开发一级资质企业的注册资本不能低于（　　）。
  A. 6000万元　　B. 5000万元　　C. 4000万元　　D. 3000万元

3. 因国家建设需要，把农业用地变为城市建设用地时采取的方式是（　　）。
  A. 没收　　B. 征用　　C. 买卖　　D. 无偿占有

4. 每年一届、以名目繁多的评奖活动为主、在房地产业界影响较大的全国性活动是（　　）。
  A. 住交会
  B. 博鳌房地产论坛
  C. 中国房地产设计论坛
  D. 房交会

5. 在公司治理结构中，不属于"三会"的是（　　）。
  A. 总经理办公会
  B. 董事会
  C. 监事会
  D. 股东会

<<< 附录9 《锦鹏投资公司校园招聘笔试题》摘录

6. 对于任何一个岗位工作人员,其工作首先要向( )负责。
   A. 总经理   B. 董事长
   C. 分管副总经理   D. 直接上级

7. 岗位 KPI 是指:( )。
   A. 关键业绩指标   B. 组织经营目标
   C. 发展规划目标   D. 职业生涯

8. 以下各项中( )一般不属于前期部的工作职责。
   A. 办理环境评价及批复
   B. 办理竣工验收手续
   C. 项目成本控制
   D. 获取土地招拍挂出让信息

   ……

二、多项选择题(10题,每小题2分,共计20分。在每小题列出的四个选项中有一个或多个选项是正确的,请将正确选项前的字母填在括号内)

得分		阅卷	

1. 现阶段,我国国有土地使用权出让的方式有( )。
   A. 划拨   B. 招标   C. 挂牌
   D. 拍卖   E. 协议

2. 土地出让合同必须包括的内容有( )。
   A. 土地出让金的数额以及支付方式
   B. 规划设计条件
   C. 违约责任
   D. 拟建项目定位
   E. 施工单位名称

3. 某房地产开发公司开发建设的甲住宅小区已临近竣工,该房地产开发公司发布了招标公告,拟通过公开招标的方式选聘物业服务企业来管理该小区。物业管理招标投标的原则有( )。
   A. 公开、公平、公正

B. 等价有偿

C. 诚实信用

D. 保护弱者

E. 利益均沾

4. 评标委员会的下列做法中,错误的有（   ）。

A. 为保密起见,评标过程中不召开现场答辩会

B. 否决所有投标

C. 向招标人提交书面评标报告

D. 推荐超过3名有排序的合格中标候选人

5. 以下关于"岗位工作职责"的描述中,属于通用职责的有（   ）。

A. 负责建立本岗位的规章制度、业务流程和工作接口关系

B. 协助其他岗位的工作

C. 完成交办的其他工作

D. 提出岗位工作、业务流程改进的意见和建议

6. 一套完整的施工图,根据其专业内容或作用不同,一般包括（   ）。

A. 图纸目录

B. 设计总说明

C. 建筑施工图

D. 结构施工图

E. 设备施工图

7. 企业产品和服务的竞争力,很大程度上取决于运作管理的绩效,即（   ）。

A. 降低成本　　　　　　B. 品种齐全

C. 控制质量　　　　　　D. 保证时间

E. 服务周到

8. 企业经营管理的职能有（   ）。

A. 财务管理　　　　　　B. 技术管理

C. 运营管理　　　　　　D. 营销管理

E. 人力资源管理

……

<<< 附录9 《锦鹏投资公司校园招聘笔试题》摘录

三、简答题（共3题，每小题10分；共计30分。请在题后的空白处作答）

得分		阅卷	

1. 我公司成立于什么时候，公司的全称，曾经开发过哪些项目？
2. 简述企业文化包括哪些内容。
3. 简述您对工作的期望与目标。

四、论述题（共3题，自行选择2题作答，每小题15分；共计30分。请在题后的空白处作答）

得分		阅卷	

1. 请论述"职业"和"事业"的关系。
2. 请论述对房地产行业、技术发展趋势的看法。
3. 在图纸审查过程中，你认为作为一名土建工程师应关注哪些？

附录 10 《锦鹏投资公司公文筐测试试卷》摘录

中高层干部履职考核公文筐测试

答卷人姓名：　　　开考时间：　　　监考人：
考试得分：　　　阅卷人：　　　复核人：
注意事项：
1. 请仔细阅读各种题目的回答要求，并在规定的位置填写您的答案。
2. 请保持卷面整洁，不要在试卷上作任何与答题无关的标记，也不得在标封区填写无关的内容。

【情境】

恒基集团是一家具有房地产二级开发资质的大型民营企业。恒基集团业务范围涵盖了房地产开发及经营、五星级酒店经营、建筑建材、物业管理等多个领域。经过近 15 年的发展，已成为拥有 150 亿元净资产的股份制公司。到 2012 年，公司员工达到 2000 人，在全国各地成立了多家分、子公司。公司实行董事会下的总经理负责制，下设工程副总、营销副总和运营副总三个副总经理级别的高级职位，分管相关职能部门，财务部、人力资源部直属总经理领导。该公司的组织结构如下图所示。

您（卢俊志）是该集团总公司运营部经理。运营部设运营主管 1 名，运营专员 2 名。现在是 2012 年 12 月 22 日上午 8 点，您提前来到办公室，处理累积下来的电子邮件、便函、电话录音等信息文件，您必须在 3 个小时内处理好这些文件，并做出批示，11 点钟还有一个重要的会议需要您主持。在这 3 个小时里，您的秘书会为您推掉所有的杂

<<< 附录10 《锦鹏投资公司公文筐测试试卷》摘录

事,没有任何人来打扰您。好,现在可以开始工作了,祝您一切顺利!

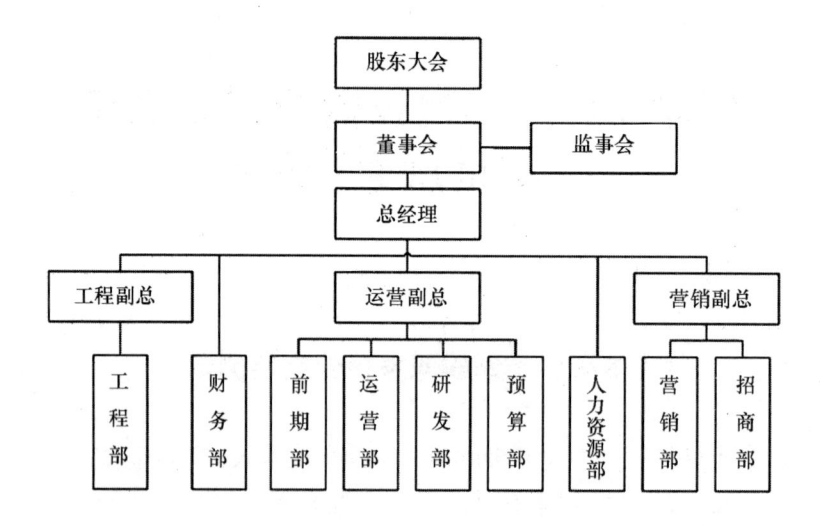

```
                股东大会
                   |
                董事会 —— 监事会
                   |
                 总经理
         ┌─────────┼─────────┐
      工程副总     运营副总     营销副总
       │        ┌───┬───┬───┐    ┌───┬───┐
      工程部   财务部 前期部 运营部 研发部 预算部 人力资源部 营销部 招商部
```

【任务】

请您查阅文件筐中的各种文件,并用如下文件处理表作为样例,给出您对每个文件的处理思路,并做出书面表述。具体答题要求是:

1. 请给出您处理问题的思路,并准确、详细地写出您将要采取的措施及意图。

2. 在处理文件的过程中,请认真阅读情景和十个文件的内容,注意文件之间的相互联系。

3. 在处理每个具体文件时,请重点考虑以下内容:

(1) 需要收集哪些资料;

(2) 需要和哪些部门或人员进行沟通;

(3) 需要您的下属做哪些工作;

(4) 应采取何种具体处理办法;

(5) 您在处理这些问题时的权限和责任;

4. 问题处理可能出现不同的情况,针对不同的情况给出相应的处理方法。

【文件一】

类别:电子邮件

来件人:张文宇 人力资源经理

收件人:卢俊志 运营部经理

附录10 《锦鹏投资公司公文筐测试试卷》摘录

日期：12月21日

卢经理：

我最近统计了截至今年11月份的员工离职情况，虽然还没到年底总结汇报的时间，但我觉得情况比较严重，所以提前跟您沟通一下。近年来公司员工的离职率，尤其是工程技术人员的离职率逐年增加，今年的情况格外严重，和去年同期相比，公司的总体离职率由4%增至8%，技术人员的离职率由6%增至12%。此外，公司工作五年以上的销售人员的离职率也明显上升。在离职访谈中，大部分离职人员都称是由于身体或家庭等方面的原因离职，但我觉得离职访谈的结果并不能代表真实情况。我们公司的工程技术专业性比较强，如果技术人员离职再就业，很有可能就去了顺达地产，我私下了解到的情况也确实如此，这对公司而言是双重打击。由于降低离职率涉及的因素很多，目前的情况也比较紧急，希望您尽快安排时间与我讨论此事。

文件一的处理列表

处理步骤列表：（请做出准确、详细的回答）

【文件处理表示例】

文件处理表

1. 许诺对方三日内给出答复。
2. 联系相关部门进行磋商，制订应对方案。
3. 将讨论的方案上报主管领导，等待上级批示。

……

【文件二】

类别：电子邮件

来件人：王江林　运营副总

收件人：卢俊志　运营部经理

日期：12月22日

俊志：

<<< 附录10 《锦鹏投资公司公文筐测试试卷》摘录

　　昨天张总在会议上说，每年运营部策划组织的公司员工活动都很不错，又快到年底了，张总将今年的活动组织任务交由运营部，希望能继续创新，丰富员工的文娱生活，增进员工之间的沟通交流，调动员工工作积极性，缓解工作压力，实现劳逸结合，增强团队凝聚力，体现公司对广大员工的关爱。因为时间急迫，请你据此要求尽快拟定出一个活动方案。

　　文件二的处理列表

处理步骤列表：（请做出准确、详细的回答）

【文件三】
　　类别：电子邮件
　　来件人：韩世杰　研发部经理
　　收件人：卢俊志　运营部经理
　　日期：12月22日
　　卢经理：
　　您好！有件事我要代表我们部门通过运营部向公司的管理层申诉。最近整个公司上下忙于V8地产项目，各部门实行目标考核，并且和公司签订了目标承诺书，在承诺书中规定，如果我们部门能在明年1月份前完成，公司会奖励我们30万元的研发奖金。对这个项目，我们部门可以说是全力投入，这几年我们在产品研发上一直落后于顺达地产公司，大家都憋着一口气，希望通过这个项目的研发成功打个翻身仗，员工们几乎是天天加班加点。就在我们即将提前完成项目时，公司突然叫停了这个项目，同时也取消了对我们的奖励。此事对我们员工的打击很大，并不完全是奖金的问题，关键是影响了我们对公司的信任。我们觉得公司应当在大方向上给我们明确的指示，对竞争对手的情况也应该了解得更加透彻，不能让我们部门来承担这些后果，使我们员工大半年的辛苦付之东流。具体的情况希望能和您面谈，希望您尽快安排时间。谢谢！

文件三的处理列表

处理步骤列表：（请做出准确、详细的回答）

【文件四】
类别：书面报告
来件人：徐庆明　预算部经理
收件人：卢俊志　运营部经理
日期：12月22日
卢经理：
有一个重要情况向你反映。公司正在洽谈一批机电项目采购，预算价格远高于市场价格，其中包含产品垄断、行业特殊性等非市场因素，但我认为这不是偶然，在之前的采购中也遇到相似的情况，更重要的是在今后的采购中将继续出现这种情况，如何降低类似情况中非市场因素的干扰，如何将此类问题从制度化、规范化的角度予以规范，尽可能降低人为因素的影响，我很困惑，希望能和您谈一下。

文件四的处理列表

处理步骤列表：（请做出准确、详细的回答）

……

附录11 《锦鹏投资公司岗位资格认证考试试卷》摘录

前期部岗位资格认证考试（A卷）

答卷人姓名：　　　　笔试日期：　　年　月　日　　　　监考人：
笔试题得分：　　　　阅 卷 人：　　　　复核人：

一、单项选择题（共20题，每小题1分，共计20分。在每小题列出的四个选项中只有一个选项是正确的，请将正确选项前的字母填在括号内）

得分		阅卷	

1. 房地产市场调研是为了解决有关实际问题而进行的，这反映了房地产市场调研的（　　）特点。
   A. 时效性　　　　　　　　B. 实用性
   C. 实践性　　　　　　　　D. 审美性

2. 公司不鼓励加班，工作应在工作时间高效完成。因临时工作要到（　　）以后的，事先向部门经理或以上行政主管申请同意后才能加班。
   A. 22：00　　　　　　　　B. 20：00
   C. 20：30　　　　　　　　D. 21：00

3. 《建设用地批准书》应该去下列（　　）主管部门办理。
   A. 规划局　　　　　　　　B. 住建委
   C. 国土局　　　　　　　　D. 市政府

4. 集体所有的土地征收，是国家基于（　　）的目的，依照法律规定的程序，强制取得土地所有权的行为。

  A. 社会公共利益　　　　　B. 开发商的规划

  C. 政府部门的各自利益　　D. 国有企业利益

5. 以下各项中（　　）一般不属于前期部的工作职责。

  A. 办理环境评价及批复　　B. 办理竣工验收手续

  C. 项目成本控制　　　　　D. 获取土地招拍挂出让信息

6. 建设项目规划审查机关应当对工程建设（　　）执行强制性标准的情况实施监督。

  A. 勘察阶段　　　　　　　B. 施工阶段

  C. 设计阶段　　　　　　　D. 规划阶段

7. 建设单位应将建设工程项目的消防设计图纸和有关资料报送（　　）审核，未经审核或经审核不合格的，不得发放施工许可证，建设单位不得开工。

  A. 建设行政主管部门　　　B. 公安消防机构

  C. 安全生产监管部门　　　D. 规划行政主管部门

8. 下列各项目的建设用地使用权，不属于划拨范围的是（　　）。

  A. 汽车加油站　　　　　　B. 地税局机关

  C. 城市绿地　　　　　　　D. 街心公园

……

二、多项选择题（共10题，每小题2分，共计20分。在每小题中至少有两个选项是正确的，请将正确选项前的字母填在括号内，不选、少选、多选、错选均不得分）

得分		阅卷	

1. 北京锦鹏置业投资管理公司业务多元化，涉足房地产开发、置业投资、（　　）等多个行业。

  A. 物业　　　　　　　　　B. 园林绿化

  C. 小额贷款　　　　　　　D. 企业咨询

  E. 人才服务

<<< 附录11 《锦鹏投资公司岗位资格认证考试试卷》摘录

2. 凡符合以下情况之一的，不享受当年年假（   ）。

A. 一年内回家超过 10 天

B. 一年内一次性病假超过 45 天或累计病假超过 65 天

C. 一年内一次性事假超过 25 天或累计事假超过 30 天

D. 一年内病、事假相加超过 50 天

E. 一年内休产假超过 30 天

3. 在费用报销控制制度中，费用的控制实行计划管理，由需要支付费用的部门或个人先行填写《用款申请单》，列明费用的性质、费用的用途、费用的预计金额、款项支付预计时间等要素，先报审批同意后，再报审批签署同意后，《用款申请单》方能生效。请根据先后顺序进行选择（   ）。

A. 会计主管   B. 部门经理   C. 会计

D. 总经理   E. 副总经理

4. 招标、拍卖、挂牌的项目，办理《地价款缴纳情况证明书》时建设单位应向市国土局提交（   ）。

A. 建设工程规划许可证（复印件）

B. 建设用地规划许可证（复印件）

C. 与一级开发单位签订的《补偿协议》（复印件）

D. 一级开发单位出具的已支付补偿款的证明（原件）

E. 建设用地测绘成果

……

三、简答题（共 3 题，每小题 10 分，共计 30 分。请在题后的空白处作答）

得分		阅卷	

1. 前期部在二级开发项目中验收工作的主要工作内容是什么？涉及主管部门有哪些？

2. 通常指的"五证一书"（或"五证一计划"）是什么？

3. 什么叫限价商品住房？

四、论述题（共2题，每小题15分，共计30分。请在题后的空白处作答）

得分		阅卷	

1. 下图是前期部的前期开发手续（内部管理）流程。

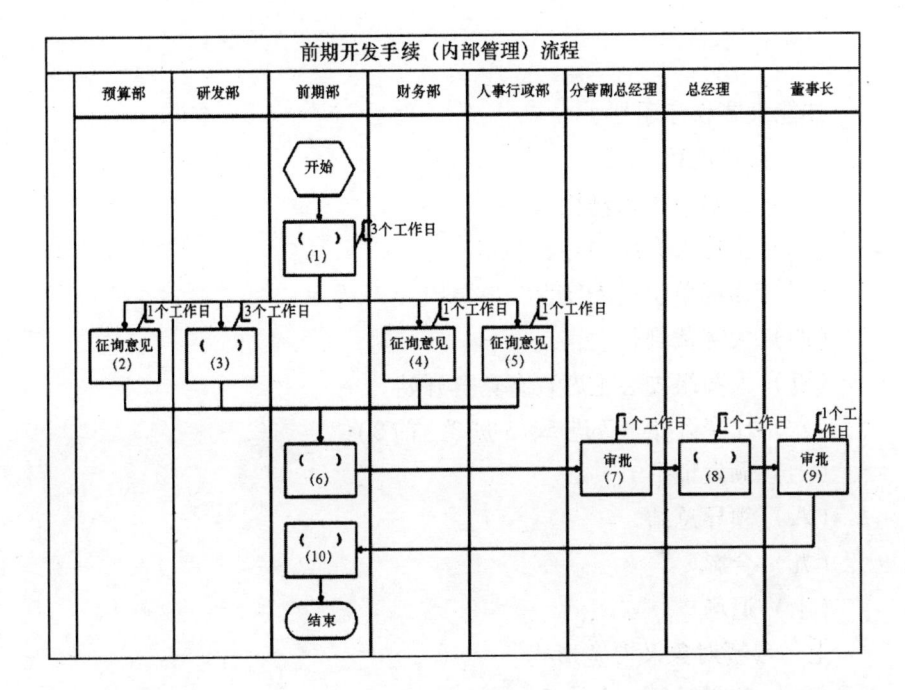

```
前期开发手续（内部管理）流程
预算部 | 研发部 | 前期部 | 财务部 | 人事行政部 | 分管副总经理 | 总经理 | 董事长
```

（流程图：开始 → (1)[3个工作日] → 征询意见(2)[1个工作日]、(3)[3个工作日]、征询意见(4)[1个工作日]、征询意见(5)[1个工作日] → (6) → 审批(7)[1个工作日] → 审批(8)[1个工作日] → 审批(9)[1个工作日] → (10) → 结束）

（1）请写出（1）（3）（6）（8）（10）五个方框内的工作内容的名称。

（2）请简要对上题五个方框涉及的工作内容进行描述。

2. 前期部在开发项目获取阶段的主要工作内容和取得的工作成果，请根据提示填写下表。

工作内容	成果
房地产项目开发成本估算	成本估算表

附录12 《技能大赛秩序手册》(部分摘录)

技能大赛秩序手册
六、大赛流程
(一)参赛单位入场检录
(二)主持人介绍领导、嘉宾
(三)参赛单位代表发言
(四)大赛裁判长发言
(五)大赛组委会主席宣布竞赛开始
(六)比赛开始(7进5、5进3、前3)
(七)颁发证书
(八)领导总结
(九)合影
(十)退场
七、参赛对象及参赛形式
(一)参赛对象:全体员工
(二)参赛形式:以部门为单位组队参加,每队3人,详细如下:

单位编号	单位名称	领队	联系方式
	财务部		
	工程部		
	前期部		
	人事行政部		
	研发部		
	预算部		
	运营部		

注：参赛单位以拼音首字母排序

单位编号在赛前抽签确定

大赛各参赛单位的参赛选手名单详见附件

八、竞赛内容

（一）基本知识10%

（二）房地产基础知识20%

（三）房地产专业知识70%

九、竞赛形式

竞赛分必答题、抢答题、风险题、加赛题、互动答题五种形式。（每个参赛组的基础分为100分）

场次	竞赛形式
第一场7进5	必答题、抢答题、加赛题
第二场5进3	抢答题、风险题、加赛题
第三场前3名	风险题、加赛题

场次	类别题型	基本知识	房地产基础知识	房地产专业知识	合计
7进5	必答题	7	1×7=7	3×7=21	35
	抢答题		3	1×7=7	10
	加赛题				1
	互动题	2			2
	合计			48	
5进3	抢答题		3	1×7=7	10
	风险题			4×7=28	28
	加赛题				1
	互动题	2			2
	合计			41	
前3	风险题	15		4×7=28	43
	合计				43
总计				132	

<<< 附录12 《技能大赛秩序手册》(部分摘录)

（一）必答题

答题时按照抽签结果顺序答题，题型分为个人必答题和小组必答题两种，答题时可根据基本知识、房地产基础知识、房地产专业知识三个类别选择回答。

1. 个人必答题：每队每人必答1题，答题队按选手编号1—3号轮流作答，答对加10分，答错不得分也不扣分；共21题。

2. 小组必答题：每队共2题，答题时由小组选派一名队员，主持人念完题目再作答，答对加20分，答错不得分也不扣分。共14题。

其中5题为幸运题，当选手选到幸运题时，送出精美礼品一份。回答正确得分加倍，回答错误不得分也不扣分。

（二）抢答题

1. 主持人读完题，说"开始"后才能抢答。如出现犯规行为，本题留给现场观众回答，答对者将可以获得一份奖品；

2. 抢答题每题分值20分，答题时间为60秒，必须在30秒内开始答题，可由抢答队任一队员答题，其他队员不可以补充，答对加20分，第一场7进5比赛回答错误不扣分，第二场5进3比赛回答错误则被扣10分。任何场次比赛出现超时现象也扣10分。

3. 开始答题后，答题选手不得再问主持人题目，违规者视为事先抢答扣10分。共20题。

（三）风险题

风险题分为两个阶段，题型按照难易程度分为四类：A类20分、房地产开发类30分、C类40分、D类50分。

5进3，轮流作答（四轮），步骤如下：

1. 选题：答题队从各部门四类题型中选择一类进行回答；

2. 选择答题队：选题完毕待主持人念完题后，答题队可选择由己队作答或指定其他队回答；

当选择己队作答时，答对加相应分值，答错扣相应一半分值，如选择20分题，答对加20分，答错扣10分；

当选择其他队作答时，答题方答对加相应分值，答题方答错不扣分，出题方加相应一半分值；（仅限使用一次）

选择弃权时，扣10分。（仅限使用一次）

前3

第一阶段：轮流作答（两轮），步骤如下：

1. 选题：答题队从各部门四类题型中选择一类进行回答；

2. 选择答题队：选题完毕待主持人念完题后，答题队可选择由己队作答或指定其他队回答；

当选择己队作答时，答对加相应分值，答错扣相应一半分值，如选择 20 分题，答对加 20 分，答错扣 10 分；

当选择其他队作答时，答题方答对加相应分值，答题方答错不扣分，出题方加相应一半分值；（仅限使用一次）

选择弃权时，扣 10 分。（仅限使用一次）

第二阶段（一轮）：选择作答，步骤如下：

1. 选择答题队，必须由当前答题队回答，从本部门四类题型中选择一类进行答题，答对加相应分值，答错扣相应一半分值；如果选择其他部门题，答对加双倍分值，答错扣 10 分。也可选择其他类别题型，答对加 20 分，答错扣 10 分。

2. 答对可继续选择回答，直到回答错误为止，答错扣相应一半分值。

（四）加赛题

各环节答题结束后，出现相等分数不能确定排名顺序时，分数相同的竞赛组进行加赛。加赛时成绩相同的队分别加赛一题，答案最接近标准答案队获胜，每题 20 分。

（五）互动答题

为活跃现场气氛，在 7 进 5 和 5 进 3 两场竞赛结束后，由主持人在互动答题库中任选 4 题由现场其他参加活动人员（竞赛队和竞赛工作人员除外）作答，答对者获得奖品一份。

十、评分与记分办法

（一）技能竞赛团体奖由裁判员依据参赛单位现场实际答题结果，按照技能评分细则对参赛单位进行评分得出总成绩，依照分数从高到低进行排序；

（二）技能竞赛个人奖由裁判员依据参赛单位代表现场实际答题正确率、抢答次数对个人表现进行统计，评选最佳个人奖；

（三）在竞赛过程中，有作弊行为者，将取消个人参赛资格，并在其所在参赛单位的总分中扣除 20 分。

<<< 附录 12 《技能大赛秩序手册》(部分摘录)

十一、奖项设置

(一)团体奖以参赛单位的总成绩为主,决出团体前三名;个人奖以参赛选手在竞赛过程中抢答次数、答题得分为主,决出个人前三名。

(二)按照竞赛组委会决定,对取得优异成绩的选手和单位的表彰奖励如下:

1. 团体奖设一等奖、二等奖、三等奖各一名,一等奖奖金 3000 元,二等奖奖金 2000 元,三等奖奖金 1000 元,由竞赛组委会颁发奖金、奖杯和荣誉证书;

2. 个人奖设一等奖、二等奖、三等奖各一名,由竞赛组委会颁发荣誉证书和纪念品;

3. 竞赛组委会设优秀组织奖一名(团队)、突出贡献奖三名(个人),对此次竞赛给予高度重视,并对做出充分准备的单位和突出贡献的个人进行表彰。

十二、大赛赛场规则

(一)参赛单位选手统一着装,且必须凭身份证参赛;

(二)参赛单位的赛位号由赛前抽签确定;

(三)参赛单位必须按规定时间检录并进入赛场,根据抽签所确定的赛位号就座,并接受监考人员检查;

(四)开赛后迟到 15 分钟及以上者,取消竞赛资格;

(五)参赛单位进入赛场时,不准携带任何资料和通信工具;所有选手答题确定后,要说"回答完毕",并不得再进行补充;

(六)需要计算数据时,可使用组委会提供的普通计算器,禁止携带文曲星等;

(七)参赛单位在竞赛过程中,无论遇到任何问题,请举手向裁判员示意,不得擅自离开座位;

(八)参赛选手在赛场内不得发生偷看等作弊行为和违反赛场规则的行为,如发现作弊行为,则裁判长当场宣布取消该选手的参赛资格,并对其所在的参赛单位总成绩扣除 20 分;

(九)竞赛期间,除主持人、裁判员外,其余人员一律不得随意进入竞赛场地;

(十)竞赛实施中,只有主持人和特邀仲裁组具有判定资格。选手回答问题有争议时,由特邀仲裁组作出最后裁定,选手及观众不得与主持人和仲裁就有关问题进行争论；

（十一）选手答题正确与否，以主持人评判为准。选手对评判有异议时，不得当场申辩，可由领队在主持人宣布比赛结果前，向特邀仲裁组申请合议。当主持人无法独立判断正误时，应请求特邀仲裁组给予评判。主持人判断失误时，特邀仲裁组应现场监督、纠正；

（十二）比赛结束时，主持人应及时核对各队得分情况进行宣布，并当场宣布竞赛结果。

十三、裁判员工作职责

（一）为确保大赛的科学性、公平性、公正性和客观性原则，技能竞赛设裁判长、副裁判长及裁判员；

（二）裁判长、副裁判长主要负责在竞赛开始前查验参赛选手的参赛号码证、在竞赛中对参赛单位及个人进行评分；

（三）裁判员主要负责核准参赛选手的参赛证件、竞赛场次，并发放参赛号码证（此证只提供选手实际操作赛位信息和参赛号，而不显示任何参赛选手的个人信息），并引导选手进入各自的赛位；

（四）裁判员要服从大赛组委会、裁判长、副裁判长的统一安排和领导，在执行裁判工作时，必须佩戴由大赛组委会发放的裁判员证；

（五）裁判员在竞赛中，要严格执行竞赛规则，应按有关竞赛规程、评分标准和评分细则进行评判工作，做到公平、公正、真实、准确；必须秉公办事，文明裁判，不得弄虚作假、徇私舞弊、以权谋私，对违纪者组委会有权视其情节轻重，给予停止裁判工作等处理；

（六）裁判员应严格执行赛场纪律，认真执行赛场监督，及时处理赛场异常情况，准确详细填写《赛场情况记录表》。应注意文明礼貌，坚守岗位，不迟到，不早退；

（七）裁判员评判记录时必须独立进行，不得相互商量；竞赛过程中如出现问题或异常而影响正常评分，应向项目裁判长和总裁判长申诉，最终由总裁判长和仲裁组裁决；

（八）竞赛中，裁判员负责公布参赛单位的分数；

（九）大赛设立仲裁组，以保证大赛公平性；

（十）裁判长负责大赛点评工作。

后记与致谢

在我国目前城市化进程中，特别是广大农村集体企业面临转轨和改制的大气候下，"如何加强企业现代化管理"成为新型集体经济组织所面临的首要问题。而要制定出针对村集体经济组织特点的管理方案，必须深入企业一线，了解企业和他的"村民们"最原始、最真实、最朴素的需求，才能让改革深入开展，遇到阻碍也能蜿蜒前行。

管理咨询专家团队通过将近一年半时间全面、系统地对公司的管理体制、制度、人力资源管理、激励机制、企业文化等方面进行把脉和改革，通过系统的梳理、修正、完善、实施，将蜕变出更加科学的企业管理体系和更加鲜明的企业文化，从而锻造制度健全、现代化的投资公司，升级为流程简化、管控到位的产业格局，提升企业的综合素质，建立起了适合公司今后发展的一整套管理体制，为公司今后的发展形成了规范的管理体系，有力地推动了锦鹏投资公司这个社区型新型集体经济组织走上现代化企业管理之路。

首先，从根本上改变了传统落后的思想观念。增强了企业的科学管理意识，用系统的制度化管理来取而代之，使企业的行为真正做到"有法可依，有法必依，执法必严，违法必究"，使企业的运行有条不紊地进行。

其次，建立并推行起了现代企业管理制度。透过经营管理的变革和提高职工素质相结合，从健全机构设置和规章制度、消除裙带关系和家长制观念等基本方面入手，建立起民主的、高效率的决策机制，并采取现代管理技术、方法和手段，加强了成本、资金和质量等方面的管理。

再次，企业管理者和员工素质得到了很大提升。通过各种途径和形式，提高领导者素质。引进、聘用懂管理、懂技术的年轻化、专业化管理者，有计划、有层次地向社会招募各类大、中专人才，规范用人激励机制和约束机制。并采取多种形式对企业的管理决策人才和技术骨干进行分层次的、有针对性的岗位培训，促进企业经营决策、科技开发和生产管理能力明显转变；确立以人为本的留人、育人的体制和环境，营造勤奋、务实、奉献、向上的企业文化，为企业的发展提供人才保障。

最后，推行现代化管理，建立健全绩效评估体系和激励机制。在企业内部建立起健全各项规章制度，使人才引进、使用、考评、奖惩规范化，通过有效的激励机制，真正实现了"能者上，庸者下"。使员工清楚自己的权利义务责任，这有利于员工对企业的认同，有利于生产效率的提高。在制度化管理的同时，加强了职工的理想信念、人生观、职业道德等方面的教育，开掘人的精神潜力，并把企业价值观灌输到职工思想行动中，转化为员工价值观，形成企业精神。

通过不断研究总结撤村建居后的新型集体经济组织在发展过程中遇到的问题，创造性地设计出符合村情、村域特点的有效落地实施方案。同时排除了来自于各方面的抵触和干扰，化解了来自于方方面面的矛盾。现在回过头来看，我们的工作虽然貌似于把现代企业制度全方位的贯穿于改革的全过程，但从另一个层面看，也是在与旧有的、保守的传统思想进行博弈，为北京乃至全国在撤村建居后的新型集体经济组织的变革路径与发展模式做出了有力探索。

新农村的建设和发展方兴未艾，农村集体经济组织的发展和壮大离不开智力团队的支持，离不开管理咨询的实践。希望更多的学者和咨询的专业人士对这样的组织投入一些关注，使更多的集体经济组织走上产业发展、管控有序、社区和谐的快车道。

在本书的撰写和创作过程中，得到了众多志同道合的同仁们的帮助，正是这些独一无二的思想和智慧，给了我解决问题的启发和灵感。他们是张波、李娜、贺香、柴榕、韩叶、程羽、王静。

对于尹志强先生作为案例企业高层的支持和协助，对于徐文营先生、徐莉女士、白艳军先生、林长平先生给予研究思路的帮助，对于倪邦文先生、李家华先生、王大良先生、李炳青女士在本书出版过程中给

<<< 后记与致谢

予的帮助和指导。在此一并表示我最真挚、最诚恳的感谢！

  同时将此书献给我的父母、妻儿和家人，感谢你们对我的无声的支持和帮助，我以你们为荣。

作者

2015 年 3 月